Christina Holtz-Bacha (Hrsg.)

Frauen, Politik und Medien

Christina Holtz-Bacha (Hrsg.)

Frauen, Politik und Medien

VS VERLAG FÜR SOZIALWISSENSCHAFTEN

Bibliografische Information Der Deutschen Nationalbibliothek
Die Deutsche Nationalbibliothek verzeichnet diese Publikation in der
Deutschen Nationalbibliografie; detaillierte bibliografische Daten sind im Internet über
<http://dnb.d-nb.de> abrufbar.

1. Auflage 2008

Lektorat: Barbara Emig-Roller / Maren Mithöfer

Der VS Verlag für Sozialwissenschaften ist ein Unternehmen von Springer Science+Business Media.
www.vs-verlag.de

Umschlaggestaltung: KünkelLopka Medienentwicklung, Heidelberg
Satz: Jacob Leidenberger, Nürnberg
Druck und buchbinderische Verarbeitung: Krips b.v., Meppel
Gedruckt auf säurefreiem und chlorfrei gebleichtem Papier
Printed in the Netherlands

ISBN 978-3-531-15693-4

Inhalt

Frauen, Politik, Medien: Ist die Macht nun weiblich?

Christina Holtz-Bacha

"Es ist ein Mädchen", daneben ein Kinderbild von Angela Merkel – so kommentierte die *taz* treffend eine schwierige Geburt: Die Union hatte sich entschieden, eine Frau ins Rennen um die Kanzlerschaft zu schicken. Die *taz* brachte damit verschmitzt ironisierend auf den Punkt, was nicht nur bei schwierigen Geburten immer die erste Frage ist: Was ist es denn, Junge oder Mädchen? Bei der Wahl von Kanzlerkandidaten war die Frage bis zum Jahr 2005 allerdings ziemlich überflüssig gewesen, bei Geburten sind die Chancen für Jungen und Mädchen erheblich gleichmäßiger verteilt als in der Politik. Seit der ersten Bundestagswahl 1949 hat es 53 Jahre gedauert, bis 2002 in Deutschland überhaupt erstmals die reale Möglichkeit bestand, dass eine Frau als Kanzlerkandidatin nominiert wurde. Es dauerte dann noch einmal drei Jahre, bis tatsächlich zum ersten Mal eine Frau als Spitzenkandidatin der großen Parteien in den Wahlkampf ziehen konnte und sogar Aussichten darauf hatte, schließlich zur Kanzlerin gewählt zu werden. Nachdem die Entscheidung gefallen war, geschah alles "zum ersten Mal". Angela Merkel war die erste Kanzlerkandidatin in Deutschland, und sie wurde die erste Bundeskanzlerin. Was es bedeutete und wie damit umzugehen wäre, dass zum ersten Mal eine Frau als Kanzlerkandidatin antrat, war dann auch eines der großen Themen im Wahlkampf. Das hat sich nicht zuletzt daran gezeigt, dass es Angela Merkel gegenüber Gerhard Schröder gelang, den Kanzlerbonus zu überwinden, und sie in den Medien mindestens so häufig genannt wurde wie der Amtsinhaber. Dass Merkel im Wahlkampf und erst recht dann, als sie das neue Amt antrat, stets "die Erste" war und alles "zum ersten Mal" tat, war zwar ohne Frage korrekt, verweist jedoch zugleich auf die ungewohnte Situation und damit darauf, dass Frauen in der großen Politik und in politischen Spitzenämtern bislang die Ausnahmerescheinung waren und hier eher fremd sind.

Eine Frau im höchsten deutschen Regierungsamt – im internationalen Vergleich bringt das Punkte. Im Global Gender Gap Report, den das World Economic Forum 2007 zum dritten Mal vorgelegt hat, steht Deutschland auf dem siebten Platz (World Economic Forum, 2007, S. 7). Dieser Bericht nimmt ein weltweites Ranking von Staaten nach verschiedenen Indikatoren vor, die anzeigen sollen, inwieweit es gelungen ist, die Kluft in der Chancengleichheit von Frauen und Männern zu schließen. Zwar betont das World Economic Forum, dass es bislang noch keinem Staat gelungen sei, völlige Chancengleichheit herzustellen, aber einige Staaten sind dicht daran. Nicht überraschend stehen die nordischen Staaten in der Rangfolge auf den Spitzenpositionen. Schweden gelangt mit einem Indexwert von .8146 auf dem ersten Platz: Dieser Wert zeigt an, dass Schweden mehr als 81 Prozent des Gender Gap geschlossen hat, gefolgt von Norwegen und Finnland mit einem Wert von jeweils gut 80 Prozent sowie Island mit 79 Prozent. Gegenüber dem Ranking von 2006 hat Deutschland 2007 zwei Plätze eingebüßt, Neuseeland und die Philippinen haben Deutschland überholt. War es für Deutschland 2006 noch Platz fünf gewesen, ist das Land trotz einer Verbesserung des Indexwertes von .7524 auf .7618 nun also auf Rang sieben abgerutscht. Damit hat sich Deutschland immer noch als 'frauenfreundliches' Land qualifiziert und auch andere EU-Staaten sowie die USA zum Teil weit hinter sich gelassen. Spanien zum Beispiel rangiert auf Platz zehn, das Vereinigte Königreich auf Platz elf und die Niederlande auf zwölf. Erheblich abgeschlagen sind demgegenüber Frankreich mit Platz 51 und Italien mit Rang 84. Die USA stehen auf Platz 31.

Der Gesamtwert errechnet sich aus mehreren Skalen, die wiederum die Chancengerechtigkeit in verschiedenen gesellschaftlichen Feldern zum Ausdruck bringen. Eine dieser Skalen misst "political empowerment", also die weibliche Beteiligung an der Macht. Wie im Vorjahr zählte dafür 2007 die Anzahl der Jahre mit einer Frau an der Spitze der Regierung (in den vergangenen 50 Jahren), die Zahl der weiblichen Abgeordneten im Parlament sowie die Zahl der Ministerinnen in der Regierung. Hier wiederum schlägt für Deutschland ein guter Wert bei der Zahl der Ministerinnen zu Buche, auch der Anteil weiblicher Abgeordneter liegt über dem weltweiten Durchschnitt. Zwei Jahre Bundeskanzlerin reichten 2007 allerdings noch nicht, um bei diesem Indikator an den Gesamtdurchschnitt heranzukommen (World Economic Forum, 2007, S. 75). Beim Political Empowerment-Index steht Deutschland im Vergleich der 128 Staaten auf Rang sechs. Es verdankt seinen hohen Platz in der Gesamtwertung des Gender Gap Report insbesondere dem guten Wert auf diesem Einzelindex. Das demonstriert aber zugleich die Relativität der in dem Bericht ausgewiesenen Werte: Obwohl das prozentuale Verhältnis von weiblichen zu männlichen Abgeordneten im Bundestag 32 zu 68 beträgt, in den letzten 50 Jahren nur zwei Jahre auf eine Bundeskanzlerin entfielen und auch bei den Ministerposten kein ausgeglichenes Verhältnis zwischen Frauen und Männern besteht, gelangt Deutschland in diesen Einzelwertungen auf vordere Plätze, was schließlich nur heißt, die Situation für Frauen ist in Deutschland besser als anderswo bzw. nicht so schlecht wie in anderen Staaten. Je länger Angela Merkel Bundeskanzlerin bleibt, desto besser wird sich der Empowerment Index für Deutschland entwickeln.

Neuseeland und die Philippinen, die Länder, die Deutschland im Index gegenüber 2006 überholt haben, verdanken ihre bessere Platzierung übrigens nicht ihrer Einstufung auf der Macht-Skala, obwohl in beiden Ländern sehr viel länger Frauen regierten (zehn und zwölf Jahre), sondern ihren Stärken in den anderen Bereichen, die in die Gesamtwertung eingehen. Frankreichs vergleichsweise schlechter Rangplatz erklärt sich dagegen ganz wesentlich aus der Rolle von Frauen in der Politik, der Anteil von Frauen in der französischen Nationalversammlung beträgt lediglich zwölf Prozent, und die Amtszeit von Edith Cresson, die Anfang der neunziger Jahre knapp ein Jahr Premierministerin war, hat auch nicht viel gebracht. Dass Präsident Sarkozy nach der Wahl 2007 neben acht Männern sieben Frauen als Ministerinnen berufen hat, dürfte Frankreichs Bewertung auf dem Empowerment-Index und damit auch in der Gesamtwertung beim nächsten Mal allerdings etwas verbessern. Damit lässt der Fall Frankreich aber auch die Problematik solcher, für den weltweiten Vergleich notwendig grober Indices hervortreten: Die Indikatoren stehen nur für die quantitative Repräsentanz. Diese ist ohne Frage wichtig, kann aber darüber hinaus keine Aussage über die Qualität machen, also über den Einfluss, den Frauen in der Politik tatsächlich ausüben. In Frankreich hat Sarkozy zwar dafür gesorgt, dass Frauen in der Regierung gut und besser als jemals zuvor vertreten sind, und sich damit ein frauenfreundliches Image geschaffen, durch eine Art Schattenkabinett im Präsidentenpalast hat er den Ministerinnen und Ministern aber zugleich einen Teil ihrer Macht wieder genommen.

Wie sich in der Länderwertung des Gender Gap Report für Deutschland abermals gezeigt hat, gibt es deutlichen Nachholbedarf bei der Zahl der weiblichen Abgeordneten im Bundestag, zumal der Index nicht berücksichtigt, dass der Anteil von Frauen unter den Bundestagsabgeordneten kaum weiter ansteigt, sondern stagniert. In der derzeit laufenden 16. Wahlperiode sitzen 195 Frauen (31.8%) im Bundestag, in der vorangegangenen waren es 197 (32.8%; Die Politikerinnen, 2007). Außerdem sagt das noch nichts über den Anteil von Frauen in den Länderparlamenten. Alle 16 Bundesländer zusammengenommen, beträgt der Frauenanteil in den Landtagen 31 Prozent. Dieser Durchschnittswert verbirgt jedoch ein deutliches Nord-Süd-Gefälle: In den norddeutschen Bundesländern sind Frauen erheblich besser repräsentiert als in Baden-Württemberg und Bayern (Statistisches Bundesamt, 2006, S. 76–77). Der Anteil von Frauen im Bundesrat nimmt sich mit knapp 22 Prozent dann auch recht mager aus. Heide Simonis ist immer noch die einzige Frau, die es in einem Bundesland zur Ministerpräsidentin gebracht hat (vgl. auch Hoecker, 2007). Dass auch nicht unbedingt auf eine kontinuierliche Verbesserung zu vertrauen ist, hat bereits eine Untersuchung von Wessels (1997) zur soziodemographischen Zusammensetzung des Bundestages ergeben: Er stellte für 1994 fest, dass unter den soziodemographischen Merkmalen Geschlecht, Alter, Bildung und Klasse für das Geschlecht die stärkste Disparität galt und die Zahl der gewählten Frauen nicht dem Anteil der Kandidatinnen entsprach (S. 81). Der von ihm berechnete "gender chance ratio" (Anteil gewählter Männer durch Anteil gewählter Frauen) lag in den fünfziger Jahren etwas über eins zugunsten von Männern, wurde in der Zeit von 1961 bis 1980 jedoch schlechter, als die Chance für Männer, gewählt zu werden, dreimal höher lag als für Frauen. Erst 1994 ergab sich wiederum ein Verhältnis von eins zu eins (S. 82).

Weltweit scheinen die Frauen derzeit auf dem Vormarsch in der Politik. In Europa hat Irland mit Mary McAleese bereits die zweite Präsidentin in Folge; sie folgte 1997 Mary Robinson nach, die ab 1990 in diesem Amt war. Die finnische Präsidentin Tarja Halonen (seit 2000) befindet sich bereits in ihrer zweiten Amtszeit. Vaira Vike-Freiberga war von 1999 bis 2007 Präsidentin von Lettland. Bei der Präsidentschaftswahl 2007 in Frankreich trat mit Ségolène Royal zwar nicht zum ersten Mal eine Frau an, aber sie war die erste Kandidatin, die nicht von vornherein chancenlos war. Sie alle hatten ein Modell in Margaret Thatcher, die das Vereinigte Königreich von 1979 bis 1990 regierte. Nur ein Jahr später begann die insgesamt 16-jährige Amtszeit von Vigdís Finnbogadóttir als Präsidentin von Island (1980–1996), und 1981 wurde Gro Harlem Brundtland zum ersten Mal Ministerpräsidentin von Norwegen, zunächst allerdings nur für ein paar Monate, konnte diesen Posten aber von 1986 bis 1989 wieder übernehmen und noch einmal von 1990 bis 1996.

Während insbesondere die nord- und auch die westeuropäischen Staaten im weltweiten Vergleich ohnehin relativ gut abschneiden, was die Vertretung von Frauen in politischen Spitzenämtern angeht, und der Aufstieg von Frauen daher eher erwartbar ist, ist der Erfolg von Kandidatinnen in einigen anderen Ländern erst recht bemerkenswert. Das gilt vor allem für Afrika, wo es bis vor kurzem kaum eine Frau an die Spitze eines Staates geschafft hatte. 2004 wurde Luísa Dias Diogo Ministerpräsidentin von Mosambik, seit 2006 ist Ellen Johnson Sirleaf Präsidentin von Liberia. In einigen asiatischen Ländern standen zum Teil sogar bereits mehrmals Frauen an der Spitze von Staat und Politik. Sri Lanka hatte mit Sirimavo Bandaranaike seit 1960 wiederholt eine Premierministerin (1960–65, 1970–77, 1994–2000). Ihre Tochter Chandrika Kumaratunga war 1994 bis 2005 Präsidentin von Sri Lanka. 1966 wurde Indira Gandhi indische Premierministerin, ihre erste Amtszeit dauerte elf Jahre; 1980 übernahm sie dieses Amt zum zweiten Mal, das sie bis zu ihrer Ermordung 1984 innehatte. Im Sommer 2007 bekam Indien mit Pratibha Patil zum ersten Mal eine weibliche Präsidentin. Corazon Aquino war von 1986 bis 1992 Präsidentin der Philippinen. 2001 folgte ihr Gloria Macapagal-Arroyo in diesem Amt nach, nach der Wahl 2004 trat sie die zweite Amtszeit an. Im vorderasiatischen Raum hatte bislang, neben der Türkei, nur Israel eine Regierungschefin, Golda Meir war von 1969 bis 1974 im Amt.

In den islamischen Staaten, wo Frauen zum Teil nicht einmal Wahlrecht haben oder vor gar nicht langer Zeit erlangten, haben es Frauen besonders schwer mit der politischen Karriere. Aufsehenerregend war daher 1988 die Wahl von Benazir Bhutto zur Premierministerin von Pakistan; damit stand zum ersten Mal eine Frau an der Spitze eines islamischen Landes. Sie hatte dieses Amt zunächst bis 1990 inne, dann noch einmal von 1993 bis 1996 und hatte gute Aussichten, mit ihrer Partei die für Anfang 2008 geplante und nach ihrer Ermordung im Dezember 2007 verschobene Parlamentswahl zu gewinnen. Im ebenfalls islamischen Bangladesh übernahm Khaleda Zia 1991 bis 1996 das Amt der Premierministerin, sie wurde abgelöst von durch Hasina Wajed und folgte dieser wiederum von 2001 bis 2006 nach. In der Türkei war Tansu Çiller von 1993 bis 1996 Ministerpräsidentin.

Auch Lateinamerika gilt als schwierig für weibliche Karrieren in der Politik. Unter den mittelamerikanischen Staaten hatte Nicaragua mit Violeta B. de Chamorro von 1990 bis 1996 eine Präsidentin, und Panama wurde von

1999 bis 2003 von Mireya Moscoso regiert. In Südamerika gelangte 2006 Michelle Bachelet ins Präsidentenamt. Mit der Wahl im Oktober 2007 bekam nun auch Argentinien eine Präsidentin. Cristina Kirchner ist nicht die erste Frau in diesem Amt; schon einmal, von 1974 bis 1976, stand eine Frau an der Spitze des Staates. Isabel Martínez de Perón war damals die erste Präsidentin eines lateinamerikanischen Landes überhaupt. Allerdings war sie nicht durch eine Wahl an die Macht gekommen und galt zudem als eine Marionette der Militärs.

In den USA haben Frauen seit der ersten Hälfte der neunziger Jahre beträchtlich an politischer Macht gewonnen, eine Kandidatin für die Präsidentschaftswahlen hat es indessen bislang noch nicht gegeben. Am weitesten brachte es 1984 Geraldine Ferraro, die als 'running mate', also Vize-Präsidentschaftskandidatin, des demokratischen Bewerbers Walter Mondale antrat. 1988 erwog die Demokratin Patricia Schroeder kurzfristig, in den Präsidentschaftswahlkampf einzusteigen. 1999 strebte Elizabeth Dole die Nominierung als Präsidentschaftskandidatin der republikanischen Partei an, zog ihre Kandidatur aber noch vor den Primaries wieder zurück. Gefeiert wurde daher, als Nancy Pelosi als erste Frau nach den Kongresswahlen 2006 zur Sprecherin des Repräsentantenhauses aufstieg. In der Rangfolge des politischen Systems der USA steht Pelosi nach Präsident und Vizepräsident damit an dritter Stelle. Für die Präsidentschaftswahl im November 2008 bemüht sich Hillary Clinton um die Nominierung der Demokraten.

Ihre Wahl zur deutschen Bundeskanzlerin hat Angela Merkel den vom Wirtschaftsmagazin *Forbes* alljährlich verliehenen Titel der mächtigsten Frau der Welt eingebracht, zum ersten Mal 2006 und noch einmal 2007. Neben dem Amt geht in die Berechnung des dabei zugrunde liegenden Indexes vor allem ein, welche ökonomische Macht sich mit dem Amt verbindet; das heißt, die wirtschaftliche Stärke Deutschlands kommt der Kanzlerin zugute und bringt sie auf Rang eins, weil die wirtschaftlich noch stärkeren Staaten nicht von Frauen regiert werden. So erklärt sich auch, warum Wu Yi, obwohl nur stellvertretende Ministerpräsidentin Chinas, auf Platz zwei gelangt. (Vgl. MacDonald & Schoenberger, 2007; Serafin, 2006; 2007)

Der Blick auf die – noch nicht einmal ganz vollständige – Liste der Frauen, die es zu Präsidentinnen oder Ministerpräsidentinnen gebracht haben, darf jedoch nicht vergessen machen, dass eine Frau an der Spitze von Staat und Regierung allein noch nichts aussagt über die Beteiligung von Frauen an der Politik und ihren Einfluss auf politische Entscheidungen.

Tatsächlich beträgt der Anteil von Frauen in den nationalen Parlamenten im weltweiten Durchschnitt lediglich rund 17 Prozent (dies und folgende Angaben aus: Women in national parliaments, 2007a). Mit einem Frauenanteil von beinahe 42 Prozent schneiden die nordischen Staaten am besten ab. Europa und die OSZE-Staaten kommen auf durchschnittlich gut 20 Prozent, nimmt man dabei die nordischen Staaten heraus, liegt der Schnitt gar nur bei etwas über 18 Prozent. Das ist nur gut ein Prozent mehr als in den afrikanischen Staaten südlich der Sahara. Unter dem weltweiten Durchschnitt liegen die asiatischen Staaten (16.6%), die Länder des pazifischen Raums (13.1%), und das Schlusslicht bilden die arabischen Staaten (9.6%). Obwohl der Frauenanteil im Deutschen Bundestag deutlich über dem weltweiten Schnitt liegt, rangiert Deutschland nur auf Platz 15 (diese und folgende Angaben aus: Women in national parliaments, 2007b). Schweden (47.3%, Rang 2) und Finnland (42.0%, Rang 3) werden sogar noch überholt von Ruanda, wo der Frauenanteil im Parlament dank einer Quote 48.8 Prozent ausmacht. Außer den nordischen Staaten liegen aber etwa auch Costa Rica, Argentinien, Mozambik und Südafrika vor Deutschland. Das zeigt einmal mehr: Die Situation für Frauen, die in der Politik Karriere machen wollen, ist hier besser als anderswo, aber sie ist dennoch verbesserungsbedürftig.

Der Weg an die Spitze

"...getting elected, as opposed to governing, may be the biggest hurdle that a potential woman president will face", so lautet die Feststellung von Lori Cox Han in ihrem Buch "Is the United States really ready for a woman president?". An die Spitze zu kommen, scheint demnach schwieriger zu sein als dort zu bleiben.

Um in der Politik aufzusteigen und sich dort zu etablieren, müssen sich Politikerinnen – ebenso wie ihre männlichen Kollegen – im Dreieck von politischem System, den Medien und der Wählerschaft bewähren, und da sind die Bedingungen für Frauen anders als für Männer. Wollen Frauen ihren Anteil an der Macht erobern und Karriere in der Politik machen, haben sie beim politischen System mit einem männlichen Geschäft zu tun. Gleiches gilt für die Medien, auf die Politikerinnen ebenso wie Politiker angewiesen sind, wenn es darum geht, die Wählerschaft anzusprechen. Wählerinnen und Wähler ihrerseits haben bestimmte Vorstellungen von der Politik, auf die sich auch ihre Erwartungen an diejenigen, die in der Politik aktiv sind, gründen.

Politik ist ein männliches Geschäft, nach wie vor. Das belegen schon die Zahlen zu den Anteilen von Frauen in der Politik, wie sie hier eingangs dargelegt wurden (vgl. auch Hoecker, 2007). Männer haben die Politik seit Jahrhunderten beherrscht, sie haben die Spielregeln festgelegt; Frauen kamen dort viel später an und werden in der Politik mit den Strukturen und Prozessen konfrontiert, die die Männer geprägt haben. Frauen sind daher Fremde in der Politik (Schöler-Macher, 1994), haben Outsider-Status. Bevor Frauen Veränderungen des männlichen Geschäfts bewirken können, müssen sie sich indessen auf die bestehenden Regeln einlassen. Und wo Politikerinnen bislang gar nicht oder nur schwach vertreten sind, finden solche, die in die Politik einsteigen und dort aufsteigen wollen, dann auch keine Vorbilder, an denen sie sich orientieren können. Schließlich sorgt die schlechtere Vernetzung von Frauen innerhalb der Politik und von der Politik in die Wirtschaft dafür, dass sie von dort schwerer Unterstützung, nicht zuletzt finanzieller Art, generieren können.

Männliche Abwehrstrategien, ob bewusst oder unbewusst, verbinden sich mit strukturellen Nachteilen für Frauen. So hat sich gezeigt, dass Frauen schlechtere Chancen haben, gewählt zu werden, wo ein Mehrheitswahlrecht gilt, und eher zum Zuge kommen, wo Verhältniswahlsysteme gelten. Die Wahlergebnisse in gemischten Systemen, wo – wie in Deutschland – ein Teil der Abgeordneten nach Mehrheitswahlrecht bestimmt wird, bestätigen ebenfalls, dass Proportionalsysteme mit Kandidatenlisten für Frauen günstiger sind. Dieser Effekt erklärt sich daraus, dass Frauen bei Listen mit mehreren Kandidaten nicht direkt mit Männern konkurrieren und diese verdrängen müssen, um für die Wahl aufgestellt zu werden. (Vgl. Paxton & Hughes, 2007, S. 137–139)

Parlamentarische Systeme machen es Frauen offenbar leichter, an die Spitze der Regierung aufzusteigen, als Präsidialsysteme. Politikerinnen, die höchste Regierungsämter bekleidet haben, waren zu 69 Prozent Premierministerinnen und nur zu 31 Prozent Präsidentinnen (Gordon, 2007, S. 186). Es ist also schwieriger für Frauen, auf ein Präsidentenamt zu gelangen. Ein entscheidender Grund könnte in dem unterschiedlichen Auswahlprozess liegen: Kandidaten für den Premierministerposten werden in der Regel innerhalb von Parteien bestimmt, während Präsidentschaftskandidaten sich meist direkt um die Stimmen der Wählerinnen und Wähler bemühen müssen, wofür dann auch andere Wahlkampfanstrengungen nötig sind (Gordon, 2007, S. 186).

Gut etablierte Demokratien indessen bieten Frauen nicht unbedingt bessere Chancen auf Beteiligung an der Macht als weniger gut entwickelte Demokratien oder autokratische und diktatorische Systeme. So haben etwa kommunistische Systeme meist für die Beteiligung von Frauen gesorgt bzw. hat sich bei den Ländern, die Transformationsprozesse erlebt haben, gezeigt, dass Frauen beim Übergang zur Demokratie aus der Politik verdrängt wurden. Aber selbst wenn kommunistische Systeme aus der Rechnung herausgenommen werden, ergibt sich kein Zusammenhang zwischen der demokratischen Staatsform und der Beteiligung von Frauen, wiewohl zu diskutieren wäre, welchen Wert die zahlenmäßig bessere Vertretung von Frauen in nicht demokratischen Systemen tatsächlich hat. In jedem Fall gilt jedoch, dass Frauen in der Regel durch Wahlen und nicht durch undemokratische Machtübernahme an die Spitze eines Staates gelangen. (Vgl. Paxton & Hughes, 2007, S. 135–136)

Auf Seiten der Wählerschaft herrschen Vorstellungen darüber, wie es in der Politik zugeht und wie sich Politiker zu verhalten haben. Zugleich werden – unabhängig von der Politik – Frauen und Männern bestimmte Eigenschaften und Verhaltensweisen zugewiesen. Politische Akteure müssen beides in Einklang bringen, um Akzeptanz zu erlangen. Da die Politik von Männern geprägt ist, sind auch die Vorstellungen der Wählerschaft von der Politik durch sie beeinflusst. Für Frauen ergibt sich daraus eine schwierige Herausforderung: Einerseits dürfen sie nicht gegen gesellschaftliche Vorstellungen von weiblichem Verhalten verstoßen, andererseits müssen sie aber die Eigenschaften demonstrieren, die für das politische Geschäft gebraucht werden, und beides passt nicht ohne weiteres zusammen. Daraus entsteht der *double bind* für Frauen in der Politik, der dazu führt, dass falsch ist, was immer sie tun; in Anlehnung an den Roman von Joseph Heller, der ebenfalls ein solches Paradox beschreibt, ist auch von *Catch 22*-Situationen die Rede. Kathleen Jamieson (1995) hat den *double bind* für Politikerinnen beschrieben und erklärt, warum es so schwierig ist, diese Situationen, die eigentlich nicht zu gewinnen sind, zu überwinden. Zu den soziologischen und strukturellen Barrieren, die es Frauen so schwer machen, an die politische Spitze aufzusteigen, gehören demnach die Widersprüchlichkeiten, die sich aus dem gesellschaftlich konstruierten Gegensatz von 'wombs/brain', 'silence

/shame', 'sameness/difference', 'femininity/competence' sowie 'aging/invisibility' ergeben.

"Women can exercise their wombs or their brains, but not both" (Jamieson, 1995, S. 17). Die Gegenüberstellung von Mutterleib (womb) und Hirn (brain) steht auch für die Trennung von privater und öffentlicher Sphäre, die Frauen in Einklang bringen müssen, was jedoch oft für unmöglich gehalten wird und daher gegen sie spricht: Bewähren sie sich in der einen Sphäre, nährt das quasi automatisch den Verdacht, sie würden die andere vernachlässigen. Auch die Entscheidung zwischen 'silence' und 'shame', Schweigen und Sprechen, stellt ein Dilemma dar: Frauen, die nicht den Mund aufmachen und ihre Stimme erheben, können sich und ihren Anliegen kein Gehör verschaffen und erhalten keine Aufmerksamkeit. Wenn sie aber reden und gar laut werden, gilt das bei Frauen als unpassend; die Qualifikation als Nervensäge oder Quasselstrippe ist da nicht mehr weit. 'Sameness' oder 'difference', egal ob Frauen für sich in Anspruch nehmen, genauso wie die Männer zu sein oder anders, sie schneiden immer schlechter ab. Männer bilden stets den Standard und gemessen daran, können Frauen nur verlieren. 'Femininity' und 'competence' vermeinen sich auszuschließen, Weiblichkeit wird mit Inkompetenz gleichgesetzt: Frauen, die sich weiblich geben, gelten als inkompetent; Frauen, die sich als kompetent erweisen, werden als unweiblich abgestempelt. Verbunden mit den unüberwindlich scheinenden Gegensätzen von 'womb' und 'brain' sowie 'femininity' und 'competence' stellt sich schließlich die unterschiedliche Beurteilung des Alters bei Frauen und Männern dar: Männer gewinnen mit dem Alter an Weisheit und Macht, bei Frauen indessen wird das Alter mit Falten und Runzeln gleichgesetzt, und so gelten sie als nicht mehr vorzeigbar. (Vgl. Jamieson, 1995, S. 16–18)

Diese *double bind*-Situationen entstehen für Politikerinnen aus den Erwartungen, die Wählerinnen und Wähler an sie herantragen, treten aber auch in den Reaktionen der Medien auf Politikerinnen hervor und werden erst recht in ihrem Verhältnis zu den männlichen Kollegen wirksam. Der *double bind*, so Jamieson, bildet eine andauernde Strategie derjenigen, die die Macht haben, gegenüber denjenigen, die sie nicht haben. Wie sich das für Frauen in der politischen Karriere auswirkt, zeigen Untersuchungen zu Wahlkampagnen. Politikerinnen stehen in dem ständigen Dilemma, dass sie Härte und Durchsetzungskraft zeigen müssen, wollen sie sich für die Politik empfehlen, dann aber laufen sie Gefahr, dass ihr Verhalten als unweiblich verurteilt wird. Sie sollen weibliche Eigenschaften demonstrieren, die sind aber nicht geeignet, um sich in der Politik und bei schwierigen Entscheidungen durchzusetzen. Sie müssen Kompetenz bei den drängenden Problemen wie Wirtschaft, Terrorismus, Militär und Sicherheit beweisen, sollen sich aber auch um die soften Themen wie Erziehung, Gesundheit oder Senioren kümmern. Sie sehen sich so ständig der Herausforderung gegenüber, zwischen den Erwartungen an weibliche Attribute und weibliches Verhalten auf der einen und den Erwartungen an das harte Geschäft der Politik auf der anderen Seite zu jonglieren. Das Rezept, das sich aus entsprechenden Befunden über Wahlkämpfe ableiten lässt, lautet daher: Frauen brauchen den richtigen Mix aus den vermeintlich weiblichen und männlichen Qualitäten, befinden sich damit aber auf einer Gratwanderung mit dem Risiko, auf der einen oder anderen Seite abzustürzen. Angela Merkels Wahlkampagne 2005, die das Etikett "eiskalte Polarexpedition" (Spreng, 2006) bekam, weil ihr "Wärme, Herz und Vision" (Priess, 2005, S. 12) fehlten, hatte womöglich den richtigen Mix nicht gefunden (vgl. Holtz-Bacha, 2007a). Ähnliche Probleme scheint Hillary Clintons Kampagne zu den Vorwahlen 2008 in den USA gehabt zu haben. Nachdem sie beim Iowa Caucus Anfang Januar nur die dritte Stelle belegt hatte, zeigte die oft als kühl, rational und intelligent charakterisierte Kandidatin öffentlich Tränen – und gewann eine Woche nach Iowa die Vorwahl in New Hampshire.

Eine entscheidende Rolle für die Karriere- und Wahlchancen von Frauen in der Politik spielen die Medien. Auf deren Vermittlungsleistung sind Politikerinnen und Politiker gleichermaßen angewiesen. Aber auch hier scheinen die Männer im Vorteil. Ebenso wie die Politik sind die Medien ein männliches Geschäft (vgl. auch Fröhlich, 2007). Auch wenn der Anteil von Frauen im Journalismus mittlerweile bei 37 Prozent liegt (Weischenberg, Malik & Scholl, 2006, S. 45), steht das noch in keinem Verhältnis zu ihrem Anteil in der Journalistenausbildung, wo Frauen nun schon seit Jahrzehnten eine Mehrheit ausmachen. Nicht nur dass die Zahlenverhältnisse in der Ausbildung nicht auf den Beruf durchschlagen, der Frauenanteil im Journalismus erhöht sich auch nur vergleichsweise langsam. Der Eindruck, den die Bildschirmpräsenz von Frauen vermittelt, dass diese nämlich den Journalismus längst erobert hätten, ist oberflächlich und verdeckt, dass Frauen es nach wie vor schwer haben, an die Spitze und damit auf Entscheidungspositionen aufzusteigen. Daher gilt im Journalismus gleiches wie für die Politik: Die lange Dominanz von Männern hat Strukturen und Prozesse geprägt, an die sich Frauen im Interesse des eigenen Fortkommens anzupassen haben, solange sie nicht auf Positionen angekommen sind, die es ihnen erlauben, etwas zu verändern. In ihrem Umgang mit den Medien müssen sich Politikerinnen darauf einstellen, dass sie den eingefahrenen Selektions- und Produktionsroutinen unterliegen und diese auch nicht unbedingt anders sind, wenn sie mit Journalistinnen zu tun haben.

Ebenso wie in der Politik stoßen Politikerinnen in den Medien auf die Netzwerke der Männer. Die Interdependenz von Politik und Medien hat zudem dafür gesorgt, dass die Akteure des politischen und des Mediensystems verschiedentlich ein inniges Verhältnis eingegangen sind. Die einen suchen eine 'gute Presse', die anderen brauchen nicht nur die Informationen, sondern hoffen auf Vorzugsbehandlung und erliegen dem Reiz, nah an der Macht zu sein. Das *old boys network* funktioniert, Frauen verfügen in der Regel nicht über ein solches Netzwerk (vgl. dazu z. B. Roth, 2007, S. 143).

Von der allmählichen Eroberung der Medien durch Politikerinnen

Die kanadischen Wissenschaftlerinnen Gertrude Robinson und Armande Saint-Jean (1991) befragten Ende der achtziger Jahre verschiedene Generationen von Politikerinnen über ihr Verhältnis zu den Medien und ergänzten die Befunde durch die inhaltliche Analyse der medialen Berichterstattung. Für die erste Generation von Politikerinnen, die vor 1970 ins kanadische Parlament eingezogen war, galt ein 'traditioneller' Stil in der Berichterstattung, der sich auch als 'biologischer Ansatz' bezeichnen lässt. Frauen werden als 'biologisch andere Lebewesen' behandelt, sie sind die 'ersten Frauen' und 'Alibi-' oder 'Quotenfrauen' in einer Welt, die traditionell nicht ihre Domäne ist. Die Berichterstattung führt alte Stereotypen fort, die Frauen vorrangig mit ihrer Familie und ihren Kindern beschäftigt sehen und für die Politik entsprechend eine nachrangige Bedeutung hat. Als ihre Themen gelten Soziales, Erziehung und Gesundheit. Da Familie auf der einen und Politik auf der anderen Seite als unvereinbar angesehen werden, entwickelt die mediale Berichterstattung zwei Strategien, um den Widerspruch zwischen Biologie und sozialer Rolle aufzulösen. Das eine Stereotyp definiert die Politikerinnen über ihre familiären Beziehungen, präsentiert sie als 'Frau von', 'Witwe von' oder 'Tochter von' und spricht ihnen so eine politische Karriere aus eigenem Recht und eigener Kompetenz ab. Das andere Stereotyp sexualisiert die Frauen, indem sie als *spinster* (alte Jungfer), *femme facile* (leichtes

Mädchen) oder *club-woman* dargestellt werden. Das Bild der Politikerin als alter Jungfer geht auf die Suffragetten-Bewegung zurück, kritisiert unterschwellig ihre liberalen Ideen und unterstellt den Frauen, dass sie keinen Mann abgekriegt hätten. Das Stereotyp der *femme facile* stigmatisiert Frauen, die von ihrer traditionellen Rolle abweichen, betont Geschlecht und Aussehen, aber sagt nichts über ihre Kompetenz. Politikerinnen als *club-woman* sind ebenfalls solche, die von den Konventionen abweichen und Meinungen vertreten, die nicht mit denen des männlichen politischen Establishments übereinstimmen. Frauen werden als politische Amateure beschrieben, die nicht ernst zu nehmen sind. (Vgl. Robinson & Saint-Jean, 1991, S. 136–138)

Politikerinnen der zweiten Generation, die etwa zwischen 1970 und 1990 ins Parlament gewählt wurden, erleben eine Phase des Übergangs, in der die Zahl der Frauen in der Politik zunimmt, Chancengleichheit ein Thema wird und sich sowohl soziale wie auch journalistische Werte wandeln. Die traditionellen Einstellungen gegenüber Frauen treffen auf Gleichstellungsbestrebungen. Nicht zuletzt deshalb weil Frauen in der Politik und auch im Journalismus besser vertreten sind und in der Hierarchie langsam aufsteigen, erhalten Politikerinnen und ihre Anliegen mehr Aufmerksamkeit, aber dennoch machen mediale Themenauswahl und Berichterstattung nach wie vor einen Unterschied zwischen Politikerinnen und Politikern. Die Stereotypen, die nun zur Charakterisierung von Frauen in der Politik eingesetzt werden, sind geprägt von der Frauenbewegung. Dazu gehört das Bild von der Superfrau (*superwoman*) – jung, intelligent, attraktiv und ehrgeizig, sie kombiniert Familie und Beruf und verbindet so traditionelle Eigenschaften mit denen einer Geschäftsfrau. Ähnlich fällt das Bild vom *champion* aus, das aber eher für ältere Politikerinnen Verwendung findet, die ihre politische Karriere erst begonnen haben, nachdem sie sich in einem anderen Bereich bewährt haben. Das dritte Etikett dieser Zeit erklärt eine Frau zu 'einem von den Jungs' (*one of the boys*). Das erhalten solche Politikerinnen angeheftet, die von den männlichen Kollegen in ihren Reihen akzeptiert werden, weil sie nach deren Regeln spielen und/oder auf die 'weiblichen Listen' (Charme, Koketterie) verzichten. Aus der ersten Phase hat sich das Stereotyp der 'Frau von' erhalten, dieses findet sich nun aber auch in der Berichterstattung über solche Frauen, die bereits eine eigene politische Karriere gemacht haben, und wertet diese damit ab. (Vgl. Robinson & Saint-Jean, 1991, S. 140–146)

Während sich also die Berichterstattung zu Zeiten der ersten Generation von Politikerinnen vorrangig mit der traditionellen sozialen Rolle von

Frauen auseinandersetzt, beziehen sich die Stereotypen ab 1970 auf Spiele um die Macht. Bestehen bleibt der unterschiedliche Umgang der Medien mit Frauen und Männern in der Politik. Bei Politikerinnen geht es bevorzugt um ihr Äußeres und weniger um die Substanz dessen, was sie sagen; die Berichterstattung neigt dazu, ihre bisherige politische Karriere zu ignorieren; sie macht Politikerinnen verantwortlich für Frauen 'als eine Klasse' und setzt 'Feminismus' ein zur Bezeichnung eines negativen persönlichen Charakteristikums. Im Vergleich zu ihren männlichen Kollegen müssen Politikerinnen einem höheren Standard genügen; die Attribute, die ihr politisches Auftreten beschreiben, kennen keine Abstufung, sondern liegen nur auf den Extremen von gut und schlecht; für Politikerinnen – aber nicht für Politiker – gilt ein moralischer Code der sexuellen Enthaltsamkeit. (Vgl. Robinson & Saint-Jean, 1991, S. 151–152)

Die kanadische Studie mit ihrem Generationenansatz diente als Vorbild für eine Befragung von deutschen Politikerinnen zu ihren Erfahrungen mit den Medien (Jürschik, 1998). Diese Untersuchung, die Ende 1997 stattfand, unterschied drei Generationen. Politikerinnen der ersten Generation wurden bis 1930 geboren und zwischen der 4. und der 8. Wahlperiode (1961–1976) in den Bundestag gewählt. Zur zweiten Generation gehörten die Jahrgänge um 1940, sie kamen ab der 8. Wahlperiode (1976) in den Bundestag. Die dritte Generation setzte sich aus Politikerinnen zusammen, die 1990 oder 1994 (12. und 13. Wahlperiode) in den Bundestag einzogen. Erwartungsgemäß gibt es Unterschiede im Umgang der Politikerinnen verschiedener Generationen mit den Medien und in ihrer Wahrnehmung der medialen Darstellung. Die Spitzenpolitikerinnen der ersten Generation versuchen, Verbündete gerade auch bei männlichen Kollegen, aber ebenso bei Journalistinnen für den Transfer ihrer – oft frauenpolitischen – Themen ins politische System und in die Medien zu finden. Öffentlichkeitsarbeit betrachten sie eher als ein notwendiges Übel, müssen aber sehr wohl feststellen, dass ihre Aktionen oft wenig Aufmerksamkeit erreichen. Gerade für frauenpolitische Themen nehmen sie eine Medienbarriere wahr. Während sie sich darüber beklagen, dass die Medien ihr Äußeres zum Gegenstand der Berichterstattung machen, sehen sie andererseits einen gewissen Vorteil darin, dass Frauen deshalb Beachtung finden, weil sie in der Politik noch Seltenheitswert haben. Ab der zweiten Generation ist eine Professionalisierung der Politikerinnen im Umgang mit den Medien festzustellen, die auch durch die einsetzenden Veränderungen im deutschen Rundfunksystem provoziert werden.

Die Frauen starten strategische Medienarbeit und nehmen gezielte Eigenwerbung vor. Die Politikerinnen der zweiten Generation wiederholen die Klage über das mediale Interesse an ihrem Äußeren und die Persistenz mancher Stereotype gerade bei älteren Journalisten. Auch in der dritten Generation berichten die Politikerinnen über schlechte Erfahrungen mit Journalisten, aber auch mit Journalistinnen, stellen fest, dass die Medien den Frauen gelegentlich die Sachkompetenz absprechen und männliche Gesprächspartner bevorzugen. Sie begegnen noch immer Stereotypen, diese seien jedoch nicht mehr ganz so banal, sondern etwas komplexer geworden. (Vgl. Jürschik, 1998)

Wenngleich solche Studien zeigen, dass sich über Zeit und mit einem größeren Anteil von Frauen in der Politik das Verhältnis zu den Medien offenbar gebessert hat, gibt es – weltweit – immer noch Klagen darüber, wie die Medien mit Politikerinnen umgehen. Die britische Kommunikationswissenschaftlerin Karen Ross, die die Berichterstattung über Parlamentarierinnen seit Mitte der neunziger Jahre untersucht hat, fasst ihre Befunde aus Studien in England, Nord-Irland, Südafrika und Australien so zusammen: "aspects of their sex are routinely incorporated into what should be 'ordinary' stories of politics: they are mundanely framed as women first and then, maybe, as politicians" (Ross, 2004, S. 63) – Frauen sind immer zuerst Frauen und dann erst Politikerinnen. Allenthalben stellen die Politikerinnen fest, die Medien seien zuerst und vorrangig an ihrem Äußeren interessiert, mit ihren Themen hingegen kämen sie nur schwer zum Zuge; ihr Handeln werde trivialisiert, und die Medien scheinen eine doppelte Moral zu pflegen, wenn es um Politikerinnen geht: "almost as if they expect 'better' standards of behavior, higher moral values, more honesty, integrity, and loyalty [...] women are often set up as paragons and are then 'unmasked,' almost as quickly" (Ross, 2004, S. 63).

Solche Klagen gibt es auch für Deutschland. Allerdings liegt uns bislang relativ wenig Forschung dazu vor, wie die Medien über Frauen und speziell über Politikerinnen berichten und inwieweit der gestiegene Anteil von Frauen in der Politik und in Spitzenämtern zu Veränderungen in der Berichterstattung geführt hat (vgl. Holtz-Bacha, 2007). Die jüngsten Untersuchungen (Hesse & Röser, 2006; Pfannes, 2004; Röser, 2006; Schmerl, 2002) mit Analysen der Berichterstattung in Presse und Fernsehen geben jedenfalls keinen Anlass zur Zufriedenheit. Immer wieder bestätigen sich die Unterrepräsentanz von Frauen, ihre Ausblendung in bestimmten Themenkontexten sowie subtile Mittel der Andersbehandlung. Auch die heute aktiven Politikerinnen haben dazu einige Erfahrungen beizutragen (vgl. Koch-Mehrin, 2007; Roth, 2007; Schmidt, 2007).

Der Aufstieg von Angela Merkel an die Spitze der CDU, zu deren Kanzlerkandidatin im Bundestagswahlkampf 2005 und schließlich ihre Wahl zur Bundeskanzlerin und damit in Deutschlands höchstes Regierungsamt haben hier neue Aufmerksamkeit für die Problematik gebracht, die sich in entsprechenden Forschungsaktivitäten niedergeschlagen hat. Schon die Konkurrenz um die Kanzlerkandidatur für die Bundestagswahl 2002, dann Merkels Wahlkampf gegen Medienkanzler Gerhard Schröder und das Verhalten ihrer Parteikollegen und schließlich ihre Amtsführung waren und sind Anlässe zu untersuchen, wie die Medien in Deutschland mit Frauen in der Politik umgehen und ob die Klagen über eine Andersbehandlung nun eingestellt werden können (vgl. die Übersicht in Koch, 2007 sowie Koch & Holtz-Bacha, in diesem Band; Scholz, 2007). Die bessere Repräsentanz von Frauen in der Politik und ihre verstärkte Sichtbarkeit durch die Eroberung von Spitzenämtern sollten Politikerinnen nicht nur die Aufmerksamkeit der Medien sichern, sondern auch eine Berichterstattung, die ihre politischen Aktivitäten ernst nimmt und sie nicht länger als Fremde in der Politik erscheinen lässt. Die Befunde aus den Generationenstudien in Kanada und in der Bundesrepublik Deutschland sprechen für Veränderungen im Umgang der Medien mit Politikerinnen ebenso wie für eine wachsende professionelle Einstellung von Politikerinnen gegenüber den Medien. Die verschiedenen Analysen der Berichterstattung über Angela Merkel, die in diesem Band vorgelegt bzw. zitiert werden, können die alten Etiketten nur noch wenig finden. Fast sieht es so aus, als ob die Medien in Deutschland ihre Lektion gelernt haben. Der Blick auf die Ergebnisse und angesichts der Klagen, die es aus anderen Ländern hinsichtlich der Art und Weise, wie die Medien über Politikerinnen berichten, gibt, nährt allerdings die Vermutung, dass dieser Befund mehr mit Angela Merkel zu tun hat als mit den Medien, dass Merkel ein Sonderfall ist und was für sie gilt, nicht unbedingt für alle Politikerinnen zu generalisieren ist. Womöglich besteht gar kein Grund für allgemeinen Optimismus.

Es spricht in der Tat einiges dafür, dass die Befunde für die Berichterstattung über Merkel nicht auch für andere Politikerinnen stehen können. Bereits während der Diskussion über die "K-Frage" vor der Bundestagswahl 2002 ebenso wie im Wahlkampf 2005 hat Merkel alles getan, das Geschlecht nicht zu einem Thema werden zu lassen – in den Medien ebenso wie in ihrer Partei und damit letztlich auch in der Wählerschaft. Das ist nicht nur eine Frage des Typs, sondern auch der spezifischen Konstellation und insofern eine Frage der Strategie, verweist aber ebenfalls auf Unsicherheiten, die hinsichtlich der Wirkungen des "Faktors Frau" im Dreieck von Wählerschaft, Medien und Politik bestehen. Die Reihe der Kandidatinnen, die sich in anderen Ländern in der jüngsten Vergangenheit um Spitzenämter in der Politik beworben haben, zeigt, dass nicht alle, so wie Merkel, darauf bedacht waren, eben nicht "als Frau" in den Wahlkampf zu ziehen bzw. auch gezielt Frauen anzusprechen. Die französische Präsidentschaftskandidatin Ségolène Royal kehrte bei ihren Wahlkampfauftritten ihre Weiblichkeit deutlicher heraus, als wir das bei Merkel wahrgenommen haben (vgl. Leidenberger & Koch, in diesem Band), und die chilenische Präsidentin Michelle Bachelet hat einen "Wahlkampf mit einem ausdrücklichem Gendercharakter" (Gerber, in diesem Band) geführt. Und die argentinische Präsidentschaftskandidatin Cristina Kirchner war wiederum in einer anderen Situation, denn sie musste als "Frau von" in den Wahlkampf gehen (vgl. Rodriguez, in diesem Band).

Für Ségolène Royal und Cristina Kirchner liegen Ergebnisse aus Analysen der Wahlkampfberichterstattung in der deutschen und der französischen bzw. argentinischen Presse vor. In beiden Fällen zeigt sich, dass die deutschen Zeitungen mehr auf das Äußere der Kandidatinnen eingingen, als das in der Presse ihres jeweiligen Heimatlandes der Fall war. Diese Befunde sprechen dafür, dass Merkel tatsächlich ein besonderer Fall ist und im Umgang mit anderen Politikerinnen auch in der deutschen Presse doch noch die alten Muster der Berichterstattung durchscheinen.

Wird die Macht nun weiblich?

Zur Präsidentschaftswahl 2008 in den USA tritt eine Frau an. Bislang ist keine Frau so dicht an das Präsidentenamt herangekommen wie Hillary Clinton. Zuletzt hatte sich 2000 Elizabeth Dole um die Nominierung als Präsidentschaftskandidatin der Republikaner bemüht. Als sie aus dem Rennen ausstieg, lautete die Begründung, sie habe nicht so viel finanzielle Unterstützung einwerben können wie George W. Bush, hinter dem sie in den Umfragen immerhin an zweiter Stelle gestanden hatte. Analysen der medialen Berichterstattung über den Wahlkampf verweisen aber auch auf eine Andersbehandlung von Elizabeth Dole, die sich auf das Geschlecht zurückführen lässt: Die Medien berichteten nicht so viel über Dole, wie es ihr aufgrund ihrer Stellung in den Umfragen zugekommen wäre, und sie widmeten ihren persönlichen Charakteristika und ihrem Äußeren mehr Aufmerksamkeit, als es bei den männlichen Konkurrenten der Fall war. Außerdem bestätigte sich bei Dole, was sich auch schon bei anderen Kandidatinnen ergeben hatte, dass die Medien nämlich bei Politikerinnen häufiger ihre Wahlchancen diskutieren als bei Politikern; in dieser Hinsicht zeigte sich bei Dole auch eine Neigung der Presse zu eher negativen Bewertungen. (Vgl. Heldman, Carroll & Olson, 2005)

Im Vergleich zu Elizabeth Dole ist Hillary Clinton insofern mit besseren Voraussetzungen gestartet, als sie von Anfang an über eine außerordentlich gut gefüllte Wahlkampfkasse verfügte, und es hat sich gezeigt, dass die Einschätzung der Wahlchancen viel mit dem erfolgreichen Fundraising zu tun hat. Kathleen Jamieson hat Hillary Clinton schon früher als einen 'nationalen Testfall' bezeichnet, bei dem sich zeigen wird, wie weit Frauen in der (US-)Politik wirklich gekommen sind, denn bei ihr werden alle *double binds* wirksam, die Frauen bewältigen müssen, wenn sie in der Politik aktiv sind: "subjected in fact to *all* the binds traditionally deployed against women" (Jamieson, 1995, S. 17; Hervorhebung im Original). Ebenso wie für Dole gilt außerdem für Hillary Clinton, dass sie die Ehefrau eines erfolgreichen Politikers ist und daher das alte Etikett passt, das ein unabhängiges Standing infragestellt, wiewohl sie eine eigene politische Karriere gemacht hat, bevor sie ins Rennen um die Präsidentschaft einstieg.

Wenn in den USA bereits seit einiger Zeit eine Mehrheit der Wählerschaft in Umfragen sagt, das Land sei reif für eine Präsidentin, und noch mehr angeben, sie würden auch für eine Frau stimmen, melden Beobachterinnen Zweifel an: Gutgold bezieht sich auf einen Artikel aus der *New York Times*, in dem die frühere Arbeitsministerin Lynn Martin darauf verweist, dass das, was die Leute sagen, etwas anderes sei als das, was sie dann auch tun, und sie zitiert die frühere Kongressabgeordnete Pat Schroeder, die gesagt hat: "I think people lie when they say they would vote for a woman" (Gutgold, 2005, S. 2). Den echten Test, ob die Wählerinnen und Wähler bereit sind, ihre Stimme zugunsten einer Frau abzugeben, stellt also erst die Wahl dar. Aber auch dann, sollte Hillary Clinton nicht gewählt werden, ist schwierig zu beurteilen, ob es daran gelegen hat, dass eine Frau antrat, oder ob der Grund vielleicht darin zu suchen ist, dass diese Frau antrat. Indikatoren dafür, wie generell die Akzeptanz einer Kandidatin und das Urteil über die Rolle von Frauen in der Politik aussieht, sollten sich jedoch in der Berichterstattung der Medien finden lassen.

Die Zahl der Frauen, die in verschiedenen Ländern auf höchste politische Positionen gelangt sind, sowie die Befunde aus den Medienanalysen scheinen zu zeigen, dass sich die Chancen für Frauen in der Politik und auf Gleichbehandlung in den Medien verbessert haben. Wird die Macht nun also weiblich? Allen Anzeichen zum Trotz ist diese Frage kaum zu bejahen. Der Blick auf die Liste der Frauen, die es zu Regierungschefinnen gebracht haben, macht deutlich, dass es sich meist um Einzelfälle handelt, Frauen sich also keineswegs dauerhaft etabliert konnten. Abgesehen davon, dass der Erfolg von Frauen auf einzelne Länder und bestimmte Regionen beschränkt ist, sind es fast überall einzelne Politikerinnen, die den Aufstieg in die höchsten Regierungsämter geschafft haben bzw. Frauen sind nur für einzelne Amtsperioden auf diese Positionen gelangt, nach denen sie dann wieder Männern Platz machen mussten. Die Ankunft von Frauen auf den höheren Etagen der Politik heißt schließlich nicht unbedingt, dass sich das männliche Geschäft unter ihrem Einfluss ändert – und auch die Vorstellungen und Erwartungen von Medien und Wählerschaft mitziehen. Kurz nach der Bundestagswahl 2005 und in der Aufregung über das Verhalten von Gerhard Schröder gegenüber Angela Merkel am Wahlabend beantwortet Alice Schwarzer die von ihr selbst aufgeworfene Frage, "Dräut mit dem Auftauchen dieser einen Frau die weibliche Übernahme des männlichen Systems?", dann auch mit: "Gewiss nicht. Aber eine gewisse Irritation" (Schwarzer, 2005).

Literatur

Die Politikerinnen. (2007). *POLIXEA Portal.* Abgerufen am 3. November 2007 von http://www.polixea-portal.de/index.php/Main/Artikel/id/158878/name/Die+Politikerinnen/n1/ZahlenFakten

Fröhlich, R. (2007). Ist der Journalismus (noch) ein männliches Geschäft? In C. Holtz-Bacha & N. König-Reiling (Hrsg.), *Warum nicht gleich? Wie die Medien mit Frauen in der Politik umgehen* (S. 66–78). Wiesbaden: VS Verlag für Sozialwissenschaften.

Gordon, A. (2007). A woman in the White House? Never say never. In L. C. Han & C. Heldman (Hrsg.), *Madam President. Are we ready for a woman in the White House?* (S. 185–191). Boulder, CO: Lynne Rienner.

Gutgold, N. D. (2006). *Paving the way for Madam President.* Lanham, MD: Lexington Books.

Han, L. C. (2007). Is the United States *really* ready for a woman president? In L C. Han & C. Heldman (Hrsg.), *Madam President. Are we ready for a woman in the White House?* (S. 1–15). Boulder, CO: Lynne Rienner.

Hausmann, R., Tyson, L. D., & Zahidi, S. (2006). *The Global Gender Gap Report 2006.* Genf: World Economic Forum. Abgerufen am 19. August 2007 von http://www.globalpolicy.org/socecon/inequal/gender/indexarticles.htm

Hausmann, R., Tyson, L. D., & Zahidi, S. (2007). *The Global Gender Gap Report 2007.* Genf: World Economic Forum. Abgerufen am 9. November 2007 von http://www.weforum.org/en/initiatives/gcp/Gender%20Gap/index.htm

Heldman, C., Carroll, S. J., & Olson, S. (2005). "She Brought Only a Skirt": Print media coverage of Elizabeth Dole's bid for the Republican presidential nomination. *Political Communication*, *22*, 315–335.

Hesse, M., & Röser, J. (2006). Mehr Präsenz von Frauen in den Hauptnachrichten deutscher Medien. In *Präsenz von Frauen in den Nachrichten. Medienbeobachtungen 2005* (S. 12–17). Bonn: Journalistinnenbund.

Hoecker, B. (2007). Ist die Politik (noch) ein männliches Geschäft? In C. Holtz-Bacha & N. König-Reiling (Hrsg.), *Warum nicht gleich? Wie die Medien mit Frauen in der Politik umgehen* (S. 66–78). Wiesbaden: VS Verlag für Sozialwissenschaften.

Holtz-Bacha, C. (2007a). Mit den Waffen einer Frau? Politikerinnen im Wahlkampf. In C. Holtz-Bacha & N. König-Reiling (Hrsg.), *Warum nicht gleich? Wie die Medien mit Frauen in der Politik umgehen* (S. 79–104). Wiesbaden: VS Verlag für Sozialwissenschaften.

Holtz-Bacha, C. (2007b). Zur Einführung: Politikerinnen in den Medien. In C. Holtz-Bacha & N. König-Reiling (Hrsg.), *Warum nicht gleich? Wie die Medien mit Frauen in der Politik umgehen* (S. 7–16). Wiesbaden: VS Verlag für Sozialwissenschaften.

Jamieson, K. H. (1995). *Beyond the double-bind. Women and leadership.* New York: Oxford University Press.

Jürschik, S. (1998). *Deutsche Spitzenpolitikerinnen und die Medien – ein Generationenvergleich.* Mainz: Johannes Gutenberg-Universität, unveröffentlichte Magisterarbeit.

Koch, T. (2007). Immer nur die Frisur? Angela Merkel in den Medien. In C. Holtz-Bacha & N. König-Reiling (Hrsg.), *Warum nicht gleich? Wie die Medien mit Frauen in der Politik umgehen* (S. 146–166). Wiesbaden: VS Verlag für Sozialwissenschaften.

Koch-Mehrin, S. (2007). Müssen sich Politikerinnen anders vermarkten als ihre männlichen Kollegen? In C. Holtz-Bacha & N. König-Reiling (Hrsg.), *Warum nicht gleich? Wie die Medien mit Frauen in der Politik umgehen* (S. 105–115). Wiesbaden: VS Verlag für Sozialwissenschaften.

Lopez-Claros, A., & Zahidi, S. (2005). *Women's empowerment: Measuring the global gender gap.* Genf: World Economic Forum.

MacDonald, E., & Schoenberger, C. R. (2007). The world's most powerful women. *Forbes*. Abgerufen am 2. November 2007 von http://www.forbes.com/2007/08/30/power-women-merkel-biz-07women-cz_em_cs_0830powerintro.html

Paxton, P., & Hughes, M. M. (2007). *Women, politics, and power. A global perspective*. Thousand Oaks, CA: Pine Forge Press.

Pfannes, P. (2004). *'Powerfrau', 'Quotenfrau', 'Ausnahmefrau'...? Die Darstellung von Politikerinnen in der deutschen Tagespresse*. Marburg: Tectum Verlag.

Priess, F. (2005, Oktober). Ein Wahlkampf der besonderen Art. *Die Politische Meinung*, (431), 10–14.

Robinson, G. J., & Saint-Jean, A. (1991). Women politicians and their media coverage. A generational analysis. In K. Megyery (Hrsg.), *Women in Canadian politics. Toward equity in representation* (S. 127–169). Toronto: Dundurn Press.

Röser, J. (2006). Der Pressejournalismus als Konstrukteur männlicher Dominanz. Geschlechterverhältnisse auf den Hauptnachrichtenseiten deutscher Tageszeitungen – eine Zwölf-Wochen-Analyse. In *Präsenz von Frauen in den Nachrichten. Medienbeobachtungen 2005* (S. 27–36). Bonn: Journalistinnenbund.

Ross, K. (2004). The gendered turn in mediated politics. In K. Ross & C. M. Byerley (Hrsg.), *Women and media. International perspectives* (S. 60–80). Malden, MA: Blackwell.

Roth, C. (2007). "Wir sind immer noch ein Entwicklungsland": Zur Rolle von Frauen in der Gesellschaft, in der Politik und in den Medien. In C. Holtz-Bacha & N. König-Reiling (Hrsg.), *Warum nicht gleich? Wie die Medien mit Frauen in der Politik umgehen* (S. 133–145). Wiesbaden: VS Verlag für Sozialwissenschaften.

Schmerl, C. (2002). "Tais-toi et sois belle!" 20 Jahre Geschlechterinszenierung in fünf westdeutschen Printmedien. *Publizistik, 47*, 388–411.

Schmidt, R. (2007). Der Fortschritt ist eine Schnecke. In C. Holtz-Bacha & N. König-Reiling (Hrsg.), *Warum nicht gleich? Wie die Medien mit Frauen in der Politik umgehen* (S. 116–123). Wiesbaden: VS Verlag für Sozialwissenschaften.

Schöler-Macher, B. (1994). *Die Fremdheit der Politik: Erfahrungen von Frauen in Parteien und Parlamenten*. Weinheim: Deutscher Studien-Verlag.

Scholz, S. (Hrsg.) (2007). *"Kann die das?" Angela Merkels Kampf um die Macht. Geschlechterbilder und Geschlechterpolitiken im Bundestagswahlkampf 2005*. Berlin: Karl Dietz Verlag.

Schwarzer, A. (2005, 1. Oktober). "Verachtung der Demokratie". *Der Spiegel*, S. 30.

Serafin, T. (2006). The most powerful women in the world. *Forbes*. Abgerufen am 2. November 2007 von http://www.forbes.com/2006/08/31/angela-merkel-power_cz_ts_ 06-women_0831merkel_print.html

Serafin, T. (2007). The most powerful women in politics. *Forbes*. Abgerufen am 2. November 2007 von http://www.forbes.com/2007/08/30/power-women-politicians-07women-cz_ts_0830politics_print.html

Spreng, M. (2006). Die eiskalte Expedition der Union. Gründe für das grandiose Scheitern der Wahlkampfstrategie von CDU/CSU. Eine Analyse. *Frankfurter Rundschau online*. Abgerufen am 23. Januar 2006 von www.fr-aktuell.de/ressorts/nachrichten_und_politik/dokumentation/?cnt=790679

Statistisches Bundesamt. (2006). *Frauen in Deutschland 2006*. Wiesbaden: Statistisches Bundesamt.

Weischenberg, S., Malik, M., & Scholl, A. (2006). *Die Souffleure der Mediengesellschaft. Report über die Journalisten in Deutschland.* Konstanz: UVK.

Wessels, B. (1997). Germany. In P. Norris (Hrsg.), *Passages to power. Legislative recruitment in advanced democracies* (S. 76–97). Cambridge: Cambridge University Press.

Women in national parliaments. World average. (2007a, 31. August). *Inter-Parliamentary Union.* Abgerufen am 3. November 2007 von http://www.ipu.org/wmn-e/world.htm

Women in national parliaments. World classification. (2007b, 31. August). *Inter-Parliamentary Union.* Abgerufen am 3. November 2007 von http://www.ipu.org/wmn-e/classif.htm

Merkel, Roth… und sonst keine. Politikerinnen im Fernsehen

Christina Bauer

Der Bundestagswahlkampf 2005 unterschied sich aufgrund seiner ungewöhnlichen Kandidatenkonstellation deutlich von den Rahmenbedingungen bisheriger Wahlkampfphasen. Die Ernennung von Angela Merkel zur Kanzlerkandidatin der Union im Mai 2005 stellte ein Novum in der Geschichte bundesdeutscher Wahlen dar, denn obwohl Frauen heute zunehmend wichtige politische Ämter ausüben, ist die Spitzenpolitik bislang doch eher eine Männerdomäne[1].

Verschiedene Studien weisen darauf hin, dass über Politikerinnen anders berichtet wird als über ihre männlichen Kollegen. Zum einen spielen sie als Handlungsträger im Rahmen der politischen Berichterstattung – insbesondere in den Fernsehnachrichten – bislang nur eine untergeordnete Rolle (vgl. Klaus, 2005). Zum anderen erscheinen Frauen in den Medien oftmals in geschlechtsspezifisch anderen Funktionen und Themenzusammenhängen als Männer (vgl. Cornelißen, 1992, S. 133; Kahn & Goldenberg, 1991, S. 193; Weiderer 1995, S. 289–300). Vor diesem Hintergrund untersucht dieser Beitrag, welches Frauen- und Männerbild die Wahlbeiträge der Fernsehnachrichten in der heißen Phase des Bundestagswahlkampfes 2005 vermittelten. Diese Frage gewinnt an Bedeutung, wenn man berücksichtigt, dass in Deutschland die meisten Menschen ihre politischen Informationen aus Massenmedien wie Radio, Fernsehen oder Zeitung beziehen. Sie haben kaum Gelegenheit dazu, Politiker persönlich kennen zu lernen, um sich so aus eigener Erfahrung ein Bild über die politischen Handlungsträger zu machen. Wie Politiker und Politikerinnen von der Bevölkerung wahrgenommen werden, ist daher zu einem großen Teil auf deren Darstellung in

[1] Beispielsweise lag der Frauenanteil im Bundesrat 2005 bei 20 Prozent, zudem waren zwei der sieben Parteivorsitzenden und zwei der vier Fraktionsvorsitzenden Frauen (Cornelißen, 2005, S. 371).

den Medien zurückzuführen (Brettschneider, 2001, S. 376; Krüger, 2006, S. 50; Schulz, 1997, S. 151).

Politische Partizipation von Frauen

Um beurteilen zu können, inwiefern die Medienberichterstattung die politische Realität in Deutschland widerspiegelt, ist es notwendig, sich einen Überblick über die Beteiligung von Frauen an politischen Prozessen zu verschaffen. Im 15. Deutschen Bundestag liegt der Frauenanteil mit 32.2 Prozent deutlich über dem europäischen Durchschnitt von 24.2 Prozent (Cornelißen, 2005, S. 361; Schorn & Schwartzenberg, 2005, S. 1162). Seit den achtziger Jahren ist der Anteil der Politikerinnen im Bundestag kontinuierlich gestiegen. In der 15. Legislaturperiode sind 194 der 603 Abgeordneten im deutschen Parlament Frauen (Cornelißen, 2005, S. 372, 381; Schorn & Schwartzenberg, 2005, S. 1162; von Schwartzenberg, 2002, S. 832–833). Die Beteiligung von Frauen an einflussreichen Positionen ist dabei von Partei zu Partei stark verschieden. Weibliche Parteivorsitzende sind aber eher selten. Von den im Bundestag vertretenen Parteien haben mit Angela Merkel und Claudia Roth nur CDU und Bündnis 90/Die Grünen eine Parteivorsitzende. Ähnliches gilt für den Fraktionsvorsitz, den lediglich bei Union und Bündnis 90/Die Grünen Frauen innehaben (Cornelißen, 2005, S. 371). In der Regierung sind Frauen sogar stärker vertreten als im Bundestag. Unter Bundeskanzler Schröder regierten im April 2004 sieben Minister und sechs Ministerinnen. Der Anteil der weiblichen Regierungsmitglieder entsprach 2002 43.6 Prozent und war damit so hoch wie nie zuvor (Cornelißen, 2005, S. 379, 371).

Die Darstellung von Frauen im Fernsehen

Die Medienberichterstattung über Politikerinnen wurde in Deutschland bislang nur selten untersucht. Aus dem Bereich der kommunikationswissenschaftlichen Geschlechterforschung liegen jedoch verschiedene Arbeiten zu dem allgemein im Fernsehen vermittelten Frauenbild vor. Die erste umfassende Studie zur Darstellung von Frauen im deutschen Fernsehen führte Erich Küchenhoff 1975 durch. Er stellte fest, dass Frauen vorwiegend jung, schön und unabhängig oder in ihrer traditionellen Rolle als Hausfrau und

Mutter dargestellt werden. Weibliche Akteure sind darüber hinaus im nicht-fiktionalen-Bereich stark unterrepräsentiert und treten nur in etwa sechs Prozent aller Beiträge als Akteure in Nachrichtensendungen auf (Bundesministerium für Jugend, Familie und Gesundheit, 1975, S. 227, 239). Folgestudien kommen im Wesentlichen alle zu den gleichen Ergebnissen. Sie stellen zwar wachsende Frauenanteile fest, von einer Gleichbehandlung der Geschlechter sind die Sendeanstalten jedoch noch immer weit entfernt (vgl. Cornelißen, 1992; Klaus, 2005; Velte, 1995; Weiderer, 1995). Trotz tiefgreifender gesellschaftlicher Veränderungen hat sich das vermittelte Frauenbild seit den 70er Jahren kaum verändert. Laut Jutta Velte "sind Frauen [auch Mitte der 90er Jahre, C. B.] jung, schön, dekorativ, hilfsbereit, freundlich, unterordnend und unterrepräsentiert" (1995, S. 182).

Besonders deutlich fällt die Abwesenheit von Frauen in der politischen Berichterstattung auf, in der sie als wichtige Handlungsträger kaum Berücksichtigung finden (Klaus, 2005, S. 234; Velte, 1995, S. 250). Das Gros der Forschung führt das auf die Fokussierung des Fernsehens auf Prominente und Personen in Spitzenpositionen zurück: Da weniger Frauen als Männer wichtige politische Ämter ausüben, treten sie auch seltener als Hauptakteure in Erscheinung. Von einer "symbolischen Nicht-Existenz" wie sie von Gaye Tuchman behauptet wurde, kann nach Elisabeth Klaus jedoch mittlerweile keine Rede mehr sein (Klaus, 2005, S. 222). Aufgrund der vorliegenden Forschung kommt sie zu dem Ergebnis, dass das im Fernsehen präsentierte Frauen- und Männerbild in jüngerer Zeit vielfältiger und facettenreicher geworden ist. Dennoch erfolgt die Darstellung von Mann und Frau noch immer anhand von weitgehend stereotypen Geschlechterrollen, wonach Männer als öffentliche, politische Personen und Frauen in erster Linie als Privatperson gezeigt werden (Klaus, 2005, S. 225, 234; außerdem: Cornelißen, 1992, S. 133; Gebel, 1995, S. 58; Weiderer, 1995, S. 289–300). In diesem Zusammenhang weisen Kahn und Goldenberg darauf hin, dass Nachrichtenmedien dem politischen Status und der beruflichen Karriere von Politikerinnen alleine dadurch schaden können, dass sie in den Nachrichten quantitativ seltener erwähnt werden (1991, S. 180). Bei ihrer Untersuchung der Presseberichterstattung über männliche und weibliche Kandidaten bei Wahlen zum US-Senat in den Jahren 1982 bis 1986 fanden sie heraus, dass Kandidatinnen in der Nachrichtenberichterstattung generell weniger Aufmerksamkeit zukam als ihren männlichen Kollegen, wodurch sich erhebliche

Nachteile für Politikerinnen ergeben können (Kahn & Goldenberg, 1991, S. 185–187).

Für die politische Berichterstattung in den USA, aber auch in Deutschland bedeuten die referierten Ergebnisse zum einen, dass Frauen als Handlungsträger – auch verglichen mit der Realität – noch immer weitgehend unterrepräsentiert sind. Zum anderen orientieren sich Journalisten bei der Darstellung von Frauen und Männern in den Medien häufig an geschlechterspezifischen Stereotypen. Dementsprechend werden Frauen in der Berichterstattung nicht nur quantitativ seltener erwähnt, sie werden auch hinsichtlich ihrer Funktionen, Fähigkeiten und Charaktereigenschaften anders präsentiert als Männer. Für die Darstellung von Frauen in der Politik ergeben sich somit verschiedene Problemfelder, die im Folgenden empirisch untersucht werden.

Fragestellung und Datenbasis

Dieser Beitrag untersucht das Frauen- und Männerbild in Wahlbeiträgen der Fernsehnachrichten während der heißen Phase des Bundestagswahlkampfes 2005. Inwieweit das politische Engagement von Frauen registriert und für die Rezipienten sichtbar gemacht wurde, ist dabei ebenso von Interesse wie die Frage, ob in der Berichterstattung geschlechterspezifische Unterschiede bestanden.

Um diese Fragen zu beantworten, werden alle im Untersuchungszeitraum gesendeten Beiträge mit Bezug zur Bundestagswahl oder einem der Spitzenkandidaten im Hinblick auf geschlechtsspezifische Unterschiede in der quantitativen Präsenz der Darstellung der Akteure untersucht. Um ein schlüssiges Bild der Medienpräsenz von weiblichen und männlichen Akteuren zeichnen zu können, wird analysiert, ob Männer und Frauen in der Berichterstattung gleichermaßen als Handlungsträger Berücksichtigung fanden und ob es geschlechtsspezifische Unterschiede gab, die dazu führten, dass Frauen seltener oder häufiger im Mittelpunkt der Berichterstattung standen als Männer. Ebenso wird untersucht, ob weibliche und männliche Akteure gleichermaßen zu Wort kamen, über welche Personen besonders häufig berichtet wurde und welche Funktionen ihnen im Wahlkampf zukamen. Weiterhin ist von Interesse, ob sich die Geschlechterverteilung der Wahlbewerber für den Bundestag in den Redesequenzen der untersuchten Nachrichtenbeiträge widerspiegelt oder ob eine Gruppe über- bzw. unterrepräsentiert war.

Der Untersuchungszeitraum beschränkt sich auf die letzten vier Wochen vor der Bundestagswahl vom 19. August bis zum 17. September 2005, dem letzten Tag vor der Wahl. Diese so genannte heiße Phase markiert den Höhepunkt der Wahlkampfaktivität. Sie wird meist durch die Wahlkampfauftaktveranstaltungen der großen Parteien eingeläutet und endet mit dem Wahltermin. Da die meisten Menschen politische Informationen traditionell aus den Fernsehnachrichten beziehen, wurden Aufzeichnungen der Hauptabendnachrichtensendungen von ARD, ZDF, RTL und SAT.1 als Grundlage für die empirische Analyse ausgewählt.

Im Rahmen einer Vollerhebung wurden alle Nachrichtenbeiträge mit thematischem Bezug zur Bundestagswahl sowie alle Beiträge, die über Schröder oder Merkel – in Bild oder Ton – berichteten, von sechs geschulten Codierern aufgegriffen und verschlüsselt[2]. Die Codierung der Inhaltsanalyse erfolgte auf mehreren Ebenen. Beiträge, Sequenzen und Urteile stellten die Analyseeinheiten dar. Die Reliabilität der Untersuchung wurde mit dem Übereinstimmungskoeffizienten von Holsti berechnet. Sie liegt bei allen Kategorien über 0.67, durchschnittlich bei 0.79 (Schulz & Zeh, 2006, S. 283).

Die Datenbasis der Inhaltsanalyse bilden 224 Nachrichtenbeiträge. Wie Tabelle 1 zu entnehmen ist, informierten die Sender ihr Publikum insgesamt rund 430 Minuten über die Wahl. Die öffentlich-rechtlichen Sender berichteten knapp 36 Minuten länger über dieses Thema als die Privaten. Ein Nachrichtenbeitrag dauerte durchschnittlich 1.9 Minuten, dabei waren Meldungen mit Kandidatenbezug im Mittel länger als Wahlbeiträge ohne Bezug zu den Kandidaten. Meldungen über den Wahlkampf waren auf allen Sendern stark auf die Spitzenkandidaten ausgerichtet. Dieser beobachtete hohe Anteil der kandidatenbezogenen Fernsehberichte geht einher mit der Annahme, dass sich Nachrichtensendungen vor allem mit Personen befassen, weil es einfacher ist, Menschen darzustellen als komplexe politische Informationen zu vermitteln (Brettschneider, 2001, S. 387).

---

[2] Die Untersuchung basiert auf einer Inhaltsanalyse der Berichterstattung über den Bundestagswahlkampf 2005, die im Frühjahr 2006 am Lehrstuhl für Kommunikationswissenschaft an der Universität Erlangen-Nürnberg unter Anleitung von Dr. Reimar Zeh durchgeführt wurde. Diese orientiert sich weitgehend an einer Studie von Kindelmann (1994) zur Bundestagswahl 1990. Das dort verwendete Codebuch wurde im Rahmen von Folgestudien am Lehrstuhl weiterentwickelt und in modifizierter Form auch für die Inhaltsanalyse der Wahlkampfberichterstattung 2005 eingesetzt.

Tabelle 1: Intensität der Berichterstattung

	Anzahl der Beiträge		**Durchschnittliche Dauer in Minuten**		**Dauer in Minuten**		**Gesamt**	
	Wahl-bezug	Kandida-tenbezug	Wahl-bezug	Kandida-tenbezug	Wahl-bezug	Kandida-tenbezug	Ø	Gesamt-dauer
ARD	24	37	1.4	2.0	32.7	72.7	1.7	105.5
ZDF	26	41	1.7	2.0	43.7	83.6	1.9	127.4
RTL	10	38	1.7	2.4	17.4	91.7	2.3	109.1
SAT.1	8	40	1.2	2.0	9.8	78.1	1.8	87.9
Gesamt	68	156	1.5	2.1	103.7	326.1	1.9	429.8

Basis: N= 224 Beiträge; Ø= Durchschnittliche Beitragsdauer

Ergebnisse der Inhaltsanalyse

Inwiefern sich die angesprochenen Problemfelder der Darstellung von Frauen in den Fernsehnachrichten in der Wahlkampfberichterstattung 2005 wiederfinden, zeigt eine quantitative Analyse der Hauptakteure und der Kommunikatoren. Wer Zugang zu den Medien hat, kann der Öffentlichkeit seine Sicht der Dinge mitteilen und damit die Chance nutzen, die Rezipienten von den eigenen Ansichten zu überzeugen. Für Politiker ergeben sich nach Kahn (Kahn, 1996, S. 44) durch eine starke Medienpräsenz zudem bessere Wahlchancen.

Hauptakteure der Berichterstattung

Ausschlaggebend für die Beachtung in den Medien sind neben der Anzahl der Hauptakteursauftritte auch die Funktionen, die Frauen und Männer als Hauptakteure einnehmen. Als Hauptakteur gilt hier die zentrale handelnde oder betroffene Person, Gruppe oder Organisation eines Beitrags, dabei wird nach weiblichen, männlichen oder kollektiven bzw. nicht identifizierbaren Akteuren unterschieden. Da in Nachrichtenbeiträgen meist mehrere Handlungsträger gleichrangig auftreten, konnten pro Beitrag bis zu drei Akteure – bei 224 analysierten Beiträgen also maximal 672 Hauptakteure – identifiziert werden.

Tabelle 2: Hauptakteure nach Geschlecht und Sender

	ARD		ZDF		RTL		SAT.1		Gesamt	
	N	%	N	%	N	%	N	%	N	%
Weiblich	17	9	12	6	27	19	16	11	72	11
Männlich	51	28	55	27	37	26	50	35	193	28
Kollektiver Akteur	115	63	134	67	80	56	78	54	407	61
Gesamt	183	100	201	100	144	100	144	100	672	100

Basis: 224 Beiträge; Anmerkungen: N=Anzahl der Hauptakteursauftritte, %=Anteil an Hauptakteursauftritten

Wie Tabelle 2 zeigt, traten kollektive Akteure 407 Mal als Hauptakteure in Erscheinung. Damit ging aus dieser Gruppe der weitaus größte Teil der Hauptakteure hervor. In weiteren 265 Fällen stellten Männer und Frauen die zentralen Handlungsträger. Konnte dem Hauptakteur ein Geschlecht zugeordnet werden, so waren die Hauptakteure in knapp drei Viertel dieser Fälle (N=193) männlich. Frauen übernahmen dagegen lediglich 72 Mal (27%) eine zentrale Rolle. Verglichen mit einer Studie von Weiderer vom Anfang der 90er Jahre, wonach Frauen in nur 6.6 Prozent aller erfassten Nachrichten als Hauptakteure auftraten und in 45.4 Prozent der Nachrichtenbeiträge überhaupt nicht vorkamen, während Männer aber lediglich in 4 Prozent der Meldungen nicht auftraten (Weiderer 1995, S. 289), stellt dieses Ergebnis einen deutlichen Zuwachs dar.

Diese Gesamttendenz findet sich auch bei einer detaillierten Betrachtung von ARD, ZDF und SAT.1 wieder. Alle Sender berücksichtigten männliche Akteure deutlich häufiger als weibliche. Die einzige Ausnahme bildeten die Hauptabendnachrichten von RTL: Hier waren Frauen beinahe genauso oft Hauptakteur wie bei ZDF und SAT.1 zusammen. Weiterhin fällt auf, dass der Anteil weiblicher Handlungsträger deutlich zwischen öffentlich-rechtlichen auf der einen und kommerziellen Nachrichten auf der anderen Seite variiert. Insgesamt gesehen traten Frauen bei ARD und ZDF 29 Mal (22%), bei SAT.1 und RTL 43 Mal (39%) als Handlungsträgerinnen auf. Wie bereits angedeutet, verursachten einzelne Sender dieses Ergebnis. In den den Nachrichten von *heute* (ZDF) lag der Anteil weiblicher Protagonisten bei nur 17 Prozent. Auffallend höher als bei allen anderen Sendern war der Frauenanteil dagegen bei *RTL aktuell* (27%). Eine Tendenz, nach der Frauen im politischen Teil der kommerziellen Fernsehnachrichten stärker vertreten sind als in dem der öffentlich-rechtlichen, stellten Corneließen und Küsters (1992) bereits in den achtziger Jahren fest. Frauen waren in elf Prozent der Beiträge des privaten, aber nur in sieben Prozent der Meldungen des öffentlich-rechtlichen Rundfunks präsent. Dementsprechend wurden auch Politikerinnen bei den privaten häufiger (9%) als bei den öffentlich-rechtlichen (3%) Anbietern berücksichtigt (Corneließen, 1992, S. 131, 134). Diese Unterschiede zwischen den Sendeanstalten können auf höherem Niveau augenscheinlich auch für die Wahlkampfberichterstattung 2005 bestätigt werden.

Tabelle 3: Weibliche Hauptakteure nach Funktion und Sender

	ARD		**ZDF**		**RTL**		**SAT.1**		**Gesamt**	
Weibliche Hauptakteure	N	%	N	%	N	%	N	%	N	%
Spitzen-kandidat	13	76	11	92	21	78	13	81	58	81
Sonstige Politiker	3	18	1	8	-	-	3	19	7	10
Berufliche Experten	1	6	-	-	-	-	-	-	1	1
Medien / Journalisten	-	-	-	-	4	15	-	-	4	6
Alltags-personen	-	-	-	-	2	7	-	-	2	3
Gesamt	17	100	12	100	27	100	16	100	72	100

Anmerkungen: N=Anzahl der Hauptakteursauftritte, %=Anteil an Hauptakteursauftritten

Nach Brettschneider (2005, S. 387) konzentrieren sich die Nachrichten bei der Politikvermittlung in Wahlkampfzeiten vor allem auf prominente Politiker. Tabelle 3 und 4 veranschaulichen, dass mit den Spitzenkandidaten Angela Merkel und Gerhard Schröder sowohl bei den weiblichen als auch bei den männlichen Akteuren hauptsächlich prominente Politiker im Mittelpunkt der Berichterstattung standen. War der Hauptakteur weiblich, so handelte es sich in 89 Prozent der Fälle um Angela Merkel in ihrer Position als

Kanzlerkandidatin (81%) oder als Parteivorsitzende (8%). Das ist vor allem auf ZDF und SAT.1 zurückzuführen, die außer der Kanzlerkandidatin keiner anderen Frau die Möglichkeit boten, als Protagonistin im Mittelpunkt eines Beitrags zu erscheinen. RTL berücksichtigte neben Angela Merkel Alltagspersonen und Journalistinnen als Handlungsträger. Die hohe Anzahl an weiblichen Hauptakteuren ist aber auch bei diesem Sender hauptsächlich auf Angela Merkel zurückzuführen. Ein Grund dafür könnte in der allgemein stark kandidatenbezogenen Berichterstattung des Senders liegen. Protagonistinnen in Beiträgen der ARD waren neben Merkel außerdem Gesundheitsministerin Ulla Schmidt (SPD) und eine weibliche Expertin. Schmidt war somit die einzige Politikerin, die außer Merkel als Hauptakteurin in den Fernsehnachrichten vertreten war.

Tabelle 4: Männliche Hauptakteure nach Funktion und Sender

	ARD		**ZDF**		**RTL**		**SAT.1**		**Gesamt**	
Männliche Hauptakteure	N	%	N	%	N	%	N	%	N	%
Spitzenkandidat / Bundeskanzler	11	22	16	29	22	60	21	42	70	36
Sonstige Politiker	19	37	23	42	3	8	11	22	56	29
Berufliche Experten	15	29	15	27	6	16	12	24	48	25
Medien/ Journalisten	-	-	-	-	1	3	2	4	3	2
Prominente	-	-	-	-	3	8	1	2	4	2
Ausl. / int. Institutionen	6	12	1	2	2	5	3	6	12	6
Gesamt	51	100	55	100	37	100	50	100	193	100

Anmerkungen: N=Anzahl der Hauptakteursauftritte, %=Anteil an Hauptakteursauftritten

Gerhard Schröder trat in der Nachrichtenberichterstattung etwas häufiger als zentraler Akteur auf als Angela Merkel. Dennoch fiel das anhand der männlichen Hauptakteure vermittelte Männerbild weniger einseitig aus. Zwar stand in erster Linie Schröder in seiner Funktion als Bundeskanzler (34%) oder Spitzenkandidat der SPD (2%) im Mittelpunkt des Geschehens, daneben trat aber auch eine Vielzahl von weiteren Akteuren als Handlungsträger in Erscheinung (Tabelle 4). Dabei handelte es sich – im Unterschied zu den weiblichen Kolleginnen – vor allem um weitere männliche Spitzenpolitiker wie Stoiber, Müntefering und Westerwelle oder um berufliche Experten wie Paul Kirchhof und Heinrich von Pierer. Männliche Akteure traten zu 90 Prozent in wichtigen Funktionen als berufliche Experten oder politische Entscheidungsträger auf, als Alltagspersonen wurden sie dagegen gar nicht registriert.

Redezeit nach Geschlecht

Die Datenerhebung hielt neben den Hauptakteuren der Berichterstattung auch die verschiedenen Kommunikatoren der Beiträge fest. Als Kommunikator wird im Folgenden der Sprecher einer O-Ton Sequenz, das heißt die jeweils erzählende Person in einem Beitrag, bezeichnet. Die Kommunikatoren geben Aufschluss darüber, welche Akteure in welchem Umfang im Wahlkampfkontext zu Wort kamen. Bezüglich der Kommunikatoren wurde zwischen männlichen, weiblichen und kollektiven Akteuren unterschieden. Alle Beiträge, die Bezug zu einem der Kandidaten aufweisen[3], gingen in die Analyse ein. Diese Beiträge machen zusammen über zwei Drittel des Umfangs der gesamten Wahlkampfberichterstattung der vier reichweitenstärksten Nachrichtensendungen aus. Da kollektive Akteure nur in einem geringen Teil der Berichterstattung (N=10) zu Wort kamen und das Hauptinteresse der Untersuchung auf den weiblichen und männlichen Rednern der Wahlkampfberichterstattung liegt, werden sie in der folgenden Ergebnisdarstellung nicht berücksichtigt.

Die gesamte Redezeit von Frauen und Männern betrug in den untersuchten Beiträgen 325 Minuten. In den letzten vier Wochen vor der Wahl kamen sie bei RTL mit etwa 90 Minuten am längsten zu Wort, während die Kommunikatoren bei der ARD mit der vergleichsweise geringsten Redezeit von 72 Minuten auskommen mussten.

[3] Da Merkmale der Kommunikatorebene nur für Beiträge mit Kandidatenbezug erfasst wurden, muss an dieser Stelle auf eine Untersuchung der Redezeiten für Beiträge ohne Kandidatenbezug verzichtet werden.

Tabelle 5: Anzahl der Redesequenzen und Redezeit in Minuten

	N	Redezeit Frauen	%	N	Redezeit Männer	%	N	Gesamt-redezeit	%
ARD	82	22.7	31.4	207	49.5	68.6	289	72.2	22.2
ZDF	116	36.8	43.0	194	48.7	57.0	310	85.5	26.3
RTL	154	39.0	43.2	198	51.3	56.8	352	90.3	27.7
SAT.1	128	25.2	32.6	238	52.1	67.4	366	77.3	23.8
Gesamt	480	123.7	38.0	837	201.6	62.0	1317	325.3	100

Basis: 1.317 Sequenzen

Männer kamen bei allen Sendern sehr viel häufiger und länger zu Wort als weibliche Akteure. Insgesamt sprachen sie gut 1.7 Mal so oft und etwa 1.6 Mal so lange. Eine genaue Betrachtung der einzelnen Sender offenbart deutliche Unterschiede: So stand Frauen bei ARD und SAT.1 nicht einmal ein Drittel der Redezeit zur Verfügung, während sich ihre Redeanteile bei ZDF und RTL auf jeweils etwa 43 Prozent beliefen. Ein Vergleich von öffentlich-rechtlichen und kommerziellen Sendern zeigt, dass Frauen bei letzteren deutlich häufiger zu Wort kamen. Dafür weisen weibliche Kommunikatoren bei diesen im Mittel etwas längere Redesequenzen auf als bei den Privatsendern. Insgesamt gesehen stand Frauen bei RTL und SAT.1 geringfügig mehr Redezeit zur Verfügung – die Unterschiede sind jedoch marginal.

Um feststellen zu können, wie sich die Redezeit auf die Kommunikatoren der unterschiedlichen Funktionen verteilt, erfasste die Analyse – wie bei den Hauptakteuren – für jeden Kommunikator die ihm zugewiesene Funktion. Bei Politikern wurde zudem festgehalten, welcher Partei sie angehören und ob sie für den Bundestag kandidierten.

Auf allen Sendern entfiel der größte Anteil der Redezeit während der Wahlkampfberichterstattung auf Medienschaffende und deutsche Politiker. Außerdem wurden auch berufliche Experten und Alltagspersonen zu ihrer Meinung befragt. Politiker und Experten kamen bei den öffentlich-rechtlichen Sendern etwas häufiger zu Wort als bei RTL und SAT.1. Dafür konnten bei den kommerziellen Sendern häufiger Alltagspersonen beziehungsweise Betroffene ihre Sicht der Dinge darlegen.

Wie sich die Kommunikatorsequenzen in der Wahlkampfzeit im Einzelnen auf Politiker und Spitzenkandidaten verteilten, veranschaulicht Abbildung 1. Um den Umfang ihrer Redezeiten vergleichen zu können, werden diese für jeden Sender auf einer 100%-Skala dargestellt. Die beiden Kanzlerkandidaten Schröder und Merkel beanspruchten gemeinsam mehr Anteile an der Gesamtredezeit als alle anderen politischen Akteure zusammen. Lediglich im ZDF bekamen die übrigen Politiker mehr Raum für wörtliche Rede als die Kanzlerkandidaten. Die ARD behandelte beide Gruppen relativ gleich, während die Privaten die Kanzlerkandidaten sehr deutlich in den Mittelpunkt der Wahlkampfberichterstattung stellten (Abbildung 1).

Abbildung 1: Verteilung der Redezeit auf Politiker und Spitzenkandidaten

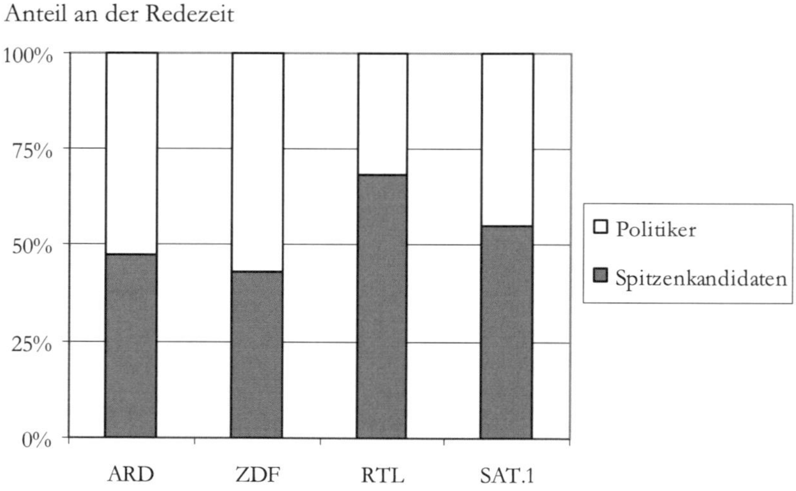

Basis: Sequenzen 344

Die geschlechtsspezifische Verteilung der Redezeit in der Berichterstattung verdeutlicht Tabelle 6. Interessant ist, dass Schröder und Merkel gleichermaßen als Redner in den Nachrichten gefragt waren. Dabei räumten ZDF und SAT.1 der Kandidatin der Union etwas mehr Redezeit ein als ARD und RTL.

Der Frauenanteil an der Gesamtredezeit aller Politiker lag bei 28.2 Prozent. Im 15. Deutschen Bundestag lag der Frauenanteil vor der Bundestagswahl 2005 bei 32.2 Prozent. Damit blieb der Anteil an Kommunikatorinnen in den Medien zwar nur knapp hinter der realen Verteilung im Bundestag zurück. Bei genauerer Betrachtung wird jedoch deutlich, dass sich der

Großteil der Redezeit weiblicher politischer Akteure mit 18 Minuten zu fast 95 Prozent auf Angela Merkel beschränkte. Angesichts der Tatsache, dass Merkel sowohl als Parteivorsitzende der CDU als auch als Kanzlerkandidatin in den Wahlkampf ging, war für sie ein besonders hoher Redeanteil zu erwarten. Aufgrund ihrer starken Medienpräsenz blieb für weitere Politikerinnen jedoch kaum Raum in den Fernsehnachrichten. So verteilte sich die restliche Minute der Redezeit auf je zwei Politikerinnen der Grünen (2.4%), der SPD (1.5%) und der FDP (1.2%). Politikerinnen von CSU und Linkspartei kamen dagegen gar nicht zu Wort.

Tabelle 6: Frauenanteil an der Redezeit von Politikern und Spitzenkandidaten

	Politiker		**Frauenanteil**		**Spitzen-kandidat**		**Frauenanteil**	
	∑	%	∑	%	∑	%	∑	%
ARD	17.2	25.6	4.3	24.8	8.6	23.5	4	46.8
ZDF	18.2	27.1	4.7	25.7	8.1	22.1	4	52.7
RTL	16.1	23.9	5.2	32.4	11.0	30.2	5	46.3
SAT.1	15.8	23.4	4.8	30.5	8.8	24.2	5	52.9
Gesamt	67.3	100	19	28.2	36	100	18	49.4

Anmerkungen: ∑=Redezeit in Minuten, %=Anteil an der Gesamtredezeit

Bei den männlichen Politikern nahm Schröder mit 18 Minuten (38%) zwar genauso viel Redezeit in Anspruch wie seine Herausforderin bei den Frauen (95%), mit 30 Minuten (62.5%) blieb aber anderen männlichen Politikern der Hauptanteil der Redezeit vorbehalten. Dies ist vermutlich unter anderem darauf zurückzuführen, dass Schröder zwar als amtierender Kanzler und Spitzenkandidat in den Wahlkampf ging, nicht aber als Parteivorsitzender der SPD.

Neben den Spitzenkandidaten waren gerade die Parteivorsitzenden von CDU, CSU, FDP und SPD als Redner in den Nachrichtensendungen gefragt. Bei Bündnis 90/Die Grünen und der Linkspartei kamen mit Fischer und Lafontaine zwar nicht die Parteivorsitzenden, dafür aber die wohl prominentesten Vertreter der beiden Parteien besonders umfangreich zu Wort. Mit Angela Merkel und Claudia Roth waren zwei der sieben Parteivorsitzenden Frauen. Merkels Anteil an der Gesamtredezeit aller Politiker belief sich auf knapp 27 Prozent. Damit nimmt sie hinter Schröder Platz zwei auf der Liste der Akteure mit der längsten Redezeit ein. Dies mag zum einen an ihrem Amt der Parteivorsitzenden liegen, ist aber – zumal sie als Parteivorsitzende nur sechs Hauptakteursauftritte vorweisen kann – wohl vor allem auf ihre Kanzlerkandidatur zurückzuführen. Claudia Roth wurde als Parteivorsitzende der Grünen im Gegensatz zu den Parteivorsitzenden anderer Parteien und auch im direkten Vergleich mit ihrem Parteikollegen Reinhard Bütikofer, mit dem sie das Amt der Parteivorsitzenden teilte, jedoch kaum wahrgenommen. Dass sie dennoch mit 27 Minuten Redezeit etwa auf Rang 27 aller Redner – nach Angela Merkel – die Frau mit der längsten Redezeit war, zeigt zum einen, dass auch unter den weiblichen Politikern hauptsächlich die Parteivorsitzenden zu Wort kamen. Zum anderen wird aber auch deutlich, dass diese, verglichen mit ihren männlichen Kollegen, kaum eine Chance bekamen, sich in der Wahlkampfberichterstattung der vier untersuchten Nachrichtensender zu Wort zu melden.

Kandidaten für den 16. Deutschen Bundestag

Unter den Politikern kam den Wahlbewerbern für den 16. Deutschen Bundestag in den Fernsehnachrichten der heißen Phase des Wahlkampfs besondere Aufmerksamkeit zu. Um zu zeigen, ob die untersuchten Wahlbeiträge die Kandidatinnen angemessen repräsentierten, wird für diese Gruppe ermittelt, ob der prozentuale Redeanteil der Kandidatinnen in den Fernsehnachrichten ihrer relativen Vertretung bei den Kandidaturen der Parteien entspricht.

Ab wann man von einer Unterrepräsentanz von gesellschaftlichen Gruppierungen – in diesem Fall der Frauen – in den Medien sprechen kann, hängt vom angesetzten Maßstab ab. Würde man beispielsweise den Anteil von Frauen an der wahlberechtigten Bevölkerung als Vergleichskriterium ansetzen, so müssten 52.12 Prozent[4] der in den Medien repräsentierten Politiker Frauen sein. Allerdings bestehen in der Politik bei weitem noch keine ausgeglichenen Geschlechterverhältnisse, außerdem ist es Aufgabe der Medien, die Wirklichkeit angemessen abzubilden. Deshalb wäre ein solches Vergleichskriterium, gemessen an den derzeitigen Verhältnissen, nicht nur

[4] Im Jahr 2005 waren 32.248.400 Personen der wahlberechtigten Bevölkerung in Deutschland (61.870.711) Frauen (Statistisches Bundesamt 2006: 8; Tabelle 1.5).

deutlich zu hoch angesetzt, es würde auch die Realität verzerren. Stattdessen wird gezeigt, inwieweit die Medien die tatsächlichen politischen Verhältnisse spiegeln und ob sie Frauen und Männern gleichermaßen die Möglichkeit geben, sich den Wählern via Fernsehen zu präsentieren. Als Maßstab für eine angemessene Geschlechtervertretung gelten daher die in Tabelle 7 dargestellten Anteile der weiblichen und männlichen Kandidaturen zur Bundestagswahl 2005.

Tabelle 7: Bundestagswahlen 2005: Kandidierende nach Partei und Geschlecht

	Kandidatinnen	Kandidaten	Frauenanteil (%)	Männeranteil (%)	Gesamt N
SPD	184	306	37.6	62.4	490
CDU	149	362	29.2	70.8	511
CSU	22	65	25.3	74.7	87
FDP	87	317	21.5	78.5	404
B'90 / Grünen	131	235	35.8	64.2	366
Linkspartei	161	327	33.0	67.0	488
Gesamt	734	1612	31.3	68.8	2346

Quelle: Landeslisten, Kandidaturen und Kandidaten bei der Bundestagswahl 2005 nach Parteien und Ländern (2005).

Es wird ermittelt, ob der prozentuale Redeanteil der Kandidatinnen in den Fernsehnachrichten ihrer relativen Vertretung bei den Kandidaturen der Parteien entspricht. Liegt der ermittelte Redeanteil unter dem Kandidatinnenanteil, kann von einer Untervertretung, liegt er darüber, von einer mindestens angemessenen Vertretung gesprochen werden. Da der Großteil der Wähler Informationen über den Wahlkampf aus den Fernsehnachrichten bezieht und fast ausschließlich auf diese Weise mehr über die Kandidaten erfährt, müssten diese ein besonderes Interesse daran haben, möglichst häufig in den Fernsehnachrichten präsent zu sein (Geese, 2005, S. 613–614). Es ist jedoch davon auszugehen, dass Politiker je nach Geschlecht, Partei und Funktion unterschiedlich große Chancen hatten, in den Medien erwähnt zu werden. Inwiefern sich die Medienpräsenz letztlich auf den Wahlerfolg auswirkt, ist hier nicht zu beurteilen. Studien lassen jedoch auf einen positiven

Zusammenhang zwischen Medienpräsenz und Wahlerfolg schließen (Kahn, 1996, S. 44; Kahn & Goldenberg, 1991, S. 184; Schulz, 1997, S. 210).

In den untersuchten Nachrichtensendungen traten etwa 32 Wahlbewerber mit O-Ton in 301 verschiedenen Sequenzen auf. Zusammengenommen sprachen sie 60.45 Minuten. Von allen in den Medien präsenten Politikern gehörte den Kandidierenden mit über 89 Prozent der weitaus größte Teil der Redezeit. Da unter ihnen alle Parteivorsitzenden und die Spitzenkandidaten Merkel und Schröder vorzufinden waren, überrascht dieses Ergebnis nicht.

Wie erwartet waren die Kandidaten je nach Parteizugehörigkeit unterschiedlich erfolgreich bei dem Versuch, sich in den Medien zu präsentieren. Am besten gelang dies Politikern der SPD und der Union, was vor allem daran liegt, dass diese Parteien die beiden Spitzenkandidaten für die Wahl stellten. Auch Vertreter der CSU kamen verhältnismäßig häufig in den Nachrichten zu Wort. Weniger erfolgreich waren politische Akteure der Grünen und der Linkspartei. Diese allgemeine Bilanz wirkt sich entsprechend auch auf den Frauenanteil der Kandidaten in den Medien aus. Die in Tabelle 8 dargestellte Differenz veranschaulicht die Diskrepanz zwischen dem Anteil der Kandidatinnen an der Redezeit in den Fernsehnachrichten und dem Anteil an weiblichen Wahlbewerbern für den Bundestag. Je negativer diese Differenz ausfällt, desto seltener konnten die Parteien ihre Kandidatinnen in den Medien platzieren.

Einzig die Wahlbewerberinnen der CDU weisen eine positive Differenz von +62.3 auf. Die Frauen anderer Parteien waren weniger erfolgreich. Weder Frauen der Linkspartei noch Frauen der CSU waren in den Nachrichten vertreten, trotzdem offenbart die SPD die negativste Differenz, da sie zwar die meisten Kandidatinnen stellte, diese aber nur in 1.2 Prozent der Redezeit aller 184 weiblichen SPD-Kandidaten in den Medien präsentieren konnte. Der ausgesprochen hohe Anteil der CDU-Kandidatinnen ist alleine auf Angela Merkel zurückzuführen. Sie sprach relativ gesehen sogar mehr als doppelt so häufig in den Medien, wie es dem Kandidatinnenanteil ihrer Partei entsprochen hätte. Sie war damit nicht nur sehr viel erfolgreicher als die Kandidatinnen anderer Parteien, sondern auch erfolgreicher als ihre männlichen Parteikollegen. Für erstere gestaltete sich die Bilanz gerade umgekehrt, sie hatten deutlich geringere Chancen als ihre männlichen Kollegen, in Bild und Ton in den Fernsehnachrichten aufzutreten (Tabelle 8).

Tabelle 8: Frauenanteil und Redezeit der medienpräsenten Wahlbewerber verglichen mit dem Frauenanteil der Wahlbewerber insgesamt nach Partei

	Redesequenzen Kandidaten			**Redesequenzen Kandidatinnen**			**Alle Kandidaten**		**Alle Kandidatinnen**		**Differenz***
	N	∑	%	N	∑	%	N	%	N	%	
CDU	98	19.7	32.6	86	18.02	91.5	511	21.8	149	29.2	+62.3
CSU	27	5.4	8.9	-	-	-	87	3.7	22	25.3	-25.3
SPD	116	24.5	40.5	2	0.28	1.2	490	20.9	184	37.6	-36.4
FDP	31	5.5	9.1	2	0.22	4.0	404	17.22	87	21.5	-17.6
B'90/Die Grünen	18	3.3	5.5	3	0.47	14.2	366	15.6	131	35.8	-21.8
Linkspartei	11	1.95	3.2	-	-	-	488	20.8	161	33.0	-33.0
Gesamt	301	60.45	100	93	19	31.4	2346	100	732	31.2	

Anmerkungen: * Differenz = Redezeit der Wahlbewerberinnen in Prozent – Anteil der Wahlbewerberinnen nach Partei, in Prozent; N = Anzahl der Redesequenzen; ∑ = Redezeit in Minuten, % = Anteil der Redezeit bzw. den Wahlbewerbern nach Partei

Über alle Sender hinweg lag der prozentuale Anteil der Kandidatinnen an der Redezeit bei 31.4 Prozent und entsprach damit ziemlich genau der relativen Vertretung von Frauen an den Kandidaturen (31.2%). Dies könnte zwar darauf hindeuten, dass Kandidatinnen, bezogen auf den Umfang ihrer Redezeit, in den Fernsehnachrichten angemessen repräsentiert wurden. Davon ist allerdings nicht auszugehen, da schließlich 95 Prozent der Redezeit aller weiblichen Kandidaten allein auf Angela Merkel entfallen. Insgesamt kann man also, außer für die Kandidatinnen der CDU, für weibliche Kandidaten aller Parteien eine deutliche Untervertretung in den Fernsehnachrichten feststellen.

Eine Betrachtung der einzelnen Sender zeigt, dass der Redeanteil der Kandidatinnen an der Gesamtredezeit bei den kommerziellen Sendern deutlich höher war als bei den öffentlich-rechtlichen. Die ARD billigte den Kandidatinnen mit einem Redeanteil von 27.1 Prozent den wenigsten Raum zu, während RTL die Kandidatinnen mit einem Redeanteil von 34.9 Prozent der Gesamtzeit am längsten zu Wort kommen ließ. Der prozentuale Anteil der Kandidatinnen an der Gesamtredezeit lag, wie die eingezeichnete Differenz verdeutlicht, bei den privaten Sendern über dem Frauenanteil der Bundestagskandidaten, bei ZDF und ARD darunter (Abbildung 2).

Abbildung 2: Vergleich zwischen den Redezeiten der Kandidatinnen nach Sender und ihrem Anteil an Kandidaturen im Deutschen Bundestag

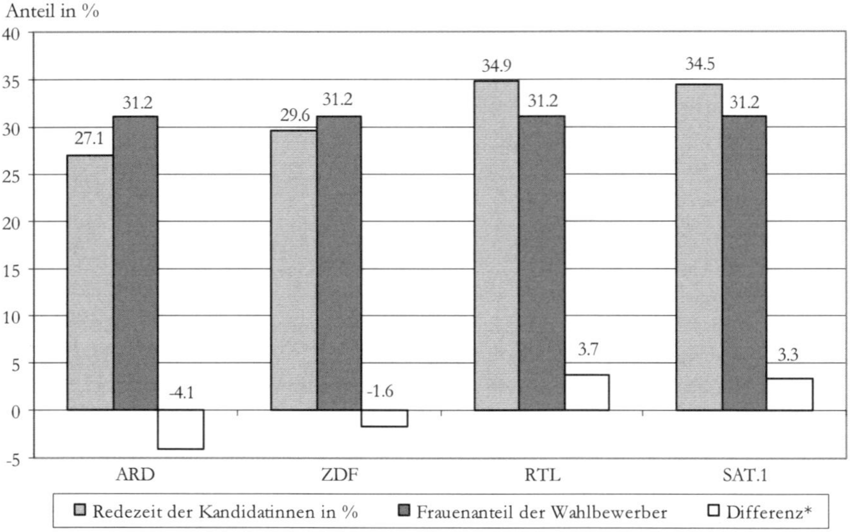

Diskussion

Die Zielsetzung der empirischen Untersuchung bestand darin herauszuarbeiten, welches Frauen- und Männerbild in Wahlbeiträgen der Hauptabendnachrichten von ARD, ZDF, RTL und SAT.1 während der heißen Phase des Bundestagswahlkampfs 2005 vermittelt wurde. Um diese Frage zu beantworten, wurden die relevanten Beiträge im Hinblick auf die quantitative Präsenz von Frauen und Männern analysiert.

Nach Brettschneider und Kamps begünstigen die Darstellungsmöglichkeiten des Fernsehens eine Politikvermittlung, in der die Spitzenkandidaten dominieren (Brettschneider, 2001, S. 387; Kamps, 1999, S. 128). Für die

Medienberichterstattung über den Wahlkampf 2005 war daher eine Konzentration auf Angela Merkel und Gerhard Schröder zu erwarten. Die Ergebnisse dieser Studie bestätigen dies eindeutig. Die Berichterstattung der Nachrichtensender orientierte sich in der heißen Phase des Wahlkampfes 2005 vor allem an wenigen zentralen Handlungsträgern. Wie die Analyse der Hauptakteure der Berichterstattung zeigt, standen die beiden Kanzlerkandidaten wesentlich häufiger im Mittelpunkt des Geschehens als andere Akteure. Deutlich negativ wirkte sich diese Tendenz auf die Auftritte unterschiedlicher weiblicher Handlungsträger aus, die als Hauptakteure im Untersuchungszeitraum, verglichen mit ihren männlichen Kollegen, nur eine untergeordnete Rolle spielten. Nur 27 Prozent der registrierten männlichen und weiblichen Hauptakteure waren Frauen. Angela Merkel kam dabei eine Art Stellvertreterfunktion zu, da außer ihr nur fünf weitere weibliche Hauptakteure in den Nachrichten berücksichtigt wurden. Diese waren hauptsächlich als Alltagspersonen oder Journalistinnen zu sehen.

Männer spielten dagegen knapp 2.7 Mal häufiger eine tragende Rolle in den Nachrichtensendungen. Zwar geht auch unter den männlichen Akteuren ein erheblicher Anteil auf den Bundeskanzler und Spitzenkandidaten zurück, daneben waren aber weitere prominente Politiker wie zum Beispiel Parteivorsitzende, aber auch Experten als Protagonisten gefragt. Diese Ergebnisse bekräftigen Erkenntnisse früherer Studien, nach denen Männer in den Nachrichten fast ausschließlich wichtige Positionen als berufliche Experten oder politische Entscheidungsträger übernehmen (Cornelißen, 1992, S. 133; Weiderer, 1995, S. 289–300). Weibliche Akteure waren aufgrund von Merkels starker Medienpräsenz in der Wahlkampfberichterstattung der Hauptabendnachrichten 2005 in erster Linie als Politikerinnen vertreten. Dieser Umstand hängt vor allem mit Merkels Position als Spitzenkandidatin zusammen. Sieht man von ihrer Person einmal ab, waren Frauen in der Wahlkampfberichterstattung so gut wie nicht existent.

Die eingangs formulierte Fokussierung der Journalisten auf Prominente und Personen in Spitzenpositionen ist vermutlich der Hauptgrund für die geringe Medienpräsenz von Frauen, die auch heute noch selten in wichtigen Ämtern und Führungspositionen in Wirtschaft oder Politik tätig sind (Cornelißen, 2005, S. 140, 371). In der Wahlkampfberichterstattung 2005 waren weibliche Handlungsträger demnach deutlich unterrepräsentiert. Dies galt für die kommerziellen wie für die öffentlich-rechtlichen Nachrichtensendungen. Dennoch bestanden deutliche Unterschiede zwischen ARD und

ZDF einerseits sowie RTL und SAT.1 andererseits, wonach bei ersteren nur 22 Prozent, bei letzteren dagegen 39 Prozent der Handlungsträger weiblich waren. Die Verteilung der Redezeit auf die verschiedenen Akteure verstärkt den ersten durch die Analyse der Hauptakteure gewonnenen Eindruck. Insgesamt kamen Männer 1.6 Mal häufiger zu Wort als Frauen. Naturgemäß bestimmten Journalisten und Medienschaffende die Redesequenzen vor den Politikern.

Die Kanzlerkandidaten dominierten die Wortmeldungen der Politiker während der heißen Wahlkampfphase so deutlich, dass weniger prominente Politiker nur selten die Möglichkeit bekamen, sich in den Fernsehnachrichten zu äußern. Innerhalb der Gruppe der Politiker lag der Frauenanteil an der Redezeit bei 28.2 Prozent und kam damit dem realen Prozentsatz der Politikerinnen im 15. Deutschen Bundestag von 32.2 Prozent relativ nahe.

Auf den ersten Blick scheint es, als wären Frauen als Rednerinnen in den Fernsehnachrichten recht angemessen repräsentiert gewesen. Dieser Eindruck relativiert sich jedoch bei genauerer Betrachtung erheblich, denn der hohe Redeanteil weiblicher politischer Akteure beschränkt sich fast ausschließlich auf Angela Merkel, die im Wahlkampf nicht nur als Spitzenkandidatin, sondern auch als Parteivorsitzende der CDU vertreten war. Claudia Roth, die Parteivorsitzende der Grünen, war die Politikerin, die nach Angela Merkel am zweithäufigsten zu hören war. Weitere Politikerinnen hatten, auch wenn sie in wichtigen Ämtern tätig waren – in der Regierung lag der Frauenanteil bei über 40 Prozent – neben Merkel kaum eine Chance, sich der Wählerschaft mit eigenen Worten in den Fernsehnachrichten zu präsentieren. Auch diese Ergebnisse sprechen dafür, dass im politischen Teil der Nachrichten vor allem prominente und aufgrund ihres Amtes bedeutende Akteure einen wichtigen Stellenwert einnehmen.

Im Gegensatz dazu kamen neben Bundeskanzler Schröder sehr viele männliche Politiker zu Wort. Allerdings beschränkten sich die Redeanteile auch hier hauptsächlich auf den Spitzenkandidaten und Kanzler, auf Parteivorsitzende und prominente Politiker. Weniger prominente Mitglieder des Kabinetts scheinen dagegen auch unter den männlichen Politikern nur einen weniger hohen Stellenwert in der Wahlkampfberichterstattung einzunehmen. Dies könnte erklären, warum kaum eine andere Politikerin außer Angela Merkel als Rednerin zu hören war, obwohl zu diesem Zeitpunkt einige Frauen als Ministerinnen tätig waren (Cornelißen, 2005, S. 379).

Da Auftritte in den Fernsehnachrichten den Bekanntheitsgrad und damit die Wahlchancen von Politikern erhöhen (Kahn, 1996, S. 44; Schulz, 1997, S. 214–215), hatten von allen im Wahlkampf aktiven Politikern die Wahlbewerber für den 16. Deutschen Bundestag das wohl größte Interesse an einer angemessenen Medienpräsenz. Bezogen auf die Redezeit kamen die Wahlbewerberinnen bei RTL und SAT.1 relativ gesehen am häufigsten zu Wort. Über alle Sender hinweg lag der Anteil der Kandidatinnen an der Redezeit bei 31.4 Prozent und entsprach damit ziemlich genau der prozentualen Vertretung von Frauen an den Wahlbewerbern (31.2%). Würden nicht 95 Prozent der Redezeit aller Kandidatinnen auf Angela Merkel entfallen, wären die Kandidatinnen bezogen auf den Umfang ihrer Redezeit in den Fernsehnachrichten angemessen repräsentiert.

Die Ergebnisse zur Verteilung der Redezeit sind jedoch bezogen auf die gesamte Wahlkampfberichterstattung der untersuchten Fernsehnachrichten unter Vorbehalt zu betrachten. Aufgrund des Untersuchungsdesigns konnten nicht alle Beiträge mit Bezug zur Bundestagswahl, sondern nur solche mit Bezug zu den Spitzenkandidaten ausgewertet werden. Somit verweisen alle in die Untersuchung der Redezeit einbezogenen Nachrichtenbeiträge zumindest am Rande auf die Spitzenkandidaten, wodurch die Wahrscheinlichkeit, dass diese im Beitrag zu Wort zu kommen, im Vergleich zu anderen Politikern deutlich erhöht war. Davon abgesehen weisen jedoch lediglich 30 Prozent aller wahlrelevanten Beiträge keinen Bezug zu den Kandidaten auf, so dass vermutlich auch eine Untersuchung aller 224 erfassten Beiträge zur Bundestagswahl kein grundlegend anderes Medienbild widerspiegeln würde. Trotz der etwas eingeschränkten Aussagekraft der Ergebnisse zeigen sie aber dennoch Tendenzen der Berichterstattung, nach denen weniger prominente Politiker, vor allem wenn sie weiblich sind, nur eine untergeordnete Rolle in der Politikvermittlung spielen.

Die Ergebnisse der Analysen von Hauptakteuren und Rednern lassen darauf schließen, dass sich für Angela Merkel aufgrund ihres Geschlechts im Gegensatz zu anderen Frauen keine Nachteile in der Wahlkampfberichterstattung ergaben. Die Vermutung, dass die Medien insgesamt ein recht ausgewogenes Bild der Spitzenkandidaten zeichneten, bestätigen die Ergebnisse einer Analyse der Fernsehnachrichten zur Bundestagswahl 2005 von Schulz und Zeh (vgl. Schulz & Zeh, 2006). Die verschiedenen Indikatoren der Medienpräsenz weisen zusammengenommen nicht auf Vorteile für einen der beiden Kandidaten hin. So konnte aufgrund von Merkels starker Medienpräsenz beispielsweise kein Kanzlerbonus für Amtsinhaber Schröder festgestellt werden, wie er von Schulz und Zeh noch in den neunziger Jahren konstatiert worden war (Schulz & Zeh, 2006, S. 300).

Fazit

Der vorliegende Beitrag hat gezeigt, dass Frauen und Politikerinnen – abgesehen von der Spitzenkandidatin – in der Wahlkampfberichterstattung der Hauptabendnachrichten von ARD, ZDF, RTL und SAT.1 2005 deutlich unterrepräsentiert waren. Frauen traten in Beiträgen mit Bezug zur Bundestagswahl nur äußerst selten als Hauptakteure oder Redner in Erscheinung. Dies trifft für nicht politische Akteure ebenso zu wie für Politikerinnen, für weibliche Mitglieder der Regierung und Frauen, die für den 16. Deutschen Bundestag kandidierten. Der Hauptgrund für die geringe Medienpräsenz von Politikerinnen ist vermutlich darin zu suchen, dass sie relativ selten in wichtigen politischen Ämtern bzw. Führungspositionen tätig sind (vgl. Cornelißen, 2005). Zum anderen hängt dies nach Weber, Esch und Schaeffer-Hegel (1998) wohl auch mit den journalistischen Konventionen zusammen, nach denen weibliche Eigenschaften und Kompetenzfelder in der Politikvermittlung eher als unwichtige Randerscheinung behandelt werden. Es liegt daher die Vermutung nahe, dass es weibliche Politiker auch weiterhin nicht leicht haben, sich in diesem Berufsfeld zu etablieren.

Literatur

Bundesministerium für Jugend, Familie und Gesundheit. (Hrsg.) (1975). *Die Darstellung der Frau und die Behandlung von Frauenfragen im Fernsehen. Empirische Untersuchung einer Forschungsgruppe der Universität Münster unter Leitung von Professor Dr. Erich Küchenhoff.* Stuttgart: W. Kohlhammer.

Brettschneider, F. (2001). Candidate Voting. Die Bedeutung von Spitzenkandidaten für das Wählerverhalten in Deutschland, Großbritannien und den USA von 1960 bis 1998. In H.-D. Klingemann & M. Kaase (Hrsg.), *Wahlen und Wähler. Analysen aus Anlass der Bundestagswahl 1998* (S. 351–400). Wiesbaden: Westdeutscher Verlag.

Brettschneider, F. (2005). Bundestagswahlkampf und Medienberichterstattung. *Aus Politik und Zeitgeschichte,* (51–52), 19–26.

Cornelißen, W., & Küsters, K. (1992). Frauen und Nachrichten. Zum Frauenbild in Nachrichtensendungen. In R. Fröhlich. (Hrsg.), *Der andere Blick: Aktuelles zur Massenkommunikation aus weiblicher Sicht* (S. 123–138). Bochum: Universitätsverlag Dr. N. Brockmeyer.

Cornelißen, W. (Hrsg.) (2005). *Gender-Datenreport. 1. Datenreport zur Gleichstellung von Frauen und Männern in der Bundesrepublik Deutschland* (2. Fassung). München: Bundesministeriums für Familie, Senioren, Frauen und Jugend. Abgerufen am 30. August 2006 von www.bmfsfj.de/Publikationen/genderreport/01-Redaktion/PDF-Anlagen/gesamtdokument,property=pdf,bereich=genderreport,rwb=true.pdf.

Gebel, C. (1995). Subtile Degradierung von Frauen im Fernsehen. Eine Untersuchung der Programme von ARD, ZDF, RTL und SAT.1 auf der Basis eines repräsentativen timesamplings über sechs Monate. *Zeitschrift für Frauenforschung, 4*, 51–59.

Geese, S., Zubayr, C., & Gerhard, H. (2005). Berichterstattung zur Bundestagwahl 2005 aus Sicht der Zuschauer. Ergebnisse einer Repräsentativbefragung und der GfK-Fernsehforschung. *Media Perspektiven,* 613–626.

Kahn, K. F. (1996). *The political consequences of being a woman: how stereotypes influence the conduct and consequences of political campaigns.* New York: Columbia University Press.

Kahn, K. F., & Goldenberg, E. N. (1991). Woman candidates in the news: An examination of gender differences in U.S. senate campaign coverage. *Public Opinion Quarterly, 55*, 180–199.

Kamps, K. (1999). Im Wahlkampf nichts Neues. Aufmerksamkeitsstrukturen der Kampagnenberichterstattung in Fernsehnachrichten. In C. Holtz-Bacha (Hrsg.), *Wahlkampf in den Medien – Wahlkampf mit den Medien. Ein Reader zum Wahljahr 1998* (S. 109–132). Opladen: Westdeutscher Verlag.

Kindelmann, K. (1994). *Kanzlerkandidaten in den Medien. Eine Analyse des Wahljahres 1990.* Opladen: Westdeutscher Verlag.

Klaus, E. (2005). *Kommunikationswissenschaftliche Geschlechterforschung. Zur Bedeutung der Frauen in den Massenmedien und im Journalismus* (aktualisierte und korrigierte Neuauflage). Wien: LIT Verlag.

Landeslisten, Kandidaturen und Kandidaten bei der Bundestagswahl 2005 nach Parteien und Ländern (2005). Abgerufen am 10. September 2006 von www.bundeswahlleiter.de/bundestagswahl2005/downloads/landeslisten.pdf.

Schulz, W. (1997). *Politische Kommunikation. Theoretische Ansätze und Ergebnisse empirischer Forschung zur Rolle der Massenmedien in der Politik.* Opladen: Westdeutscher Verlag.

Schorn, K., & Schwartzenberg, M. von (2005). Endgültiges Ergebnis der Wahl zum 16. Deutschen Bundestag am 18. September 2005. *Wirtschaft und Statistik, 11*, 1153–1167.

Schulz, W., & Zeh, R. (2006). Die Kampagne im Fernsehen – Agens und Indikator des Wandels. Ein Vergleich der Kandidatendarstellung. In C. Holtz-Bacha (Hrsg.), *Die Massenmedien im Wahlkampf. Die Bundestagswahl 2005* (S. 277–305). Wiesbaden: VS Verlag für Sozialwissenschaften.

Schwartzenberg, M. von (2002). Endgültiges Ergebnis der Wahl zum 15. Deutschen Bundestag am 22. September 2002. *Wirtschaft und Statistik, 10*, 823–837.

Statistisches Bundesamt (Hrsg.) (2006). *Wahl zum 16. Deutschen Bundestag am 18. September 2005. Wahlbeteiligung und Stimmabgabe der Männer und Frauen nach Altersgruppen.* Abgerufen am 30. November 2006 von www.bundeswahlleiter.de/bundestagswahl-2005/downloads/Heft_4.pdf

Velte, J. (1995). Die Darstellung von Frauen in den Medien. In R. Fröhlich & C. Holtz-Bacha, *Frauen und Medien* (S. 181–253). Opladen: Westdeutscher Verlag.

Weber, U., Esch, M., & Schaeffer-Hegel, B. (1998). Politikerin als Beruf. Ergebnisse einer Untersuchung zur politischen Bildung und Professionalisierung von Frauen für die Politik. *Aus Politik und Zeitgeschichte,* (B22–23), 3–11.

Weiderer, M. (1995). *Das Frauen- und Männerbild im Deutschen Fernsehen. Eine inhaltsanalytische Untersuchung der Programme von ARD, ZDF und RTLplus* (2. Auflage). Regensburg: Roderer.

Der Merkel-Faktor – Die Berichterstattung der Printmedien über Merkel und Schröder im Bundestagswahlkampf 2005

Thomas Koch & Christina Holtz-Bacha

Kanzlerkandidat gegen Kanzlerkandidatin, Amtsinhaber gegen Herausforderin, Mann gegen Frau – das allein reichte schon, um den Bundestagswahlkampf 2005 zu einem besonderen Ereignis zu machen. Der um ein Jahr vorgezogene Wahltermin, die Art und Weise, wie die Vorverlegung ermöglicht wurde, taten ein Übriges. Zum ersten Mal in der Geschichte der Bundesrepublik trat eine Frau für das Amt der Bundeskanzlerin an, die – weiteres Novum – in der DDR aufgewachsen war. Somit war es auch für die Medien etwas Neues, über eine Kandidatin im Bundestagswahlkampf zu berichten. Schließlich bot sich mit dieser Situation auch für die Forschung zum ersten Mal die Gelegenheit zu prüfen, ob die deutschen Medien mit einer Kandidatin anders umgehen als mit einem Kandidaten. Da die Kampagne die Wählerschaft fast ausschließlich über die Medien erreicht, hat die Berichterstattung einen großen Einfluss auf das Image von Kandidaten, deren Popularität und daher auch auf ihre Chance, gewählt zu werden. Verschiedene, allerdings meist aus den USA stammende Studien ließen befürchten, dass über eine Kandidatin nicht nur anders, sondern auch zu deren Nachteil berichtet würde (vgl. z. B. Kahn, 1996; Kahn & Goldenberg, 1991; Pfannes, 2004).

Insgesamt steht in Deutschland die Forschung über die Darstellung von Politikerinnen in den Medien noch am Anfang. Der Forschungsstand in den USA ist bereits viel ausdifferenzierter, und so sind diese Studien oft der wichtigste Bezugs- und Vergleichspunkt, wenn man die Konsequenzen für die Berichterstattung und den Wahlerfolg erahnen möchte, die sich daraus ergeben, dass eine Frau für ein politisches Amt kandidiert (vgl. Holtz-Bacha, 2007a). Deutsche Studien, die die Darstellung von Politikerinnen und Politikern miteinander vergleichen, sind bislang auf wenige Ausnahmen beschränkt (z. B. Drinkmann & Caballero, 2007; Pfannes, 2004). Dies liegt nicht zuletzt daran, dass Frauen für hohe und höchste politische Ämter in Deutschland eine Ausnahmeerscheinung sind. Das Novum einer Frau im Bundeskanzleramt ändert daran recht wenig; ein Blick auf Länderebene zeigt, dass man derzeit nach Ministerpräsidentinnen vergeblich Ausschau hält. Heide Simonis, die erste und bislang einzige Ministerpräsidentin Deutschlands, musste ihr Amt 2005 wieder abgeben. Und wenn es um die Wahl des Bundespräsidenten ging, wagte es stets nur die Fraktion, die keine Mehrheit in der Bundesversammlung hatte, eine Kandidatin aufzustellen. So konnten die Parteien öffentlich demonstrieren, dass sie eine Frau für das höchste Amt der Bundesrepublik durchsetzen wollten, das "Risiko", dass diese gewählt würde, blieb allerdings gering.

Wie die Medien über Politikerinnen und Politiker im Wahlkampf berichten, hat zunächst einmal Relevanz für deren Bekanntheit und für ihr Image in der Wählerschaft, beides wiederum dürfte ihre Chance, gewählt zu werden, beeinflussen. Wenn Kandidatinnen dabei eine systematische Benachteiligung gegenüber ihren männlichen Kontrahenten erfahren, würde das zumindest dazu beitragen, dass ihnen der Eintritt in die Politik und die weitere politische Karriere erschwert werden. Darüber hinaus liefern die Medien mit ihrer Politikberichterstattung aber auch ein Bild von der Politik und – in dem hier interessierenden Zusammenhang – von der Art und Weise, wie Frauen sich in der Politik verhalten, und nehmen damit ebenfalls Einfluss auf das Bild, das sich die Wählerschaft, aber auch diejenigen, die noch nicht wahlberechtigt sind, von der Politik und der Rolle von Frauen in der Politik machen. Diese Vorstellungen müssen Frauen, die sich in die Politik begeben (wollen), berücksichtigen, denn sie bilden auch einen Maßstab, an dem ihr Verhalten gemessen wird (vgl. dazu ausführlich: Holtz-Bacha, 2007a). Ziel der hier vorgelegten Studie war es also zu prüfen, ob die Medien über Kandidat und Kandidatin unterschiedlich berichteten und wie gegebenenfalls diese Unterschiede aussahen.

Merkel in den Medien

Wie Merkel in den Medien dargestellt wird, ist erst seit ihrer Kanzlerschaft ein Thema für die Forschung geworden (vgl. Koch, 2007). Studien, welche die Darstellung in den Medien während Merkels Zeit als Ministerin untersuchen, existieren noch nicht, und auch Analysen über Merkels Darstellung während der Jahre als CDU-Vorsitzende und Oppositionsführerin sind rar – nur eine Bildanalyse (Fleissner, 2004) und wenige Diplomarbeiten (z. B. Rail, 2003; Wille, 2001) geben erste Hinweise darauf, wie die Medien über Merkel zu dieser Zeit berichteten. Merkels Darstellung im Wahlkampf war hingegen bereits Gegenstand von mehreren Analysen; insbesondere gibt es Ergebnisse aus den Untersuchungen der Wahlkampfberichterstattung in der Presse und im Fernsehen, die mittlerweile auch Vergleiche über längere Zeiträume erlauben (Schulz & Zeh, 2006; Wilke & Reinemann, 2003; 2006)

Wille (2001) untersuchte die Berichterstattung über Merkel und Volker Rühe in der *Süddeutschen Zeitung* und der *Frankfurter Allgemeinen Zeitung* in den Monaten vor der Wahl eines neuen CDU-Parteivorsitzenden (Oktober 1999 – April 2000); ihr Fokus lag dabei insbesondere auf dem Image der Kandidaten, und sie prüfte, ob eine geschlechtsspezifische Darstellung der Kandidaten zu finden war. Die Bewertung Merkels verbesserte sich in diesem Zeitraum stetig, die Zeitungen hoben ihre Glaubwürdigkeit und ihren Mut positiv hervor. Eine ausgeprägte geschlechtsspezifische Berichterstattung zum Nachteil Merkels konnte Wille (2001, S. 108) nicht feststellen, wenngleich einzelne stereotyp weibliche Eigenschaftszuschreibungen lediglich zur Beurteilung von Merkel auftauchten: So waren beispielsweise Attraktivität, Familienstand und Kinder(losigkeit) nur bei Merkel, nicht aber bei Rühe ein Thema.

Rail (2003) und Fleissner (2004) analysierten beide die Berichterstattung über Merkel und Stoiber, als die Union die K-Frage diskutierte. Während Rail bei sechs überregionalen Tageszeitungen die Artikel, die Merkel und Stoiber erwähnten, von Dezember 2001 bis Januar 2002 untersuchte und insbesondere Herkunft und Geschlecht der Kandidaten in den Fokus nahm, analysierte Fleissner die Bildberichterstattung über die beiden Kandidaten in zwei Tageszeitungen und zwei Nachrichtenmagazinen von Anfang Oktober 2001 bis Ende Februar 2002. Rail stellte fest, dass das Geschlecht Merkels zwar in der Berichterstattung Erwähnung fand; eine geschlechtsspezifische Beurteilung der Kandidaten konnte sie jedoch nicht ausmachen. Die Bewertungen beider Kandidaten orientierten sich wesentlich häufiger an stereotyp männlichen Eigenschaften, wobei für die Bewertung von Stoiber sogar doppelt so häufig weibliche Eigenschaften herangezogen wurden wie für Merkel (Rail, 2003, S. 102). Außerdem war Stoibers bayerische Herkunft für die Journalisten offenbar wesentlich interessanter als Merkels Geschlechtszugehörigkeit. Fleissner (2004) folgert aus ihrer Analyse der Pressefotos, dass Merkel bis zum Zeitpunkt der Entscheidung häufiger zu sehen war und dabei etwas negativere Bewertungen erfuhr als Stoiber. Merkel wurde dabei häufiger in stereotyp weiblichen Posen, Stoiber häufiger mit stereotyp männlichen Gesten abgebildet, diese Unterschiede blieben jedoch marginal.

Nach ihrer Kür zur Kanzlerkandidatin der Union intensivierte sich das Interesse an der Berichterstattung über Merkel. Die Ergebnisse der bislang vorliegenden Studien werden in diesem Beitrag im Ergebniskapitel jeweils mit den Befunden dieser Studie verglichen, daher erfolgt hier nur ein kurzer Überblick über zentrale Resultate. Verschiedene Untersuchungen (vgl. Boomgaarden & Semetko, 2006; Schulz & Zeh, 2006; Wilke & Reinemann, 2006) zeigen, dass Merkel in der Berichterstattung ebenso präsent war wie Schröder; beide Kandidaten erhielten eine recht ausgewogene Beurteilung, lediglich in der *Bild* zeichnete sich ein leichter Vorteil für Merkel ab (vgl. Boomgaarden & Semetko, 2006; Wagner, 2006). In der Fernsehberichterstattung konnten die Autoren keine geschlechtsspezifischen Aspekte oder Nachteile für Merkel auf Grund ihrer Geschlechtszugehörigkeit ausmachen. Für die Printberichterstattung liegen dazu bislang nur qualitative Auswertungen vor (mit Ausnahme der Analyse der *Bild*) – diese finden zwar durchaus eine geschlechtsspezifische Diskriminierung Merkels, allerdings ergibt sich aus dem benutzten Datenmaterial kein systematisches Bild (vgl. z. B. Erfurt, Haase & Roßhart, 2007; Scholz, 2007).

Die quantitativen Analysen der Darstellung Merkels in den Medien ergeben ein recht homogenes Bild: Die Journalistinnen und Journalisten fanden zwar Merkels Geschlechtszugehörigkeit durchaus berichtenswert (vgl. z. B. Boomgaarden & Semetko, 2006, S. 21; Rail, 2003, S. 102; Wille, 2001, S. 108), doch insgesamt zieht sich ein Ergebnis durch fast alle Untersuchungen: "Über das Geschlecht Merkels wurde zwar berichtet, aber eine negative geschlechterspezifische Beurteilung oder eine insgesamt negative Darstellung Merkels ließ sich kaum nachweisen" (Koch, 2007, S. 162–163).

Zielsetzung und methodisches Vorgehen

Inwiefern dieses Ergebnis auch auf die Printmedien zutrifft, war unter anderem Ziel der vorliegenden Studie. Eine Inhaltsanalyse sollte sechs forschungsleitende Fragen zu beantworten:

(1) Das erste Untersuchungsziel richtete sich auf die Präsenz von Angela Merkel und Gerhard Schröder in der Berichterstattung der Printmedien. Diese Frage ist aus zwei Gründen relevant: Zunächst war zu ermitteln, ob es in der Wahlkampfberichterstattung den Kanzlerbonus, also einen Präsenzvorsprung des Amtsinhabers in den Medien, gab – dies würde bedeuten, dass Schröder häufiger Gegenstand der Berichterstattung war als Merkel. Zum zweiten ist die Frage nach der Präsenz der Kandidaten aus Sicht der Genderforschung bedeutsam: Untersuchungen aus den USA und Deutschland zeigen, dass über Kandidatinnen wesentlich seltener berichtet wird als über deren männliche Kontrahenten (Kahn & Goldenberg, 1991; Pfannes, 2004). Dass Frauen weniger präsent sind als Männer, zeigt sich dabei nicht nur in der Berichterstattung über Politikerinnen, sondern Frauen sind ganz allgemein in den Medien unterrepräsentiert (Cornelißen & Küster, 1992; Schmerl, 2002; Weiderer, 1993). Es galt also zu ermitteln, ob dieser Befund auch für den Bundestagswahlkampf 2005 und die Berichterstattung über Merkel und Schröder galt.

(2) Ein weiterer Schwerpunkt der Analyse lag darauf zu überprüfen, ob die Medien über die beiden Kandidaten in einer ausgeglichenen Art und Weise berichteten oder ob sie einen der Kandidaten bevorzugten oder benachteiligten. Die Analyse differenziert dafür die Bewertungen der persönlichen Charaktereigenschaften Merkels und Schröders sowie den Tenor in der Beurteilung der politischen Kompetenz der beiden Kandidaten.

(3) Welche Rolle die Herkunft der beiden Kandidaten in der Berichterstattung spielte, ist vor dem Hintergrund, dass Merkel – obwohl in Hamburg geboren – in der DDR aufgewachsen ist, dort studiert und gearbeitet hat, besonders interessant. Vor dem Hintergrund, dass sie die erste Bürgerin der ehemaligen DDR war, die sich um das Bundeskanzleramt bewarb, soll die Frage beantwortet werden, ob und wenn ja, in welchem Umfang über Merkels (und Schröders) Herkunft berichtet wurde.

(4) Eine weitere Frage richtete sich auf das Privatleben der Kandidaten. Auch hier sind zwei Aspekte von Interesse: Erstens war zu erheben, ob sich der aus US-Studien bekannte Befund, dass über das Privatleben von Politikerinnen mehr berichtet wird als über das ihrer männlichen Kontrahenten, auch in der deutschen Berichterstattung wiederfinden lässt. Zweitens galt es zu prüfen, ob die Bemühungen Merkels, ihr Privatleben und insbesondere ihren Ehemann aus der öffentlichen Diskussion herauszuhalten, erfolgreich waren. Doris Schröder-Köpf hatte sich stets auch in den Wahlkampf einge-

bracht und provozierte 2005 durch eine verbale Attacke auf Merkel die mediale Aufmerksamkeit, so dass sie in der Berichterstattung häufiger auftauchen sollte als Merkels Ehemann.

(5) Weitere Punkte der Analyse waren die äußere Erscheinung und die Performance der Kandidaten in der Presse. Verschiedene Studien (vgl. u. a. Schmerl, 1985; 2002) waren zu dem Ergebnis gekommen, dass Politikerinnen oft auf ihre äußere Erscheinung reduziert werden – somit müsste es mehr Aufmerksamkeit für Merkels Aussehen geben als für Schröders. Neben der äußeren Erscheinung war es zudem Ziel der Analyse herauszufinden, wie das Auftreten der Kandidaten, also deren rhetorische Fähigkeiten, ihre Wahlkampfauftritte und ihre mediale Performance (vgl. Wilke & Reinemann, 2006, S. 317) von den Medien beurteilt wurden.

(6) Merkel wollte ihre Rolle als Frau im Wahlkampf nicht in den Vordergrund rücken und versuchte zu vermeiden, als Frau bewertet zu werden (vgl. Hilmer & Müller-Hilmer, 2006; Holtz-Bacha, 2007a, S. 93). Auch hier stellt sich die Frage, wie weit sie mit dieser Strategie erfolgreich war bzw. ob das Geschlecht in der Berichterstattung eine Rolle spielte und ob diese Merkel und Schröder genderstereotyp darstellte. Eine solche stereotype Berichterstattung kann verschiedene Aspekte umfassen: Zunächst richtete sich das Interesse auf das Vorkommen von Gender Frames in der Berichterstattung. Zudem galt es herauszufinden, in welchem Themenkontext Kandidatin und Kandidat auftraten. Verschiedene Studien haben gezeigt, dass Frauen häufiger mit so genannten weichen Themen wie Gesundheits-, Sozial- oder Familienpolitik in Verbindung gebracht werden und seltener mit den so genannten harten Themenfeldern wie Arbeits-, Wirtschafts- oder Außenpolitik (vgl. z. B. Schmerl, 2002, S. 409). Schließlich erhob die Analyse, welche Anreden und Bezeichnungen für die beiden Kandidaten Verwendung fanden und ob diese, wie es manche Untersuchungen festgestellt hatten, dazu dienten, auf das Geschlecht insbesondere der Kandidatin zu verweisen (vgl. Holtz-Bacha, 2007b; Pfannes, 2004; Wille, 2001).

Die hier berichtete Inhaltsanalyse umfasst den Zeitraum ab dem 1. Juli 2005, dem Tag, an dem die Vertrauensfrage im Parlament gestellt wurde, bis zum 17. September 2002, dem Tag vor der Wahl. Von der Analyse unbeachtet bleibt daher die Berichterstattung über die Kandidaten, die direkt im Anschluss an die Ankündigung von Neuwahlen am 22. Mai eingesetzt hatte. Der Zeitraum der Analyse gewinnt dadurch besondere Relevanz, dass ein beträchtlicher Teil der Wählerinnen und Wähler ihre Wahlentscheidung erst spät trifft und somit das kurz vor der Wahl maßgeblich durch die mediale Vermittlung geprägte Image der Kandidaten großen Einfluss auf die endgültige Wahlentscheidung hat. So gaben bei der letzten Bundestagswahl 31 Prozent der Wähler an, sie würden ihre Entscheidung erst wenige Tage oder Wochen vor dem Wahltermin fällen (vgl. Schmitt & Wüst, 2006).

Um ein möglichst breites Spektrum an Aussagen über die Kandidaten zu sammeln, wurden in der Untersuchung sowohl Tagespresse (*Süddeutsche Zeitung*, *Frankfurter Allgemeine Zeitung* und *Bild*), Nachrichtenmagazine (*Focus* und *Der Spiegel*) und Unterhaltungsillustrierte (*Stern*, *Neue Revue*, *Bunte*). Diese Auswahl erlaubt den Vergleich der Kandidatendarstellungen in den verschiedenen Pressegattungen, wobei sich die Berücksichtigung der Publikumszeitschriften mit der Vermutung verband, diese könnten sich insbesondere für das Privatleben der Kandidaten interessieren. Aufgreifkriterium für einen Artikel war die Nennung und Identifizierung von Merkel und/oder Schröder in einem Artikel. Dabei gingen nur redaktionelle Textbeiträge in die Stichprobe mit ein; Werbeanzeigen, Leserbriefe, Bilder und Karikaturen wurden nicht analysiert. Aufgrund der – auch in diesem recht kurzen Zeitraum – sehr großen Anzahl an Artikeln konnte von der Tagespresse nur jeder sechste und von den Nachrichtenmagazinen nur jeder zweite Beitrag codiert werden; aus der Populärpresse wurde dagegen jeder Artikel untersucht. Die Analyse erfolgte auf Beitragsebene.

Ergebnisse

Alle untersuchten Medien berichteten über die beiden Kandidaten, auch wenn der Umfang der Berichterstattung je nach Medium stark differierte; in der Tagespresse waren – wie zu erwarten – die meisten Beiträge zu finden, doch auch die politischen Magazine widmeten einen Großteil ihrer Artikel dem Wahlkampf. *Der Spiegel* berichtete dabei fast doppelt so häufig über die Kandidaten wie der *Focus*, wobei die Artikel von *Der Spiegel* zudem durchschnittlich doppelt so lang waren. Die Tatsache, dass der *Stern* in lediglich 59 Beiträgen über die Kandidaten berichtete und damit gleich auf mit der *Bunten* (60 Beiträge) lag, ist ein bemerkenswertes Ergebnis, auch wenn die Artikel des *Stern* meist deutlich länger waren als die der *Bunten*. In der *Neuen Revue* fanden sich kaum Artikel über die beiden Kandidaten (14 Beiträge).

Artikel über Merkel und Schröder wurden zu zwei Dritteln im politischen Ressort abgedruckt – nur in den Bereichen Wirtschaft und Feuilleton findet sich außerdem eine erwähnenswerte Berichterstattung. Dabei waren es neben Berichten vor allem Kommentare und Leitartikel (vgl. hierzu auch Wilke & Reinemann, 2006), die sich mit den beiden Kandidaten beschäftigten; auch das überrascht in Wahlkampfzeiten nicht – allerdings ist interessant, dass es im untersuchten Zeitraum praktisch keine Porträts der Kandidaten mehr gab – die Journalisten glaubten wohl, dass über das Leben der beiden schon alles geschrieben war. 82 Prozent der Artikel wurden von Männern verfasst, nur 12 Prozent von Frauen; gemischte Teams schrieben die restlichen 6 Prozent der Artikel.

Die Wahl spielte in der Berichterstattung über Merkel und Schröder die zentrale Rolle – 80 Prozent der Artikel thematisierten die bevorstehende Wahl. Die Hälfte der analysierten Beiträge (50%) machte die Wahl zum Hauptthema. Wirtschaft/Arbeit (10%), Außenpolitik (7%) und Steuern/Finanzen (5%) waren von den "harten" Themen die bedeutendsten. Bei den "weichen" Themen wurden die Kandidaten am häufigsten mit Bildung und Kultur (4%) in Verbindung gebracht. Das schon kurz nach der Wahl von den beiden großen Volksparteien sehr kontrovers und lange diskutierte Thema Gesundheit bzw. die Reform des Gesundheitssystems spielte im Wahlkampf praktisch keine Rolle; nur rund ein Prozent der Artikel mit Kandidatenbezug diskutierten diese Problematik. "Harte" Themen kamen insgesamt doppelt so häufig berichtet wie "weiche" Themen.

Präsenz der Kandidaten

Zunächst sollte ermittelt werden, in welchem Umfang in den untersuchten Medien über beide Kandidaten berichtet wurde. Merkel wurde in 66 Prozent der Beiträge zumindest namentlich erwähnt, Schröder in 70 Prozent der Beiträge. Somit wurde über Schröder – wenn man lediglich die Erwähnung des Namens in den Artikeln als Präsenzkriterium betrachtet – etwas mehr berichtet als über Merkel. Zieht man aber als zusätzlichen Indikator die Zentralität der Kandidaten in den jeweiligen Artikeln heran, so fällt auf, dass Schröder – im Gegensatz zu Merkel – wesentlich häufiger nur am Rande erwähnt wird. Misst man die Anzahl der Artikel, in denen der jeweilige Kandidatenbezug nicht nur äußerst peripher ist, so erhielten Merkel und

Schröder den gleichen Umfang an Berichterstattung; auf Merkel entfielen sogar mehr Beiträge, die sich überwiegend mit einem der Kandidaten beschäftigen. Bezieht man diese Überlegungen in die Messung der Präsenz ein, so lässt sich sagen, dass über beiden Kandidaten im untersuchten Zeitraum in etwa gleichem Umfang berichtet wurde.

Dieses Resultat bestätigt damit die Ergebnisse anderer Studien, welche bereits die Präsenz der Kandidaten in Fernsehnachrichten und Tageszeitungen untersuchten. Bei der Analyse der Fernsehnachrichten kommen sowohl Boomgaarden und Semetko (2006), die die Hauptnachrichten von ARD, ZDF, RTL und Sat.1 während der letzten sechs Wochen vor der Wahl untersuchten, als auch Schulz und Zeh (2006), die sich ebenfalls auf die Hauptnachrichten dieser Sender während der letzten vier Wochen vor der Wahl beziehen, zu dem Ergebnis, dass es keine gravierenden Unterschiede in der Präsenz der beiden Kandidaten in den Fernsehnachrichten gab. Und auch Wilke und Reinemann (2006) berichten, dass bei der Bundestagswahl 2005 von einem Kanzlerbonus nicht die Rede sein kann, da über Merkel in den von ihnen untersuchten vier überregionalen Qualitätstageszeitungen sogar mehr berichtet wurde als über Schröder.

Bei der Messung der Präsenz der Kandidaten in der *Bild* kommen zwei vorausgehende Untersuchungen zu konträren Ergebnissen: Wagner (2006, S. 23) findet bei seiner Analyse einen Vorsprung für Schröder (legt dies jedoch auf Grund des negativen Tenors, den er in der Zeitung gegenüber Schröder feststellt, als einen Nachteil für den damaligen Amtsinhaber aus), Boomgaarden und Semetko (2006) gelangen in ihrer Analyse hingegen zu dem Schluss, dass Merkel sowohl in Bezug auf die Summe der Länge der Beiträge als auch bei Gesamt- und Durchschnittslänge der direkten Rede besser präsent ist als Schröder. Ob die unterschiedliche Operationalisierung der Präsenz oder der um zwei Wochen längere Untersuchungszeitraum (die Inhaltsanalyse von Boomgaarden und Semetko beginnt 14 Tage früher) diese Differenz verursacht haben, bleibt unklar. Das Ergebnis der hier berichteten Analyse liegt zwischen den Befunden der beiden vorausgehenden Studien: Die Kandidaten erlangten in der Berichterstattung der *Bild* ungefähr die gleiche Aufmerksamkeit. Zwar liegt, wenn man nur die Anzahl der Artikel betrachtet, Merkel um ein paar Prozentpunkte vor Schröder, bei der Zentralität der Kandidaten in den Berichten ergeben sich aber leichte Vorteile für Schröder. Es lässt sich also auch bei *Bild* feststellen, dass die Zeitung über beide Kandidaten im gleichen Umfang berichtet.

Die ausgeglichene Präsenz der Kandidaten in den untersuchten Medien ist aus zwei Gründen auffallend: Zum einen gab es den bei früheren Bundestagswahlen (für die Bundestagswahl 1990 vgl. z. B. Semetko & Schönbach, 1994; Bundestagswahl 1994 und 1998 vgl. z. B. Zeh, 2005; Bundestagswahl 2002 vgl. Wilke & Reinemann, 2003) oftmals nachgewiesenen Kanzlerbonus nicht. Zum anderen tauchte der insbesondere in US-Studien nachgewiesene Nefund, dass über Kandidatinnen generell weniger berichtet wird als über deren männliche Kontrahenten (vgl. z. B. Bystrom, 2006; Kahn, 1996; Kahn & Goldenberg, 1991) bei dieser Wahl auch nicht auf.

Fraglich ist, warum bei der Wahl der Kanzlerbonus fehlte. Es lässt sich spekulieren, dass die umfangreiche Präsenz Merkels nur eine Folge der umfangreichen Darstellung der Union in den Medien, insbesondere in den Fernsehnachrichten, war (vgl. Brettschneider, 2005, S. 22; Koch, 2007). Der gouvernementale Wahlkampf der CDU, die ihre eigenen Regierungspläne stärker in den Vordergrund stellte als Negativ-Campaigning zu betreiben und die Regierungsbilanz der rot-grünen Koalition zu kritisieren, könnte ein Grund für die hohe Präsenz der Partei in den Medien gewesen sein (vgl. Brettschneider, 2005). Auf der anderen Seite führte auch der Angriffswahlkampf der SPD dazu, dass die Medien vermehrt über die CDU berichteten (vgl. Hilmer & Müller-Hilmer, 2006). Vielleicht war "Merkel als erste Frau in der Rolle der Kandidatin einfach interessanter" (Wilke & Reinemann, 2006, S. 331), etwa weil die Journalisten glaubten, schon alles über Schröder geschrieben zu haben, oder der Kanzlerbonus ist als historisches Phänomen der 90er Jahre zu verstehen (Schulz & Zeh, 2006). Wahrscheinlich tragen viele dieser Faktoren, die nur analytisch zu trennen sind, zu der ausgeglichenen Präsenz der Kandidaten bei.

Tenor der Berichterstattung

Die ausgewogene Präsenz der Kandidaten in den untersuchten Medien sagt nichts darüber aus, ob es auch einen ausgewogenen Tenor in der Berichterstattung gab. Um die Bewertung der Kandidaten festzuhalten, wurde sowohl der Tenor der Artikel in Bezug auf die Person Merkel oder Schröder als auch die Bewertung der politischen Kompetenz der Kandidaten untersucht.

Mit der Bewertung von persönlichen Eigenschaften der beiden Kandidaten, also Charakter und Einstellungen, die nicht unmittelbar mit deren politischer Kompetenz in Verbindung standen, hielt sich die Presse zurück. In nur jedem zehnten Artikel ist von persönlichen Eigenschaften die Rede. Beim Tenor der Bewertung zeigen sich nur sehr geringe Unterschiede zwischen Merkel und Schröder: Beide wurden in etwa 30 Prozent der Artikel, die eine Wertung vornehmen, positiv dargestellt. Während die Wertungen von Merkels persönlichen Eigenschaften nur in ungefähr jedem dritten Artikel (34%) negativ ausfallen (ansonsten gemischt positiv und negativ), wird die Person Schröder in 42 Prozent der Artikel negativ gezeigt. Da Wertungen in Bezug auf die persönlichen Charaktereigenschaften der Kandidaten nur in geringem Umfang vorhanden und die Differenzen zudem marginal sind, bleibt es Spekulation, ob es sich tatsächlich um einen Unterschied oder nur um einen zufälligen Befund handelt; auch eine Aufschlüsselung nach verschiedenen Medien erbringt auf Grund der geringen Fallzahl keine brauchbaren Ergebnisse.

Wertungen in Bezug auf die politische Kompetenz der Kandidaten tauchen wesentlich häufiger auf: Jeder dritte Artikel befasst sich damit direkt oder implizit. Merkel erfährt hinsichtlich ihrer politischen Kompetenz eine recht gemischte Beurteilung: In 29 Prozent der Artikel findet sich ein positiver Tenor, in 39 Prozent ein negativer und in knapp einem Drittel der Beiträge (31%) erscheinen gemischte Beurteilungen ihrer Kompetenz. Schröders politische Kompetenz dagegen unterliegt nur halb so oft einer positiven Wertung (15%) und wird viel öfter negativ dargestellt (59%); ein gemischter Tenor lässt sich nur in jedem vierten Artikel (25%) finden.

Diese Daten legen den Schluss nahe, dass die Printmedien Schröders politische Kompetenz tatsächlich wesentlich negativer beurteilten als die Kompetenz seiner Kontrahentin. In einem zweiten Schritt gilt es allerdings zu ermitteln, ob bestimmte Medien für diese Differenzen verantwortlich waren. So zeigt sich, dass dieses Ergebnis insbesondere durch drei der acht analysierten Printmedien zustande kommt: Zum einen beurteilen FAZ und *Focus* die politische Kompetenz Schröders sehr viel häufiger negativ, wobei sie aber hinsichtlich der positiven Bewertung beider Kandidaten sehr zurückhaltend sind und keinen der beiden vorziehen. Insbesondere ursächlich für die unausgewogene Bewertung der politischen Kompetenz der Kandidaten ist aber die *Bild*; diese bewertet die politische Kompetenz Schröders beinahe nie positiv, selten ausgewogen und meistens negativ. Merkels politische Kompetenz hingegen beurteilt *Bild* in den untersuchten Artikeln meist positiv und seltener ausgewogen. Kritik an ihr findet sich fast gar nicht in der Boulevardzeitung.

Die Ergebnisse dieser Studie decken sich dabei mit vorausgegangenen Analysen von *Bild* und überregionalen Qualitätszeitungen: Auch Wilke und Reinemann (2006) beobachten, dass die *Frankfurter Allgemeine Zeitung* Schröder negativer darstellt. Und den eindeutigen Tenor von *Bild*, die Merkels politische Kompetenz viel häufiger positiv und viel seltener negativ beschreibt als die Schröders, bestätigen auch die Studien von Wagner (2006) sowie Boomgaarden und Semetko (2006), die beide feststellen, dass Schröder deutlich mehr negative und Merkel deutlich mehr positive Bewertungen erfährt. Die Ergebnisse der Fernsehanalysen zeigen hingegen ein anderes Bild: Weder Brettschneider (2005), noch Schulz und Zeh (2006) können bei ihren Untersuchungen erkennen, dass es während des Wahlkampfs in den Fernsehnachrichten Unterschiede bezüglich der Bewertung von Merkel und Schröder gegeben hätte. "Insgesamt ist beim Überblick über die Bewertungsindikatoren, wie schon bei den übrigen Darstellungsmerkmalen, keine eindeutige Begünstigung des Amtsinhabers und dementsprechend auch keine Benachteiligung der Herausforderin zu erkennen" (Schulz & Zeh, 2006, S. 296). Auch Boomgaarden und Semetko (2006) finden nur sehr geringe Unterschiede, wobei sie sogar einen leichten Vorteil für Schröder feststellen.

So lässt sich in einem ersten Zwischenresümee festhalten: Die Fernsehnachrichten berichteten ausgewogen und neutral über beide Kandidaten; *Süddeutsche Zeitung* und *Spiegel* bewerteten die beiden Kandidaten gleichermaßen negativ, keiner der Kandidaten wurde bevorzugt. Auch in den untersuchten Unterhaltungsillustrieren finden sich kaum Unterschiede im Tenor – *Bunte* und *Neue Revue* halten sich in der Kritik beider Kandidaten zurück. Es sind FAZ und *Focus*, die Schröders politische Kompetenz deutlich negativer beurteilen als Merkels; *Bild* beurteilt nicht nur Schröder negativer, sondern Merkel auch deutlich positiver.

Herkunft der Kandidaten

Wie wichtig war es für die Medien, dass sich zum ersten Mal eine Kandidatin, die in der DDR aufgewachsen ist, für das Amt der Bundeskanzlerin bewarb? Dass die Herkunft von Kanzlerkandidaten relevant sein kann, zeigt beispielsweise Rail (2003, S. 102), die im Zusammenhang mit der K-Frage

2002 beobachtet, dass Stoibers bayerische Herkunft für die Berichterstattung wichtiger war als die Tatsache, dass mit Merkel zum ersten Mal eine Frau kandidieren könnte.

Im Wahlkampf 2005 war nur die Herkunft Merkels, nicht jedoch die Schröders ein relevantes Thema für die Printmedien: Acht Prozent der Beiträge, die sich mit Merkel beschäftigen, thematisieren auch ihre Herkunft. Dabei spielen ihr Geburtsort (Hamburg) und ihr Bundestagswahlkreis Stralsund-Rügen-Grimmen lediglich eine untergeordnete Rolle – meistens steht allgemein ihre Herkunft aus dem Osten Deutschlands im Fokus der Beiträge. Analysiert man die Artikel, in denen Merkel ein wichtiges Thema ist (also die Zentralität Merkels im Artikel auf einer fünfstufigen Skala mindestens drei beträgt), so wird ihre Herkunft in 18 Prozent der Artikel erwähnt; 28 Prozent der Artikel, die sich überwiegend mit Merkel beschäftigen (bei einer Zentralität von mindestens vier), berichteten über Merkels Herkunft. Schröders Herkunft schien hingegen im Wahlkampf fast keine Rolle zu spielen; nur in zwei Prozent der Artikel, die Schröder nennen, erwähnen sie. Selbst in den Beiträgen, in denen Schröder ein wichtiges Thema ist (wiederum Zentralität von mindestens drei), spielt die Herkunft kaum eine Rolle (6%); auch unter den Artikeln, die sich überwiegend mit Schröder beschäftigen (Zentralität mindestens vier), berichten lediglich zwölf Prozent über Schröders Herkunft. Die Zahlen werden noch deutlicher, wenn sich die Analyse auf solche Artikel beschränkt, in denen die Kandidaten absolut im Fokus der Artikel standen – Merkels Herkunft wurde in diesen Artikeln in 83 Prozent der Fälle erwähnt, Schröders nur in 17 Prozent.

Die Presse empfand also auch in den Wochen vor der Wahl die Herkunft Merkels aus dem Osten als berichtenswert, während Schröders Herkunft indessen fast gar kein Thema war. Die Herkunft aus der DDR erschien also als "Sonderfall", der "Normalfall" der Herkunft aus einem der alten Bundesländer musste nicht thematisiert werden. Dieses Ergebnis ist weder überraschend, noch sollte es überbewertet werden. Da bei den vorausgegangenen vier gesamtdeutschen Wahlen jeweils nur Kandidaten aus den alten Bundesländern angetreten waren, bedachten die Medien das Novum der Ostherkunft einfach mit vermehrter Aufmerksamkeit.

Privatleben der Kandidaten

Das Privatleben beider Kandidaten spielte in der Berichterstattung der Printmedien in der Spätphase des Wahlkampfes praktisch keine Rolle. So lassen sich die meisten Indikatoren, die zur Operationalisierung des Privatlebens dienten, in den analysierten Artikeln nicht finden: Über Eltern, Geschwister, Ex-Ehemänner und Ex-Ehefrauen wurde fast nicht berichtet; auch die Ehepartner der Kandidaten hatten in der Wahlkampfberichterstattung nur eine untergeordnete Rolle, wobei Merkels Ehemann Joachim Sauer noch wesentlich seltener auftaucht (in 3% der Artikel, die Merkel erwähnen) als Schröders Ehefrau Doris Schröder-Köpf (in 6% der Artikel, die Schröder erwähnen). Dieses Ergebnis ist keine Überraschung: Während Merkel konsequent versuchte, ihr Privatleben und insbesondere ihren Ehemann aus dem Wahlkampf herauszuhalten (vgl. Holtz-Bacha, 2006, S. 17), drängte Doris Schröder-Köpf in die Öffentlichkeit (vgl. Wagner, 2006, S. 14). Merkels Kinderlosigkeit war zwar auch kein großes Thema, tauchte aber immerhin noch etwas häufiger auf als ihr Ehemann (4% der Artikel), womit die Kinderlosigkeit ein wichtigeres Thema war als das von Schröder adoptierte Kind. Dass Merkels Kinderlosigkeit wohl schon immer ein (wenn auch nicht zentrales) Thema in der Berichterstattung war, zeigt auch Wille (2001). Merkel erfüllt eben nicht das "klassische" und stereotype Rollenbild einer Frau, die in erster Linie für ihre Kinder sorgt, was die Medien dann wenigstens für erwähnenswert halten.

Die vorliegenden Ergebnisse decken sich mit den Befunden der Analyse von Fernsehnachrichten: Diese berichteten ebenfalls kaum über das Privatleben der Kandidaten (Schulz & Zeh, 2006, S. 297). Zahlreiche Studien haben gezeigt, dass Frauen eher vor dem Hintergrund ihres gesamten Familienlebens, ihrer Kinder, ihres Ehegatten und ihres Haushaltes dargestellt werden (vgl. z. B. Cornelißen & Küsters, 1992; Huhnke 1996; Prenner, 1995) – diese Punkte scheinen bei Merkel wiederum nicht zuzutreffen. Doch ob auch dies eine "Merkel-spezifische" Ausnahme ist, bleibt zunächst Spekulation. Interessanterweise kommt auch Pfannes (2004) zu dem Ergebnis, dass private Details bei Politikerinnen nicht mehr als bei deren männlichen Kollegen im Vordergrund stehen.

Äußere Erscheinung und Performance

Acht Prozent der Artikel, die Merkel erwähnen, thematisieren auch ihre äußere Erscheinung. Schröders Aussehen war für die Journalisten nicht ganz so berichtenswert und fand nur in vier Prozent der Berichte über Schröder Beachtung. Auch wenn die Differenz auf den ersten Blick nicht besonders groß erscheint, ist doch zu konstatieren, dass Merkels äußere Erscheinung doppelt so oft Aufmerksamkeit findet wie Schröders. Damit bestätigt sich auch in dieser Analyse der gängige Befund, dass das Aussehen weiblicher Kandidaten ausgiebiger kommentiert wird als das der männlichen, was zahlreiche Studien aus den USA belegen (vgl. z. B. Bystrom, 2006; Witt, Paget & Matthews, 1995). Der von Rita Süssmuth (2005) geäußerte Eindruck, dass in der Berichterstattung über Merkel mehr "über Frisur, äußere Erscheinung, Gesichtsausdruck, Hände, etc." diskutiert als dass inhaltlich debattiert wurde, oder auch der von Roth (2007, S. 137) formulierte Vorwurf, "dass bevor Angela Merkel Kanzlerin geworden ist, wirklich mehr über ihre Haare als über ihre Politik geredet wurde", erscheinen vor dem Hintergrund dieser Ergebnisse allerdings etwas übertrieben. Inwiefern der auf Frauen lastende "Attraktivitätsdruck" (Mühlen-Achs, 1993, S. 14) für die umfangreichere Berichterstattung verantwortlich war, bleibt aber klärungsbedürftig.

Wenn Merkels äußere Erscheinung Erwähnung fand, so geschah dies in fast der Hälfte der Fälle negativ (49%) und nur in 22 Prozent der Artikel in einem positiven Tenor (29% bewerten das Aussehen gemischt). Schröders äußere Erscheinung hingegen erfuhr nur in 20 Prozent der Artikel eine negative Bewertung und in 52 Prozent der Artikel eine positive (28% bewerten sie gemischt). Dieser Befund weist darauf hin, dass die Presse mit Merkel nicht per se wohlwollend und mit Schröder per se ablehnend umgegangen ist – die Berichterstattung unterschied offenbar recht präzise, ob persönliche Eigenschaften, die politische Kompetenz, das Aussehen oder die Performance zu bewerten waren.

Um die Performance der Kandidaten, also deren rhetorische Fähigkeiten und die medialen Auftritte, ging es in 25 (Merkel) bzw. 22 Prozent (Schröder) der Artikel mit jeweiligem Kandidatenbezug. Die Performancequalitäten waren bereits im Wahlkampf 2002 ein populärer Gegenstand der Berichterstattung, wobei Wilke und Reinemann (2006) dies insbesondere auf die beiden Fernsehduelle zwischen Schröder und Stoiber zurückführen, welche die Printmedien auch umfassend thematisierten. Dabei bezog sich die Bewertung weniger auf Sach- und Kompetenzfragen, sondern vor allem auf das Auftreten der Kandidaten. Die hier berichtete Studie untersuchte zusätzlich, welchen Tenor die Berichterstattung über Merkels bzw. Schröders Performance hatte. Es zeigt sich, dass auch bei der Bewertung der Performance Schröder insgesamt eine etwas bessere Beurteilung erfuhr als Merkel. Während Artikel, die sich mit Merkels Performance befassen, diese nur zu 26 Prozent positiv und zu 39 Prozent negativ beurteilten (36% der Beiträge mit gemischtem Tenor), bekam Schröders Performance deutlich häufiger eine positive Bewertung (34%). Auffällig ist, dass Schröders Performance fast genau so oft wie Merkels negativ (37%) beurteilt wurde (29% der Beiträge mit gemischtem Tenor). Die Unterschiede in der Bewertung der Performance der Kandidaten sind also nur gering, wobei leichte Vorteile für Schröder auffallen.

Genderspezifische Aspekte der Berichterstattung

Merkel selbst bemühte sich stets darum, als Politikerin und nicht als Frau bewertet zu werden, und rückte daher im Wahlkampf 2005 ihre Rolle als Frau nicht in den Vordergrund – zumal ihr bewusst war, "dass die Wahl nicht 'als Frau' zu gewinnen war" (Holtz-Bacha, 2007a, S. 93; vgl. auch Hilmer & Müller-Hilmer, 2006). Doch auch die SPD versuchte, alles zu vermeiden, "was den Eindruck eines Wettbewerbs zwischen 'Frau und Mann' erwecken konnte [...] weil sich dieser für Schröder, der sich bis dahin gerade in der weiblichen Wählerschaft starker Unterstützung erfreute, negativ ausgewirkt hätte" (Holtz-Bacha, 2006, S. 18). Trotz der Bemühungen der Parteien und Kandidaten, geschlechtsspezifische Inszenierungen zu vermeiden, bleibt fraglich, ob das Geschlecht der Kandidaten für die Medien relevant war und dieses die Berichterstattung beeinflusst hat.

Um zu überprüfen, ob es in den Printmedien eine genderspezifische Berichterstattung gab, orientierte sich diese Untersuchung an dem von Boomgaarden und Semetko entwickelten Gender Frame. Dazu dienten die folgenden Indikatoren: (1) Werden in dem Beitrag die Fähigkeiten der Kandidaten auf irgendeine Art und Weise mit dem Geschlecht in Zusammenhang gebracht (z. B. dass eine Frau oder ein Mann bestimmte Dinge besser oder schlechter kann)? (2) Wird in dem Beitrag erwähnt, dass mit Merkel zum ersten Mal eine Frau kandidiert? (3) Wird in dem Beitrag erwähnt, dass das Ergebnis der Wahlen oder das Verhalten der Wähler (teilweise) vom Geschlecht der Kandidaten abhängen könnte? (4) Wird die Rolle von Frauen im öffentlichen Leben thematisiert (z. B. an Universitäten, in Unternehmen usw.). Sind mindestens zwei der Aussagen mit ja zu beantworten, gilt ein Gender-Frame als vorhanden.

Zentrales Ergebnis ist, dass der Frame in weniger als einem Prozent der 820 untersuchten Artikel zu diagnostizieren ist. Überhaupt fand die Tatsache, dass zum ersten Mal eine Frau bei Bundestagswahlen als Kanzlerkandidatin antrat, in dieser Phase des Wahlkampfes nur sehr selten Erwähnung. Dieses Ergebnis steht dabei den Befunden von Boomgaarden und Semetko (2006) entgegen, die für die Fernsehnachrichten nur ein leichtes Gender Framing erkennen, aber in 27 Prozent der Artikel aus *Bild*, die nur Merkel nennen, einen Gender Frame auffinden. Trotz einer fast identischen Operationalisierung (diese Analyse verwendete eine reduzierte Version des Frames, die zwei der Statements ausließ, weil sie die Autoren als nicht funktional beschrieben) und des gleichen Untersuchungsmaterials stehen sich die Ergebnisse hier diametral gegenüber.

Als zweiter Indikator für genderspezifische Berichterstattung diente der Kontext der Berichterstattung über die beiden Kandidaten, das heißt, ob Merkel häufiger als Schröder in Verbindung mit weichen Themen bzw. Schröder häufiger als Merkel in Verbindung mit harten Themen auftauchte. Die Berichterstattung über so genannte harte Themen blendet Frauen oft aus (vgl. z. B. Kahn & Goldenberg, 1991; Rosenwasser, Rogers, Fling, Silvers-Pickens & Butemeyer, 1987; Schmerl, 2002). Doch auch dieses Indiz, das auf eine geschlechtsstereotype Berichterstattung hindeuten würde, findet sich in den analysierten Artikeln nicht; weder trat Merkel häufiger im Zusammenhang mit weichen Themen auf, noch stand Schröder häufiger mit harten Themen in Verbindung. Auch die Analyse der Fernsehnachrichten kommt zu diesem Ergebnis (vgl. Boomgaarden & Semetko, 2006, S. 18).

Diese Untersuchung liefert fast keine Anzeichen für eine genderstereotype Berichterstattung – es gab kein Gender Framing, Merkel war ebenso präsent wie Schröder, ihr Privatleben war sogar etwas seltener Gegenstand, und sie erschien nicht häufiger als Schröder in einem Zusammenhang mit weichen Themen. Lediglich die äußere Erscheinung, die bei Merkel öfter thematisiert wurde als bei Schröder, ist ein kleiner Hinweis auf eine geschlechtsspezifische Berichterstattung.

Eines fällt aber doch auf: Schröder ist in der Berichterstattung meist einfach nur "Schröder" (57%), seinen Vornamen nennen 24 Prozent der Artikel. Außerdem finden sich die Bezeichnungen "Bundeskanzler" (18%) oder "SPD-Kandidat" (1%). Die Bezeichnung "Herr Schröder" ist hingegen nur in einem einzigen Artikel anzutreffen. Merkel wird hingegen meistens mit ihrem Vornamen genannt (39%), etwas seltener nur "Merkel" (36%); die Bezeichnung "Frau Merkel" ist allerdings relativ häufig (9%). Dieser Befund deckt sich mit den Ergebnissen von Wille (2001, S. 109), die feststellt, dass die Autoren die männlichen Politiker stets mit Nachnamen nennen, bei Merkel aber relativ häufig "Frau" vor den Namen setzen. Die Anrede als "Frau Merkel" gilt als ein "subtile[s] Mittel der Andersbehandlung" (Holtz-Bacha, 2007b, S. 12; Pfannes, 2004) und deutet zumindest auf eine gewisse Unsicherheit der Medien im Umgang mit einer Frau auf einer hohen politischen Position.

Insgesamt fügen sich diese Ergebnisse in eine (kleine) Reihe anderer Studien ein, die allesamt zeigen, dass über Merkel nicht oder zumindest nicht offensichtlich genderspezifisch berichtet wird. Weder in der Berichterstattung im Vorfeld der Wahl des Parteivorsitzenden (Oktober 1999 – April 2000; vgl. Wille, 2001), noch in der Berichterstattung während der K-Frage der Union (Dezember 2001 – Januar 2002; vgl. Rail, 2003; Fleissner, 2004) steht Merkels Geschlechtszugehörigkeit in einem negativen Zusammenhang, noch wurde sie in der Berichterstattung benachteiligt, weil sie eine Frau ist. Zu einem ähnlichen Ergebnis kommen auch die Studien, die sich auf den Wahlkampf beziehen (Boomgaarden & Semetko, 2006; Schulz & Zeh, 2006).

Fazit

Viele der dargestellten Ergebnisse entsprechen nicht den durch amerikanische und deutsche Studien generierten Erwartungen, wie die Medien mit Politikerinnen umgehen. Es erweist sich allerdings, dass die meisten Ergebnisse in die Reihe der bislang durchgeführten Analysen über Merkel nahtlos einzufügen sind. Dies bedeutet, dass Merkel wohl ein Sonderfall ist, eine Frau, die nicht weiblich-stereotyp dargestellt wird. Die möglichen Gründe dafür sollen im Folgenden – nach einer kurzen Zusammenfassung der zentralen Ergebnisse – diskutiert werden.

Über Merkel wurde im gleichen Umfang berichtet wie über ihren Kontrahenten Schröder – es gab in der Wahlkampfberichterstattung 2005 also weder einen Kanzlerbonus, noch wurde Merkel von den Journalisten benachteiligt, weil sie eine Frau ist. Der Tenor in Bezug auf persönliche Eigenschaften der Kandidaten war recht ausgeglichen, die Bewertung der politischen Kompetenz fiel bei Schröder häufiger negativ und weniger positiv aus als bei Merkel. Diese Differenz entstand insbesondere durch die Berichterstattung von FAZ und *Focus*, die beide Schröders politische Kompetenz signifikant häufiger kritisierten als Merkels. Zudem berichtete *Bild* wesentlich häufiger positiv und weniger negativ über Merkels politische Kompetenz. Dass mit Merkel zum ersten Mal eine Politikerin aus den neuen Bundesländern für das Amt kandidierte, war für die Presse auch in den Wochen vor der Wahl noch berichtenswert, Schröders Herkunft war dagegen nicht mehr interessant, stellte keine Besonderheit dar und konnte in seinem nunmehr dritten Bundestagswahlkampf im übrigen als bekannt vorausgesetzt werden. Das Privatleben der Kandidaten wurde in den Medien kaum thematisiert; so spielten auch die Partner der Kandidaten eine untergeordnete Rolle, wobei Joachim Sauer noch wesentlich weniger Gegenstand der Berichterstattung war als Doris Schröder-Köpf.

Ein Befund dieser Untersuchung entspricht aber sehr wohl den Klagen auch deutscher Politikerinnen und den Ergebnissen von Studien aus anderen Ländern: Merkels Aussehen war häufiger ein Thema in der Wahlkampfberichterstattung als Schröders äußere Erscheinung. Die Beurteilung von Merkels Aussehen fiel insgesamt eher negativ aus, während Schröders Aussehen wesentlich positivere Wertungen erhielt. Ähnlich, wenn auch nur mit einem geringen Unterschied, verhält es sich mit dem Urteil über die Performance der Kandidaten, Schröder schnitt auch in dieser Hinsicht besser ab als Merkel.

Die Analyse konnte für die Wahlkampfberichterstattung der Printmedien kaum eine genderspezifische Perspektive auf die Kanzlerkandidatin feststellen. In den untersuchten Artikeln lagen keine Gender Frames vor, und Merkel stand nicht häufiger als Schröder im Kontext so genannter weicher Themen. Auch die ausgeglichene Präsenz der Kandidaten sowie die Tatsache, dass Merkels Privatleben seltener Gegenstand der Berichterstattung war als Schröders, bestätigen die nur schwache geschlechtsspezifische Stereotypisierung. Merkel scheint, wenn man alle bisher durchgeführten Analysen betrachtet, ein Sonderfall zu sein – die sonst in der medialen Darstellung gefundenen Unterschiede zwischen Politikerinnen und Politikern kamen im Wahlkampf 2005 nur sehr bedingt zum Tragen.

Wo könnten die Gründe dafür liegen, dass sich die üblichen Klischees hier kaum bestätigt haben? Es gibt mehrere mögliche Erklärungen: Es mag an der Persönlichkeit von Angela Merkel liegen und/oder an ihrem Wahlkampf. Die Kanzlerkandidatin hat wenig Ansatzpunkte für eine genderstereotype Berichterstattung geboten durch ihr Bemühen, "alles zu vermeiden, was dann als 'typisch Frau' hätte kommentiert werden können" (Holtz-Bacha, 2007a, S. 95). Möglicherweise hat auch das hohe Amt, um das es im Wahlkampf ging, den Faktor Frau gleichsam überlagert. Eine weitere Erklärung könnte in der Auswahl der für diese Studie analysierten Printmedien begründet sein: Vielleicht würde sich das Ergebnis etwas anders darstellen, wenn das Sample nicht so sehr durch die überregionale Qualitätspresse bestimmt wäre und stattdessen lokale und regionale Zeitungen einbezogen worden wären. Schließlich besteht die Möglichkeit, dass die deutschen Medien bzw. die Journalistinnen und Journalisten ihre Lektion gelernt haben und in der Berichterstattung nicht mehr so deutlich unterschiedliche Maßstäbe an Politikerinnen und Politiker anlegen. Die Tatsache, dass so viele frühere Studien aber einen geschlechterspezifischen Umgang der Medien mit Frauen und Männern in der Politik festgestellt haben, deuten darauf hin, dass es einen "Merkel-Faktor" gibt, der dazu führt, dass sie – wenigstens im Wahlkampf – besser behandelt wurde als viele ihrer Kolleginnen.

Literatur

Brettschneider, F. (2005). Bundestagswahlkampf und Medienberichterstattung. *Aus Politik und Zeitgeschichte*, (51–52), 19–26.

Boomgaarden, H. G., & Semetko, H. A. (2006, Juli). *Duell Mann gegen Frau?! Geschlechterrollen und Kanzlerkandidaten in der Wahlkampfberichterstattung.* Beitrag zur Tagung "Die Bundestagswahl 2005" der DVPW-Arbeitskreise "Wahlen und politische Einstellungen", "Parteienforschung" sowie "Politik und Kommunikation" am Wissenschaftszentrum Berlin.

Bystrom, D. (2006). Advertising, web sites, and media coverage: Gender and communication along the campaign trail. In S. Carroll & R. Fox (Hrsg.), *Gender and elections: Shaping the future of American politics* (S. 169–188). New York: Cambridge University Press.

Cornelißen, W., & Küsters, K. (1992). Frauen und Nachrichten. Zum Frauenbild in Nachrichtensendungen. In R. Fröhlich (Hrsg.), *Der andere Blick. Aktuelles zur Massenkommunikation aus weiblicher Sicht* (S. 123–138). Bochum: Universitätsverlag Dr. N. Brockmeyer.

Drinkmann, N. , & Caballero, C. (2007). Eine Frau ist eine Frau ist eine Frau? Die Berichterstattung über die Kandidaten der Bundespräsidentenwahl 2004. In C. Holtz-Bacha & N. König-Reiling (Hrsg.), *Warum nicht gleich? Wie die Medien mit Frauen in der Politik umgehen* (S. 167–203). Wiesbaden: VS Verlag für Sozialwissenschaften.

Erfurt, P., Haase A., & Roßhart, J. (2007). Mediale Geschlechterkonstruktionen im Bundestagswahlkampf 2005. In S. Scholz (Hrsg.), *Kann die das? Angela Merkels Kampf um die Macht. Geschlechterbilder und Geschlechterpolitiken im Bundestagswahlkampf 2005* (S. 25–37). Berlin: Karl Dietz.

Fleissner, K. (2004). Vor der Kür ist nach der Kür? Bundestagswahl 2002: Kandidatendebatte im Spiegel der Pressefotografie. In T. Knieper & M. G. Müller (Hrsg.), *Visuelle Wahlkampfkommunikation* (S. 129–147). Köln: Herbert von Halem.

Hilmer, R., & Müller-Hilmer, R. (2006). Die Bundestagswahl vom 18. September 2005: Votum für Wechsel in Kontinuität. *Zeitschrift für Parlamentsfragen, 37*, 183–218.

Holtz-Bacha, C. (2006). Personalisiert und emotional: Strategien des modernen Wahlkampfes. *Aus Politik und Zeitgeschichte,* (7), 11–19.

Holtz-Bacha, C. (2007a). Mit den Waffen einer Frau? Politikerinnen im Wahlkampf. In C. Holtz-Bacha & N. König-Reiling (Hrsg.), *Warum nicht gleich? Wie die Medien mit Frauen in der Politik umgehen* (S. 79–104). Wiesbaden: VS Verlag für Sozialwissenschaften.

Holtz-Bacha, C. (2007b). Zur Einführung: Politikerinnen in den Medien. In C. Holtz-Bacha & N. König-Reiling (Hrsg.), *Warum nicht gleich? Wie die Medien mit Frauen in der Politik umgehen* (S. 7–16). Wiesbaden: VS Verlag für Sozialwissenschaften.

Huhnke, B. (1996). *Macht, Medien und Geschlecht. Eine Fallstudie zur Berichterstattungspraxis der dpa, der taz sowie der Wochenzeitungen Die Zeit und Der Spiegel von 1980–1995.* Opladen: Westdeutscher Verlag.

Kahn, K. F., & Goldenberg, E. N. (1991). Women candidates in the news: An examination of gender differente in U.S. Senate campaign coverage. *Public Opinion Quarterly, 55*, 180–199.

Kahn, K. F. (1996). *The political consequences of being a woman: How stereotypes influence the conduct and consequences of political campaigns.* New York: Columbia University Press.

Klarfeld, R., & Mann, L. (2007). Eine kritische Auseinandersetzung mit der "Elefantenrunde" oder die momentanen Risiken und Nebenwirkungen von Röcken und Hosen. In S. Scholz (Hrsg.), *Kann die das? Angela Merkels Kampf um die Macht. Geschlechterbilder und Geschlechterpolitiken im Bundestagswahlkampf 2005* (S. 132–141). Berlin: Karl Dietz.

Koch, T. (2007). Immer nur die Frisur? Angela Merkel in den Medien. In C. Holtz-Bacha & N. König-Reiling (Hrsg.), *Warum nicht gleich? Wie die Medien mit Frauen in der Politik umgehen* (S. 146–166). Wiesbaden: VS Verlag für Sozialwissenschaften.

Mühlen-Achs, G. (1993). *Wie Katz und Hund. Die Körpersprache der Geschlechter.* München: Verlag Frauenoffensive.

Pfannes, P. (2004). *Powerfrau, Quotenfrau, Ausnahmefrau…? Die Darstellung von Politikerinnen in der deutschen Tagespresse.* Marburg: Tectum Verlag.

Prenner, A. (1995). *Die Konstruktion von Männerrealität in den Nachrichtenmedien. Eine theoretisch-empirische Untersuchung anhand eines Beispiels.* Bochum: Universitätsverlag Dr. N. Brockmeyer.

Rail, M. (2003). *Die K-Frage in der Union. Die Darstellung von Angela Merkel und Edmund Stoiber in der überregionalen Tagespresse.* Unveröffentlichte Diplomarbeit am Lehrstuhl für Kommunikations- und Politikwissenschaft der Universität Erlangen-Nürnberg.

Rosenwasser, S. M., Rogers, R. R., Fling, S., Silvers-Pickens, K., & Butemeyer, J. (1987). Attitudes toward women and men in politics: Perceived male and female candidate competencies and participant personality characteristics. *Political Psychology, 8*, 191–200.

Roth, C. (2007). "Wir sind immer noch ein Entwicklungsland": Zur Rolle von Frauen in der Gesellschaft, in der Politik und in den Medien. Claudia Roth befragt von Katja Mensing. In C. Holtz-Bacha & N. König-Reiling (Hrsg.), *Warum nicht gleich? Wie die Medien mit Frauen in der Politik umgehen* (S. 133–145). Wiesbaden: VS Verlag für Sozialwissenschaften.

Schmerl, C. (1985). Die öffentliche Inszenierung der Geschlechtscharaktere – Berichterstattung über Frauen und Männer in der deutschen Presse. In C. Schmerl (Hrsg.), *In die Presse geraten. Die Darstellung von Frauen in der Presse und Frauenarbeit in den Medien* (S. 7–52). Köln, Wien: Böhlau.

Schmerl, C. (2002). "Tais-toi et sois belle!" 20 Jahre Geschlechterinszenierung in fünf westdeutschen Printmedien. *Publizistik, 47*, 388–411.

Schmitt, H., & Wüst, A. M. (2006). The Bundestag election of September 2005: The interplay of long-term trends and short-term factors. *German Politics and Society, 24*, 27–46.

Scholz, S. (2007). "Männer reden Merkel klein." Männlichkeitskriterien im Bundestagswahlkampf 2005. In S. Scholz (Hrsg.), *Kann die das? Angela Merkels Kampf um die Macht. Geschlechterbilder und Geschlechterpolitiken im Bundestagswahlkampf 2005* (S. 103–116). Berlin: Karl Dietz.

Schulz, W., & Zeh, R.. (2006): Die Kampagne im Fernsehen – Agens und Indikator des Wandels. Ein Vergleich der Kandidatendarstellung. In C. Holtz-Bacha (Hrsg.), *Die Massenmedien im Wahlkampf. Die Bundestagswahl 2005* (S. 277–305). Wiesbaden: VS Verlag für Sozialwissenschaften.

Semetko, H., & Schönbach, K. (1994). *Germany's 'Unity Election': Voters and the media.* Cresskill, NJ: Hampton Press.

Wagner, B. (2006, Juli). *BILD – unabhängig, überparteilich? Die Wahlberichterstattung der erfolgreichsten Boulevardzeitung Deutschlands.* Beitrag zur Tagung "Die Bundestagswahl 2005" der DVPW-Arbeitskreise "Wahlen und politische Einstellungen", "Parteienforschung" sowie "Politik und Kommunikation" am Wissenschaftszentrum Berlin.

Weiderer, M. (1993). *Das Frauen- und Männerbild im Deutschen Fernsehen. Eine inhaltsanalytische Untersuchung der Programme von ARD, ZDF und RTL plus.* Regensburg: S. Roderer Verlag.

Wilke, J., & Reinemann, C. (2003). Die Bundestagswahlen 2002: Ein Sonderfall? – Die Berichterstattung über die Kanzlerkandidaten im Langzeitvergleich. In C. Holtz-Bacha (Hrsg.), *Die Massenmedien im Wahlkampf. Die Bundestagswahl 2002* (S. 29–56). Wiesbaden: Westdeutscher Verlag.

Wilke, J., & Reinemann, C. (2006). Die Normalisierung des Sonderfalls? Die Wahlkampfberichterstattung der Presse 2005 im Langzeitvergleich. In C. Holtz-Bacha (Hrsg.), *Die Massenmedien im Wahlkampf. Die Bundestagswahl 2005* (S. 306–337). Wiesbaden: VS Verlag für Sozialwissenschaften.

Wille, F. (2001). *Die Darstellung von Angela Merkel in der Frankfurter Allgemeinen Zeitung und in der Süddeutschen Zeitung.* Unveröffentlichte Diplomarbeit am Lehrstuhl für Kommunikations- und Politikwissenschaft der Universität Erlangen-Nürnberg.

Witt, L., Paget, K., & Matthews, G. (1995). *Running as a woman: Gender and power in American politics.* New York: The Free Press.

Zeh, R. (2005). *Kanzlerkandidaten im Fernsehen. Eine Analyse der Berichterstattung der Hauptabendnachrichten in der heißen Phase der Bundestagswahlkämpfe 1994 und 1998.* München: Reinhard Fischer.

Angela Merkel und der Fußball. Die Eroberung einer Männerbastion

Christina Holtz-Bacha

Autofahren, Klatsch ... und Fußball, das sind wohl die Bereiche, für die die krassesten Stereotypen über Frauen grassieren: Sie können nicht einparken, sie sind Klatschtanten und sie kennen die Abseitsregel nicht. Kein Wunder also, dass Angela Merkel sich schon als Aspirantin auf die Kanzlerkandidatur mit bangen Fragen der männlichen Parteikollegen zu Fußballkompetenz und Schicklichkeit konfrontiert sah. Wie sollte sie gegen Gerhard Schröder ankommen, dessen Sachkunde in Sachen Fußball nicht einmal von der Opposition bezweifelt wurde? Wie sollte sich die Partei mit einer Frau an der Spitze die herannahende Fußball-WM, die eine besondere Gelegenheit bot, ein inniges und dem Image zuträgliches Verhältnis von Fußballspielern und Politikern zu demonstrieren, zunutze machen? Und überhaupt: Besuche einer Frau bei unseren Jungs in der Kabine?

Die überraschende Ankündigung einer vorgezogenen Bundestagswahl bereitete den sorgenvollen Überlegungen, ob man im WM-Jahr 2006 mit einer Kanzlerkandidatin zur Wahl antreten könnte, ein jähes Ende. Aber auch Gerhard Schröder begab sich damit der Chance, den Feel-Good-Faktor, auf den er als Amtsinhaber bei der WM im eigenen Land und einer guten Leistung der Nationalmannschaft hoffen konnte, zu seinen Gunsten zu nutzen. Die Instrumentalisierung des Fußballs während des ohnehin nur kurzen Wahlkampfes 2005 hielt sich in Grenzen (vgl. Holtz-Bacha, 2006). Denjenigen, die noch immer über Angela Merkels Verhältnis zum Fußball spekulieren, als sie bereits Bundeskanzlerin ist, wischt sie in der Neujahrsansprache eins aus: "Natürlich drücken wir unserer Mannschaft die Daumen, und ich glaube, die Chancen sind gar nicht schlecht. Die Frauenfußball-Nationalmannschaft ist ja schon Fußballweltmeister, und ich sehe keinen Grund, warum Männer nicht das Gleiche leisten können wie Frauen" (Neujahrsansprache..., 2005). Am Tag darauf demonstriert sie im Gespräch mit der *Bild am Sonntag* gleich auch noch, dass sie sehr wohl die Abseitsregel erklären kann, und setzt bangen Fragen ein Ende mit der Ankündigung, dass sie bei der WM "natürlich" in die Mannschaftskabine gehen werde, "zum geeigneten Zeitpunkt [...] – übrigens auch, wenn wir Zweiter werden" (Angela Merkel..., 2006).

Die Berichterstattung über Merkel und ihr Verhältnis zum Fußball bleibt dennoch ambivalent. DFB-Präsident Theo Zwanziger bekräftigt im Interview mit der *Zeit*, dass die Kanzlerin Rat in Sachen Fußball gar nicht nötig habe und sich seit ihrer Kindheit für Fußball interessiere. Darüber möge sie öffentlich jedoch nicht sprechen, "um nicht den Eindruck zu erwecken, sie wolle mit dem Fußballkanzler Schröder wetteifern" (Bitte keine Panzer, 2006). Merkel-Biographin Evelyn Roll dagegen berichtet zur WM: "Angela Merkel interessiert sich nicht für Fußball", "Sie hat keine Ahnung" und schiebt wie zur Entschuldigung nach "Sie ist eine Frau" (Roll, 2006). Merkel selbst indessen bekräftigt zum Ende der WM: "Ich war immer ein Fußballfan. Es hat sich nur früher niemand dafür interessiert, und mir hat nie jemand zugeguckt, wenn ich ein Fußballspiel angesehen habe." (Alte und neue Erkenntnisse, 2006) Egal, wie das Verhältnis der Kanzlerin zum Fußball also aussieht, dieses zu diskutieren, ist allemal ein Thema in einem Land, in dem Fußball ganz oben steht bei der Beliebtheit der Sportarten.

Angela Merkels Treffen mit Jürgen Klinsmann und mit der Nationalmannschaft, ihre Stadionbesuche während der WM, die Verpflichtung von Ministerinnen und Ministern für die WM-Spiele, wie sie bei Spielen des deutschen Team mitzittert und mitjubelt – "Erstaunlich, diese Kanzlerin?", wundert sich die *Süddeutsche Zeitung* (An einem Samstagabend..., 2006). Fast will es so aussehen, als ob mit der WM Männer und Medien erkannt haben, dass auch Frauen – und nicht zuletzt die Bundeskanzlerin – etwas von Fußball verstehen können. Wir wissen aber nicht, wie vielen Artgenossen Hans Leyendecker (2006) aus dem Herzen spricht, wenn er mitten in der WM verwirrt feststellt: "Die plötzliche Fußballbegeisterung der Frauen ist aus Männersicht ein fragwürdiger Fortschritt". Fußballversteher, so klagt der investigative Journalist, seien männlichen Geschlechts: "Nicht einmal diese Selbstverständlichkeit soll in den Tagen des Anything goes mehr Gültigkeit haben. Die erkennbar bewegungsarme Kanzlerin Angela Merkel, die in ihrer Schulzeit nicht nur Bockspringen, Schwimmen und Laufen hasste, sitzt auf den Tribünen der Republik und gibt sich arglos begeistert. Versteht sie, was sie sieht? Wollte sie vielleicht sogar nur Vorsteherin des Sanierungsfalls Deutschland werden, um auf den Ehrentribünen das kleine Einmaleins des Fußball zu lernen?" Leyendecker bekennt Sehnsucht nach Merkels Vorgänger, denn "von Fußball verstand Gerhard Schröder wirklich was und seine Nachfolgerin hat davon keine Ahnung" (Leyendecker, 2006).

1 Frauen und Mediensport

Fußball ist eine Welt, die Männer für sich reklamieren. Allein die Aufmerksamkeit, die die Fußball-WM der Männer bei Medien und Publikum bekommt und die Fußball-WM der Frauen nicht bekommt, demonstriert das zur Genüge, ganz zu schweigen von Europameisterschaft, Bundesliga, Champions League, UEFA-Cup-Spielen und diversen anderen Wettbewerben. Aus Inhaltsanalysen wissen wir außerdem, dass neben Politik und Wirtschaft der Sport zu den Ressorts gehört, in denen Frauen in der Berichterstattung nur wenig Berücksichtigung finden (Röser, 2006). Wenn über Sportlerinnen berichtet wird, lautet der Befund immer noch Unterrepräsentanz, Stereotypisierung, Trivialisierung (Hartmann-Tews & Rulofs, 2002; 2005). Frauensport und Frauen im Sport kommen erheblich seltener vor als Männersport und Sportler. Bestimmte Sportarten weisen die Medien klar als Frauensport aus, andere als Männersport: "Männer werden eher in den Sportarten präsentiert, in denen Kraft, die kämpferische Auseinandersetzung mit Gegnern oder die Beherrschung von Technik und Fahrzeugen im Mittelpunkt stehen. Frauen werden eher in ästhetisch-kompositorischen Disziplinen oder Individualsportarten dargestellt." (Hartmann-Tews & Rulofs, 2002, S. 129) Beschreibungen von Sportlerinnen und ihren sportlichen Leistungen fallen oft herablassend und verniedlichend aus; die Publikation einer der ersten einschlägigen Untersuchungen in Deutschland fasste diesen Befund treffend in ihrem Titel zusammen: "Goldmädel, Rennmiezen und Turnküken" (Klein & Pfister, 1985).

Gegenstand von Kritik ist auch die Sprache der Sportberichterstattung. Ein Stilmerkmal, zumal beim Fußball, ist die Kriegsmetaphorik: "Als Sprache des Krieges, die an die niederen Instinkte des Lesers appelliert und zugleich militärische Wertordnungen transportiert, ist die Sprache der Fußballberichterstattung stigmatisiert" (Fingerhut, 1991, S. 70). Hier gibt es durchaus Parallelen zur Politik und insbesondere zu Wahlkämpfen. Auch diese sind charakterisiert von Angriffs- und Verteidigungsstrategien, Attacken, Sabotage und Querschüssen. So markiert der Sprachgebrauch bestimmte gesellschaftliche Bereiche als Männerdomänen und macht Frauen, die in diese Welt vordringen, zu Außenseitern, Neuen und Fremden und stellt klar, dass sie dort nicht unbedingt erwünscht sind.

Der Sport ist auch das Ressort, in dem am wenigsten Journalistinnen zu finden sind. Während Frauen in den klassischen Ressorts Politik und Wirtschaft zwar immer noch unterrepräsentiert, aber immerhin mittlerweile mit 34 bzw. 37 Prozent vertreten sind, beläuft sich ihr Anteil im Sportjournalismus auf gerade einmal 17 Prozent (Weischenberg, Malik & Scholl, 2006, S. 48). Das heißt, noch mehr als die Politik ist der Sport eine Männerwelt, das gilt für die Produktion des Mediensports, bei den Inhalten und auch bei der Rezeption: "Bei der Herstellung der Sportberichterstattung sowie bei der Darstellung des Sports in den Medien spielen Frauen jeweils nur eine marginale Rolle und die Berichterstattung über Sportlerinnen weist verschiedenste Merkmale einer hierarchisierenden Differenzierung auf, die deutlich machen, dass Sport (r)eine Männersache ist [...]" (Hartmann-Tews & Rulofs, 2002, S. 144).

Auch für den Sport gilt also, dass Frauen hier als Fremde behandelt werden. Beim Zusammentreffen von Fußball-WM im eigenen Land und der Kanzlerin und damit erstens einer Frau im fremden Territorium Fußball, der zweitens mehrmals nachgesagt wurde, sie stünde dem Sport generell fern und habe keine Ahnung von Fußball, waren das schlechte Voraussetzungen. Es war daher zu erwarten, dass sich dieses vermeintliche 'Missverhältnis' in der Berichterstattung vor und während der Fußball-WM in Deutschland niederschlagen würde. Eine Inhaltsanalyse von Printmedien, die keine Live-Kommentierung leisten, sondern vor allem die Hintergrundberichterstattung zu den Spielen liefern, sollte Aufschluss darüber geben, wie über Angela Merkel und Fußball berichtet wurde.

2 Vorgehen und Befunde

Die hier präsentierten Ergebnisse beziehen sich auf die vier überregionalen Tageszeitungen *Süddeutsche Zeitung* (SZ), *Frankfurter Allgemeine Zeitung* (FAZ), *Frankfurter Rundschau* (FR), *Die Welt* sowie die *Bild*; ebenfalls in die Analyse einbezogen wurden die politischen Wochenmagazine *Der Spiegel* und *Focus*. Das Forschungsinteresse richtet sich damit also auf die allgemein informierende Presse und nicht auf die Berichterstattung der auf Sport spezialisierten Blätter. Als Aufgreifkriterium diente die Nennung der Begriffe Merkel oder

Bundeskanzlerin und WM oder Weltmeisterschaft oder Fußball oder Nationalmannschaft oder Klinsmann; Voraussetzung für die weitere Analyse der so ermittelten Artikel war ein wenigstens marginaler Zusammenhang zwischen Kanzlerin und Fußball. Die Analyse erfolgte auf Beitragsebene. Der Untersuchungszeitraum umfasst beinahe acht Monate: Er beginnt mit der Wahl von Angela Merkel zur Bundeskanzlerin am 22. November 2005 und endet am 15. Juli 2006, eine Woche nach dem Finale der Fußball-WM. Die Untersuchung bezieht sich also nur auf eine Zeit, in der Angela Merkel bereits im Amt und damit auch klar ist, dass sie als Bundeskanzlerin bei der WM in Deutschland Präsenz zeigen muss. Indessen bleiben die besorgten Diskussionen außen vor, die es gab, als noch davon auszugehen war, dass 2006 Fußball-WM und Bundestagswahl in dasselbe Jahr fallen würden (vgl. Holtz-Bacha, 2006).

Abbildung 1: Berichterstattung über Fußball und Merkel von Dezember 2005 bis Juli 2006

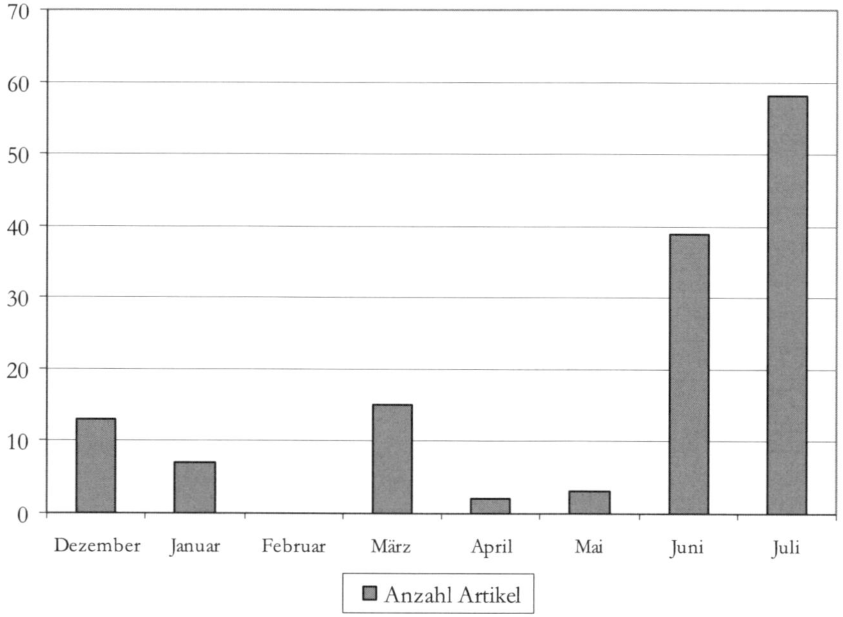

In dem gesamten Zeitraum erschienen 135 Artikel, die die Auswahlkriterien erfüllten. Die meisten Beiträge, die die Kanzlerin und Fußball zusammen nennen, gab es in der *Frankfurter Allgemeinen Zeitung* (27%), gefolgt von *Süddeutscher Zeitung* (25%) und *Welt* (22%). In den wöchentlich erscheinenden Nachrichtenmagazinen lag die Zahl der Artikel jeweils im einstelligen Bereich; diese erscheinen daher im Folgenden nur bei den Gesamtergebnissen, auf eine Aufschlüsselung wird dagegen verzichtet. Der größte Teil der relevanten Artikel erschien im Juni und im Juli 2006, also während der Fußball-WM. Der Zusammenhang von Fußball und Kanzlerin ist aber auch schon kurz nach ihrem Amtsantritt ein Thema (vgl. Abbildung 1). Alle Zeitungen haben den Schwerpunkt ihrer Berichterstattung auf den Monaten der WM. Das gilt auch für die *Frankfurter Rundschau*, die aber insofern aus dem Rahmen fällt, als sie schon im Dezember 2005 und im Januar 2006 deutlich häufiger als die anderen Blätter Fußball und Merkel in einem Zusammenhang brachte.

Zwar erschien das Gros der Artikel im Sportteil der Zeitungen, mehr als die Hälfte der Artikel taucht allerdings in anderen Ressorts auf. Der Anteil, der auf den Sport entfällt, macht 56 Prozent aus, immerhin 26 Prozent finden sich im Politikteil, dem hier auch die Kommentarseiten zugerechnet wurden. Zwischen den Zeitungen gibt es erhebliche Unterschiede darin, wo der Zusammenhang zwischen Fußball und der Kanzlerin hergestellt wird. *Süddeutsche Zeitung* (74%), *Frankfurter Allgemeine Zeitung* (68%) und *Frankfurter Rundschau* (63%) thematisieren beides weit überwiegend in ihrem Sportteil, die *Welt* dagegen am häufigsten in der Politik. Selbst in der FAZ taucht knapp ein Viertel der einschlägigen Artikel in der Politik auf. Dass ausgerechnet die FAZ am häufigsten den Zusammenhang zwischen Angela Merkel und Fußball herstellt und bei allen Zeitungen zusammen ein bemerkenswerter Teil der Artikel im Politikressort erscheint, legt nahe, dass die Sache ernst genommen wird und es sich in der Tat um ein Politikum handelt. Wie ernst den Zeitungen das Thema ist, lässt sich auch daran ablesen, dass der größte Teil der für diese Analyse relevanten Artikel ein meinungsbetontes Format aufweist: 43 Prozent der Artikel, in denen Merkel und Fußball zusammen Erwähnung fanden, waren Kommentare oder Leitartikel. Das war das häufigste Format bei SZ, FAZ und FR, lediglich in der *Welt* überwogen die Berichte.

Zwar erschien das Gros der Artikel im Sportteil der Zeitungen, mehr als die Hälfte der Artikel taucht allerdings in anderen Ressorts auf. Der Anteil, der auf den Sport entfällt, macht 56 Prozent aus, immerhin 26 Prozent finden sich im Politikteil, dem hier auch die Kommentarseiten zugerechnet wurden. Zwischen den Zeitungen gibt es erhebliche Unterschiede darin, wo der Zusammenhang zwischen Fußball und der Kanzlerin hergestellt wird. *Süddeutsche Zeitung* (74%), *Frankfurter Allgemeine Zeitung* (68%) und *Frankfurter Rundschau* (63%) thematisieren beides weit überwiegend in ihrem Sportteil, die *Welt* dagegen am häufigsten in der Politik. Selbst in der FAZ taucht knapp ein Viertel der einschlägigen Artikel in der Politik auf. Dass ausgerechnet die FAZ am häufigsten den Zusammenhang zwischen Angela Merkel und Fußball herstellt und bei allen Zeitungen zusammen ein bemerkenswerter Teil der Artikel im Politikressort erscheint, legt nahe, dass die Sache ernst genommen wird und es sich in der Tat um ein Politikum handelt. Wie ernst den Zeitungen das Thema ist, lässt sich auch daran ablesen, dass der größte Teil der für diese Analyse relevanten Artikel ein meinungsbetontes Format aufweist: 43 Prozent der Artikel, in denen Merkel und Fußball zusammen Erwähnung fanden, waren Kommentare oder Leitartikel. Das war das häufigste Format bei SZ, FAZ und FR, lediglich in der *Welt* überwogen die Berichte.

Die zeitliche Verteilung der einschlägigen Artikel legt bereits nahe, dass die Weltmeisterschaft der häufigste Anlass war, Kanzlerin und Fußball zusammenzubringen. Bei den Artikeln, deren Anlass zu identifizieren ist, stellt die WM allgemein den häufigsten Auslöser für die Berichterstattung dar, gefolgt von Artikeln zu einzelnen WM-Spielen. Ereignisse am Rande und im Umfeld von WM-Spielen werden seltener zum Anlass genommen, über Fußball und Merkel zu schreiben, ebenso Ereignisse wie Treffen mit dem Trainer und Spielern der Nationalmannschaft oder Pressekonferenzen, die auf Initiative der Kanzlerin zustande kommen.

Da der überwiegende Teil der Artikel, die den Zusammenhang zwischen der Kanzlerin und Fußball herstellen, in den Sport- und Politikteilen erschien, ist nicht verwunderlich, dass die meisten Artikel von männlichen Autoren stammen. Von allen Artikeln gingen 54 Prozent auf Männer zurück und nur 10 Prozent auf Frauen; einen großen Anteil (34%) haben daneben Artikel, für die kein Autor angegeben war. Der überwiegende Teil der einschlägigen Berichterstattung konzentriert sich auf Fußball, die Bezüge auf die Kanzlerin fallen eher am Rande. Bei den vier Qualitätsblättern handelt es sich in 70 (*Die Welt*) bis 85 Prozent (SZ) der Fälle um Beiträge, in denen der Bezug zum Fußball überwiegt oder sogar den gesamten Artikel durchläuft. Angela Merkel ist dagegen nur in 5 (FR) bis 37 Prozent (*Die Welt*) der Beiträge der zentrale Gegenstand der Berichterstattung.

Bewertungen der Kanzlerin im Zusammenhang mit Fußball – durch Politiker, Vertreter des Fußballs oder die Verfasser der Artikel – gab es im Untersuchungszeitraum nur sehr selten. Genderbezogenes Framing im Sinne von "Merkel und Fußball: typisch Frau" oder "Fußball ist Männersache" lässt sich kaum ausmachen. Wenn überhaupt, diskutieren die Artikel speziell Merkels Interesse für Fußball, wobei sich die (wenigen) Aussagen, die Merkel Interesse und Kenntnisse zuschreiben bzw. ihr Interesse und Ahnung absprechen, etwa die Waage halten. Indessen gibt es aber Anerkennung dafür, wie sie ihre Rolle als "Fußball-Kanzlerin" (*Bild*) spielt: Immerhin 36 Prozent der für die Analyse relevanten Artikel enthalten Feststellungen mit dem Tenor: "Merkel zieht voll mit beim Fußball".

Fazit

Dass Fußball und Politik etwas miteinander zu tun haben, zumal in einem Land, wo dieser Sport an erster Stelle der Popularitätsskala rangiert, wissen wir längst. Zuletzt hatte uns das Gerhard Schröder während seiner Amtszeit als Bundeskanzler aufs Trefflichste vorgeführt, und wir konnten beobachten, wie er und seine Kollegen aus dem Kabinett sich schon lange vorher entsprechend auf das Wahl- und WM-Jahr 2006 vorzubereiten begannen, um das Beste aus diesem glücklichen Zusammentreffen zu machen. Das geschah nicht nur in der Überzeugung, dass sich ein – im eigenen Land erwartbar – gutes Abschneiden der Fußballnationalmannschaft positiv für die Beurteilung des Kanzlers auswirken würde, sondern auch in der Gewissheit, dass Schröder diesen Imagefaktor für sich alleine instrumentalisieren könnte, sollte die Union mit einer Kanzlerkandidatin zur Bundestagswahl antreten. Die Überzeugung, dass er einer Frau als Herausforderin in Sachen Fußball deutlich überlegen wäre, teilte er offenbar mit anderen Politikern, und zwar auch aus der Union. Die vorgezogene Bundestagswahl verhinderte einen solchen Showdown, löste aber nicht das Problem, dass das Gastgeberland für die Fußball-WM 2006 durch eine Frau repräsentiert wurde, die bis dahin noch nicht durch Fußballbegeisterung aufgefallen war und der die Medien gar Desinteresse für Fußball nachsagten.

Vor diesem Hintergrund und in Anbetracht dessen, dass der Sport in den Medien immer noch weitgehend Männersache ist, war zu erwarten, dass die Presse das Verhalten der Kanzlerin im Zusammenhang mit Fußball und der Weltmeisterschaft in Deutschland kritisch beobachten und womöglich auf solche Klischees zurückgreifen würde, wie sie aus der Berichterstattung über Frauen und Sport bekannt sind. Wie die hier berichteten Befunde einer Inhaltsanalyse von Qualitätszeitungen, Boulevardblatt und politischen Wochenmagazinen jedoch zeigen, ist es Angela Merkel allen Unkenrufen von Politikerkollegen, Journalistinnen und Journalisten zum Trotz gelungen, sich durch glaubwürdige Auftritte Anerkennung auch hinsichtlich ihres Verhältnisses zu Fußball und Nationalmannschaft zu verschaffen. Die (nur wenigen) Artikel der *Bild-Zeitung* können die Entwicklung demonstrieren, die es in dieser Hinsicht gegeben hat (vgl. Abbildung 2): Von frühen Zweifeln und der bangen Frage "Wieviel versteht sie eigentlich vom Lieblings-Sport der Deutschen?" (9. Dezember 2005) über die Bekräftigung von Jürgen Klinsmann, Merkel dürfe "jederzeit" in die Kabine der Nationalmannschaft (26. Mai 2006) bis hin zur freudigen Erkenntnis "Auch die Kanzlerin schreit für Deutschland" (16. Juni) und "Die Nation wundert sich, wie König Fußball die sonst immer so kontrolliert wirkende Regierungschefin verändert hat!" (16. Juni; im Original unterstrichen).

Abbildung 2: "König Fußball hat auch unsere Kanzlerin verzaubert!"

Das ganze Land im WM-Rausch

Auch die Kanzlerin schreit für Deutschland

Jetzt kommen die Miesmacher

Vertagt der Bundesrat die Mehrwertsteuer-Abstimmung?

(*Bild*, 16. Juni 2006)

Wie die hier vorgelegte Analyse ergeben hat, handelt es sich bei den Artikeln, die den Zusammenhang zwischen Merkel und Fußball herstellen, weitgehend um Routineberichterstattung, größtenteils aus dem Umfeld der Weltmeisterschaft im Sommer 2006. Vieles davon bezieht sich gewissermaßen auf Amtshandlungen der Kanzlerin, bei denen sie aber offenbar den Eindruck vermitteln konnte, dass sie diese nicht nur absolvierte, weil sie in dieser Rolle von ihr erwartet wurden, sondern dass sie mit echtem Interesse bei der Sache war.

Erwartungsgemäß und nicht überraschend demonstrierte das Jahr 2006 das zuweilen innige Verhältnis, das Fußball und Politik (nicht nur) in Deutschland pflegen. Bei einem internationalen Turnier im eigenen Land ist die Politik mit ihren Repräsentationspflichten gefordert, so dass sich ein Zusammenhang zwischen Bundeskanzlerin und Fußball notwendigerweise zeigen musste. Inwieweit die Politikerinnen und Politiker diese Gelegenheit auch für die Arbeit am persönlichen Image genutzt haben, ist hier nicht zu beantworten. Die Ergebnisse bezüglich der Ressorts, in denen die einschlägigen Artikel zu finden waren, weisen jedoch darauf hin, dass nicht nur die Politik ihren Weg in die Sportberichterstattung gefunden hat, sondern die Bezüge zum Fußball auch im Politikteil zu finden sind.

Schließlich bestätigen die hier präsentierten Befunde die Erkenntnisse aus der Untersuchung der Berichterstattung während des Bundestagswahlkampfes 2005 (vgl. Koch & Holtz-Bacha, in diesem Band), bei der sich nur bedingt ein genderstereotyper Umgang mit der Kanzlerkandidatin Merkel ergeben hatte. Auch die Berichterstattung über die "Männersache Fußball" bietet – wenigstens in der besonderen Situation der Fußball-WM in Deutschland und auf der Basis einer Analyse, die sich überwiegend auf Qualitätsblätter bezieht – keine Unterstützung für die Klagen über die Art und Weise, wie die Medien mit Politikerinnen umgehen. Nicht zu entscheiden ist indessen, ob sich hier ebenfalls ein "Merkel-Faktor" ausgewirkt hat und die Befunde also merkelspezifisch sind oder ob der Presse heute generell ein gutes Zeugnis auszustellen ist, wenn es um Politikerinnen geht.

Literatur

Alte und neue Erkenntnisse. (2006, 10. Juli). *Süddeutsche Zeitung* (Sportbeilage), S. 25.

An einem Samstagabend in Stuttgart. (2006, 10. Juli). *Süddeutsche Zeitung* (Sportbeilage), S. 36.

Angela Merkel im Fußball-Interview: Topfit zum entscheidenden Zeitpunkt – dann ist alles drin. (2006, 1. Januar). *Die Bundesregierung.* Abgerufen am 19. Januar 2006 von www.bundesregierung.de/Reden-Interviews-,12405.941221/interview/Angela-Merkel-im-Fussball-Inte.htm

Bitte keine Panzer. (2006, 23. Februar). *Die Zeit*, S. 4.

Fingerhut, M. (1991). *Fußballberichterstattung in Ost und West: eine diachronische Sprachanalyse.* Frankfurt am Main: Peter Lang.

Hartmann-Tews, I., & Rulofs, B. (2002). Die Bedeutung der Geschlechterkonstruktionen in der Sportberichterstattung. In J. Schwier (Hrsg.), *Mediensport. Ein einführendes Handbuch* (S. 125–150). Baltmannsweiler: Schneider Verlag Hohengehren.

Hartmann-Tews, I., & Rulofs, B. (2005). "Goldmädel, Rennmiezen und Turnküken" revisited. A comparison of newspaper coverage of sports and gender representation in Germany 1979 and 1999. In A. R. Hofmann & E. Trangbæk, *International perspectives on sporting women in past and present. A Festschrift for Gertrud Pfister* (S. 307–320). Kopenhagen: Institute of Exercise and Sport Sciences, University of Copenhagen.

Holtz-Bacha, C. (2006). Fußball – Fernsehen – Politik. In C. Holtz-Bacha (Hrsg.), *Fußball – Fernsehen – Politik* (S. 5–21). Wiesbaden: VS Verlag für Sozialwissenschaften.

Klein, M.-L., & Pfister, G. (1985). *Goldmädel, Rennmiezen und Turnküken. Die Frau in der Sportberichterstattung der Bild-Zeitung.* Berlin: Bartels & Wernitz.

Leyendecker, H. (2006, 28. Juni). In der Ruhe liegt das Spiel. Die plötzliche Fußballbegeisterung der Frauen ist aus Männersicht ein fragwürdiger Fortschritt. *Süddeutsche Zeitung*, S. 44.

Neujahrsansprache von Bundeskanzlerin Angela Merkel. (2005, 31. *Dezember). Presse- und Informationsamt der Bundesregierung.* Abgerufen am 7. Januar 2006 von www.bundeskanzlerin.de/bk/root,did=46214.html

Roll, E. (2006, 17. Juni). Der kleine Unterschied. Angela Merkel interessiert sich nicht für Fußball. Bis zum Finale muss sie trotzdem alles richtig machen. *Süddeutsche Zeitung*, S. I.

Weischenberg, S., Malik, M., & Scholl, A. (2006). *Die Souffleure der Mediengesellschaft. Report über die Journalisten in Deutschland.* Konstanz: UVK.

Männliche Angie und weiblicher Gerd? Visuelle Geschlechter- und Machtkonstruktionen auf Titelseiten von politischen Nachrichtenmagazinen

Susanne Kinnebrock & Thomas Knieper

Aus der Bundestagswahl im September 2005 ging 'Kohls Mädchen' als Siegerin hervor. Schenkt man der deutschen Presse Glauben, dann entwickelte sich Angela Merkel von einer ehemals "blasse[n] Pfarrerstochter" und "Ossi-Maus" – so *Spiegel* und *Focus* im Jahr 2000 – im Wahljahr 2005 zur "eisernen Angie" (*Bild am Sonntag*), der die bedächtige *Zeit* nach dem Erringen der Kanzlerschaft sogar "machtpolitisches Genie" bescheinigte (vgl. Geis, 2005; Hildebrandt, 2000; Lambeck, 2005; Stock, 2000).

Die mediale Einschätzung von Angela Merkel als Person und Politikerin wandelte sich demnach grundlegend (vgl. auch Gnändiger, 2007, S. 99–134). Die Vorsitzende des Journalistinnenbundes Eva Kohlrusch beschreibt das Ergebnis ihrer Auswertung von gut 300 Presseartikeln zu Angela Merkel aus dem Jahr 2005 folgendermaßen: "Die Frau, die zur Macht griff, irritiert mächtig. Sie entspricht nach Meinung vieler nicht den Erwartungen, die an eine Frau gestellt werden – und wird trotzdem in erster Linie unter dem Gesichtspunkt 'Frau' betrachtet und bewertet." (2006, S. 1). Diese Einschätzung dürfte nicht ausschließlich für Angela Merkel und das Jahr 2005 gelten. Vielmehr verweist sie auf eine Art und Weise, in der Politikerinnen westlicher Industriestaaten generell beschrieben werden (vgl. Gallagher, 2005; Norris, 1997; Pantti, 2007). Und auch männliche Politiker müssen damit rechnen, weniger als (geschlechtslose) Funktionsträger, denn als Männer (mit all den dazugehörigen Rollenerwartungen sowie soziokulturellen Platzierungen) dargestellt und wahrgenommen zu werden. "Das Geschlecht läuft immer mit" (Holtz-Bacha 2007, S. 100), wobei Geschlechterkonstruktionen und Machtkonstruktionen ineinander greifen.

Geschlecht und Macht werden nicht nur über Sprache, sondern ebenso über Bilder vermittelt. Doch hat der schwer erfassbare polysemische Charakter von Bildern dazu geführt, dass sich kommunikationswissenschaftliche

Inhaltsanalysen überwiegend der Analyse sprachlicher Geschlechter- und Machtcodierungen widmen. Dieser Beitrag versucht hingegen, der sprichwörtlichen "Macht der Bilder" insofern beizukommen, als ein Weg aufgezeigt wird, wie sich visuelle Geschlechter- und Machtkonstruktionen standardisiert inhaltsanalytisch erfassen lassen. Weiterhin werden die Ergebnisse einer Pilotstudie vorgestellt, die Personenabbilder auf den Titelseiten von Nachrichtenmagazinen danach untersuchte, wie Geschlecht und Macht visuell konstruiert wurden. Da sich der Untersuchungszeitraum über das (Wahl-)Jahr 2005 erstreckte, ist es nicht verwunderlich, dass Angela Merkel die Titelseiten dominierte. Am Beispiel der Kanzlerkandidatin und späteren Kanzlerin wird illustriert, wie visuelle Geschlechterstereotypen durchbrochen werden, sobald die Machtdimension interveniert.

Von der Macht der Bilder und der Ohnmacht, ihre Bedeutung zu erfassen

Die Sozial- und Humanwissenschaften sind primär dem *logos* verschrieben. Im Besonderen für Analysen der politischen Berichterstattung werden in der Regel Texte als Materialgrundlage herangezogen, die dann textanalytisch ausgewertet werden. Mit der standardisierten Inhaltsanalyse verfügen die Sozialwissenschaften (und im Besonderen die Kommunikationswissenschaft) über eine ausgefeilte Methode, um aus größeren Mengen von Textbotschaften zentrale Muster und grundlegende Tendenzen zu extrahieren (vgl. exemplarisch Rössler, 2005, S. 15–16).

Was hingegen die Analyse der (politischen) Bildberichterstattung anbelangt, so ist die Kommunikationswissenschaft den Kinderschuhen noch nicht entwachsen. Obgleich Politikvermittlung heutzutage nicht mehr logozentriert, sondern überwiegend ikonozentriert erfolgt (vgl. Knieper & Müller, 2004, S. 7), ist das Instrumentarium zur standardisierten Erfassung von Bildbotschaften oder gar Bildbedeutungen bislang wenig elaboriert (vgl. Grittmann, 2001; Petersen 2001; Petersen 2003). Dies ist vor allem dem Umstand zuzuschreiben, dass die bildlichen Zeichenrepertoires – anders als die Sprache – weniger verbindlichen (Sprach-)Regelungen unterliegen. Somit erscheint das Bild als eine extrem interpretationsoffene Darstellungsform, deren manifester Inhalt oder Bedeutung (verstanden als einvernehmliche Deutung zwischen Kommunikator und Rezipient) allenfalls schemenhaft zu erkennen ist (vgl. mit Bezug zur politischen Kommunikation exemplarisch Marcinkowski, 1998, S. 736). Jedenfalls beschränken sich die wenigen standardisierten Untersuchungen visueller Berichterstattung zumeist auf das Erheben formal-deskriptiver Aspekte von Abbildern. Das Erfassen von Bildbedeutungen wird oft ganz aufgegeben und auf das Gebiet qualitativer Verfahren verlagert (vgl. Rössler, 2001, S. 141).

Das Fehlen von inhaltsanalytischen Instrumenten und quantifizierenden Untersuchungen im Bereich der visuellen Kommunikation wird konterkariert von einer traditionsreichen Faszination für die 'Macht der Bilder', die durchaus auch die Wissenschaften erfasst hat (vgl. Frey, 1999, S. 10). Da aber weder die methodische Resignation noch die Mythenbildung hinsichtlich der Bildwirkungen als produktiv anzusehen sind, wollen wir im Folgenden einen Weg zur Diskussion stellen, wie sich Bildbedeutungen – zumindest von Personenabbildern – standardisiert erfassen lassen. Unser Ausgangspunkt ist der Umstand, dass es in der zwischenmenschlichen (Alltags-) Kommunikation relativ verbindliche Übereinkünfte gibt, was mit bestimmten Gesichtsausdrücken, Gesten und Körperhaltungen signalisiert werden soll. Diese Übereinkünfte wiederum sind zum großen Teil mit Stereotypen verknüpft.

Theoretische Rahmung: Stereotypenforschung

Der Vater der Stereotypenforschung, Walter Lippmann, bezeichnete Stereotype als Bilder in unseren Köpfen. In seinem Werk Public Opinion schrieb er 1922: "For the most part we do not see first, and then define, we define first and then see. ... we pick out what our culture has already defined for us, and we tend to perceive that which we have picked out in the form stereotyped for us by our culture" (1997, S. 55–56). Und damit sind zwei zentrale Aspekte von Stereotypen bereits umrissen: Zum einen handelt es sich um Produkte individueller kognitiver Verarbeitungsprozesse, und zum anderen sind diese Produkte bzw. Stereotypen keineswegs kulturunabhängig, sondern in der Regel kulturell geprägt.

Individuelle Stereotype wurden von Ashmore und Del Boca als geordnete Bündel von Vorstellungen bezeichnet, die sich auf die Eigenschaften bestimmter Personengruppen beziehen. Beziehen sie sich auf Frauen und Männer, dann sprechen Ashmore und Del Boca von "structured sets of beliefs about the personal attributes of women and men" (1979, S. 222). Auf diese Vorstellungsbündel wiederum stützen sich soziale Wahrnehmung und kognitive Informationsverarbeitung. Die sozialpsychologische Stereotypenforschung, die sich mit der Identifikation individueller Stereotypen beschäftigt, versucht Kategorisierungen, Inferenzen und Bewertungen zu erfassen, die bei der stereotypengebundenen Verarbeitung auftreten (vgl. Eckes, 2004).

Wie bereits bei Lippmann angedeutet, stehen individuelle und kulturelle Stereotype in einem kontinuierlichen Wechselspiel. Denn kulturelle Stereotype, also kollektiv geteilte Vorstellungsbündel über Personengruppen, werden den Individuen vermittelt. Dies geschieht vor allem durch Referenzgruppen und Medien im Zuge der Sozialisation. Kulturelle Stereotype zeichnen sich zum einen durch große Stabilität aus, zum anderen dadurch, dass sie alle Lebens- und Themenbereiche durchziehen (vgl. Kleinsteuber, 1991, S. 63). Für die Analyse von Geschlechterkonstruktionen in der politischen Berichterstattung hat dies durchaus Konsequenzen: Zum einen ist im Bereich der Politik mit Geschlechterstereotypen zu rechnen, zum anderen ist davon auszugehen, dass auch in Zeiten, in denen sich die Handlungsräume von Frauen und Männern de facto verändern (in denen die Bundesrepublik zum Beispiel von einer Frau regiert wird), Geschlechterstereotype dennoch erstaunlich stabil bleiben.

Je nachdem, ob eine Untersuchung auf individuelle oder kulturelle Stereotype fokussiert, variiert das Spektrum methodischer Herangehensweisen. Während individuelle Stereotypen in der Regel über Befragungen und Beobachtungen (oft mit experimentellen Untersuchungsaufbau) erhoben werden, nähert man sich kulturellen Stereotypen entweder über die aggregierte Auswertung von Befragungsdaten zu individuellen Stereotypen (vgl. Williams & Best, 1990) oder durch die Analyse kultureller Manifestationen, das heißt vor allem von Texten und Bildern. Wenn Personenabbilder in Nachrichtenmagazinen untersucht werden, dann ist die vorliegende Studie der Analyse kultureller Manifestationen zuzuordnen. Da hier aber über eine rein deskriptive Bilderfassung hinausgegangen wird und die Bedeutungen von Bildern berücksichtigt werden sollen, ist der Rekurs auf die Ergebnisse der sozialpsychologischen Stereotypenforschung unerlässlich, die mit validen Ergebnissen aufwarten kann, wie bestimmte Abbilder bzw. Abbildungsaspekte mehrheitlich von deren Betrachtern interpretiert werden.

Theoretische Rahmung: Kommunikationswissenschaftliche Geschlechterforschung

Die kommunikationswissenschaftliche Frauen- und Geschlechterforschung kann inzwischen auf eine beachtliche Tradition hinsichtlich der Erfassung von kulturellen Geschlechtermanifestationen verweisen. Zudem haben sich in der kommunikationswissenschaftlichen Geschlechterforschung unterschiedliche Paradigmen herausgebildet, die auch auf Forschungen zu Geschlechterbildern Einfluss haben (vgl. Klaus, 2005, S. 14–19). Relevant sind hier vor allem der so genannte Repräsentanz- oder Gleichheitsansatz der (frühen) Frauenforschung und der (De-)Konstruktivismus der Geschlechterforschung.

Der Gleichheitsansatz geht im Wesentlichen davon aus, dass Medienwirklichkeit und Realität in Deckung zu bringen sind. Weicht die mediale Darstellung speziell von Frauen von ihren realen Positionierungen ab, klaffen Realität und Medienwirklichkeit also deutlich auseinander, dann können diese Abweichungen als Diskriminierungen interpretiert werden. Ihrer Erfassung dienen vor allem standardisierte Inhaltsanalysen (vgl. exemplarisch Gallagher 2005; Pfannes, 2004; Weiderer, 1995). Fasst man die Ergebnisse von Studien unter dem Gleichheitsparadigma zusammen, so lässt sich resümieren, dass Frauen in den Medien, aber auch Politikerinnen in der politischen Berichterstattung nach wie vor unterrepräsentiert sind (vgl. zusammenfassend Klaus, 2005, S. 217–257 und mit Bezug auf Politikerinnen Pantti, 2007, S. 34–37). Auch werden Frauen weiterhin überdurchschnittlich im Kontext von "Frauen-Themen" (Pantti, 2007, S. 37) erwähnt, das heißt in Zusammenhang mit den thematischen Bereichen Bildung, Gesundheit, Kinder, Familie, Soziales und Unterhaltung.

Zöge man ausschließlich die Perspektive des Gleichheitsansatzes für die Untersuchung visueller Geschlechterkonstruktionen heran, dann würde man primär versuchen, visuelle Indikatoren für bestimmte Personenattribute (z. B. das Alter) zu finden und dann die Häufigkeitsverteilungen der medial dargestellten Attribute mit realen Sozialdaten zu vergleichen. So könnte man zum Beispiel das Alter der medial dargestellten Frauen mit der hiesigen Alterspyramide abgleichen (und wird dabei in der Regel nachweisen können, dass die in den Medien abgebildeten Frauen im Schnitt deutlich jünger als die Bundesbürgerinnen sind).

Für die folgende Untersuchung visueller Geschlechterkonstruktionen wird aber nicht nur die eher deskriptive, primär auf Frauen und quantifizierbare Ergebnisse ausgerichtete Perspektive des Gleichheitsansatzes herangezogen, sondern ebenso eine (de-)konstruktivistische. Der Dekonstruktivismus nimmt die Konstruktionsprozesse von (Medien-)Wirklichkeiten in den Fokus, indem er die diskursive Konstruktion von Zweigeschlechtlichkeit oder das "doing gender" bei Produktion, Präsentation und Rezeption von Medieninhalten untersucht. Dekonstruktivistisch inspirierte Untersuchungen zum Medieninhalt zeichnen sich erstens dadurch aus, dass sie sich – im Gegensatz zu Untersuchungen unter dem Gleichheitsparadigma – nicht primär auf Frauendarstellungen, sondern gleichermaßen auf Männer bzw. Männlichkeitskonstruktionen konzentrieren. Und zweitens analysieren sie, wie vermeintlich geschlechtslose Gegenstände oder Sachverhalte geschlechtlich-dichotom konzipiert und damit hierarchisiert werden. So verfolgte zum Beispiel die Bush-Administration im Vorfeld des Irakkrieges von 2003 die Strategie, die Kriegspolitik der 'virilen' USA bewusst mit männlich codierten Begriffen und Metaphern zu beschreiben, während sie die Antikriegspolitik des 'verweichlichten' 'alten Europas' mit Hilfe von weiblichen Codierungen abzuwerten suchte (vgl. Griesebner, 2005, S. 131).

Der Dekonstruktivismus verfolgt nicht nur, wie Zweigeschlechtlichkeit konstruiert wird, sondern geht so weit, etablierte Analysekategorien wie zum Beispiel das biologische Geschlecht in Frage zu stellen (vgl. Butler, 1990). In der Folge werden unter dekonstruktivistischem Paradigma alle körperlichen Erscheinungsformen von Geschlecht (mit Ausnahme der Geschlechtsorgane) als kulturelle Konstruktionen aufgefasst, die den Prozess der symbolischen und sozialen Konstruktion von Geschlecht logisch abschließen. Kultur bzw. Geschlecht schreibt sich demnach nicht nur in die Köpfe, sondern auch in die Körper ein. Menschen entwickeln deshalb in der Regel nicht nur geschlechterkonforme Einstellungen, Verhaltensweisen und Rollen, sondern ebenso geschlechterkonforme Körperinszenierungen und bringen dabei sogar entsprechende biologische Merkmale hervor (vgl. Mühlen-Achs, 1998, S. 24–25). Auch die Körper sind kulturell überformt.

Mit dieser Perspektive sind weder Körper noch das soziale Geschlecht unhinterfragbare und "natürliche" Gegebenheiten. Es wird vielmehr aufgezeigt, wie etwas Konstruiertes (die bipolare Geschlechtlichkeit) zu etwas vermeintlich Natürlichem gemacht wird – mit der Folge, dass Variabilität und Vielschichtigkeit der (Geschlechter-)Inszenierungen und Identitäten in den Fokus geraten (vgl. Klaus, 2005, S. 20).

Ein zentrales Ziel dekonstruktivistischer Analysen ist die Aufdeckung des Machtaspektes in Zusammenhang mit der Konstruktion bzw. Realisierung von Geschlecht. Macht wird dabei vor allem symbolisch hergestellt durch die Konzeption von hierarchisierten Dualismen, wobei es aufzudecken gilt, wie der Gegensatz von Herrschenden und Beherrschten parallel zum Gegensatz von Mann und Frau konzeptioniert wird. Die männliche Herrschaft – so Pierre Bourdieu – sei das Paradigma aller Herrschaft. Sie weise eine erstaunliche Stabilität auf, weil sie natürlich erscheine. Und diese Natürlichkeit wiederum verdankt sie einem Rekurs auf biologische Geschlechtsunterschiede, die aber ihrerseits eigentlich naturalisierte gesellschaftliche Konstruktionen darstellen (vgl. Bourdieu, 2005, S. 44–45 und zum Zusammenhang von Führungsrollen und Geschlechterstereotypen Gerber, 1988).

Methodisch-perspektivische Implikation aus Gleichheitsansatz und Dekonstruktivismus

Diese Vorüberlegungen führten dazu, dass in der vorliegenden Studie die Konstruiertheit von "Sex" und "Gender" (hier wird letztlich beides als kulturelles Geschlecht verstanden) vorausgesetzt und folgende Perspektiven eingenommen werden:

a. Personendarstellung galt es grundsätzlich zu berücksichtigen, das heißt Männer- bzw. Männlichkeitskonstruktionen ebenso und in gleichem Maße wie Frauen- bzw. Weiblichkeitskonstruktionen.
b. Die körperlichen Geschlechterinszenierungen wurden in den Mittelpunkt gestellt.
c. Die Vielfältigkeit von Geschlechterkonstruktionen sollte erhoben werden. Dabei interessierte im Besonderen, ob sich die vielfach schon bestätigte Dominanz bipolarer stereotyper Darstellungen bestätigte oder ob sich inzwischen neuartige facettenreichere Personenabbilder ausmachen lassen, die sich aus traditionell weiblichen und traditionell männlichen Attributen neu zusammensetzen lassen.
d. Ein besonderes Augenmerk galt den Machtinszenierungen.

e. Auf methodischer Ebene wurde eine Synthese von Gleichheitsansatz und Dekonstruktivismus versucht.

Während der Gleichheitsansatz eine standardisierte Erfassung von Körperbildern (d. h. eine quantitativ angelegte Inhaltsanalyse) nahe legt, wird hier, um die dekonstruktivistische Perspektive methodisch zumindest ansatzweise umzusetzen, eine dreistufige Inhaltsanalyse konzipiert. In einem ersten, deskriptiven Schritt galt es, die personalen Körperinszenierungen (z. B. die Haltung einzelner Körperteile) und ihre Kontexte möglichst genau zu codieren und auf das Vorkommen typischer Muster hin zu untersuchen (z. B. Gesten). In einem zweiten Schritt wurde die Bedeutung der Muster entlang der Machtdimension codiert. Und erst in einem dritten Schritt schließlich wurden diese Muster daraufhin überprüft, inwieweit sie den tradierten und in der Forschung bereits identifizierten visuellen Geschlechterstereotypen entsprechen oder nicht. Da sich aus den rein deskriptiven Körperbeschreibung im ersten Schritt meistens – aber nicht immer! – das biologische Geschlecht des Personenabbildes rekonstruieren ließ, konnte abgeglichen werden, inwieweit Frauen ohnmächtig bzw. frauenstereotyp inszeniert waren oder Männer mächtig bzw. männerstereotyp. So konnten Übereinstimmungen, aber auch Abweichungen von tradierten Geschlechterstereotypen sichtbar gemacht werden.

Untersuchungsanlage

Um körperliche Macht- und Geschlechterinszenierungen zu analysieren, wurden die Titelblätter der politischen Nachrichtenmagazine *Spiegel* und *Focus* aus dem Jahr 2005 untersucht. Die Wahl fiel auf Titelblätter, weil sie in besonderem Maße eine Konstruktionsleistung der Blattmacher (Redaktion und Grafik) darstellen. Schon die Pressefotos des tagesaktuellen Journalismus sind nur bedingt als spontane Momentaufnahmen mit Dokumentarcharakter aufzufassen. Doch ist ihr Konstruktcharakter deutlich geringer als der von Titelblättern, die im Selektionsprozess noch mehr Stufen durchlaufen, weil ja mit einem Cover nicht nur eine ganze Titelgeschichte umrissen und verdichtet wird, sondern zudem auch so attraktiv verpackt werden muss, dass es zum Kauf des Blattes anreizt. Dies erklärt auch den häufigen Rückgriff auf Illustrationen anstelle von Fotos, mit deren Hilfe eine Aussage pointierter visuell formuliert werden kann. Jedenfalls ist davon auszugehen, dass über die Titelblätter von politischen Nachrichtenmagazinen visuelle Politikberichterstattung in ihrer pointiertesten und exponiertesten Form erfasst werden kann.

Untersuchungszeitraum war das gesamte Jahr 2005, die Analyseeinheit die einzelne Personendarstellung, nicht das Titelblatt. Insgesamt wurden 128 Personendarstellungen auf Fotos, Fotomontagen und Illustrationen berücksichtigt, 66 aus dem *Spiegel* und 62 aus dem Nachrichtenmagazin *Focus*.[1]

Quantitativ erfasste Kontext-, Darstellungs- und Figurenaspekte

Bei der Erhebung von visuellen Personendarstellungen lässt sich grob zwischen Kontext-, Darstellungs- und Figurenaspekten unterscheiden. Auf der Ebene der Kontextaspekte, die selten direkt aus den Personenabbildern, sondern überwiegend aus deren visuellen Umfeld sowie aus den zu den Titelbildern gehörigen Titelgeschichten ableitbar waren, wurden thematische Kontexte, Handlungskontexte und die Funktionen der dargestellten Figuren erhoben. Zu den erhobenen Darstellungsaspekten zählten unter anderem Kameraeinstellungen, Perspektiven, die Positionierung der Figuren, die gezeigten Körperausschnitte und die Gesichtsbetonung (Facism). Die Ebene der Figurenaspekte schließlich erfasste: diverse Gesichts- und Frisurmerkmale, Facial Displays, Blickrichtungen, Kopfhaltungen, die Figur an sich, Kleidungsmerkmale, Bekleidungsgrad, Körperhaltungen (inkl. Haltungen der Gliedmaßen), Körperneigungen, Gesten, der Grad an Raum-Einnahme, das Ausmaß der Dynamik durch Bewegungen und die dargestellten Tätigkeit, seien es nun Berührungen bzw. der Umgang mit Gegenständen oder auch Körperkontakte zwischen Figuren bzw. angedeutete Interaktionen.

[1] Hier erfolgte die Beschränkung auf eindeutig erkennbare und durch das gesamte Titelblatt visuell kontextualisierte Personenabbilder. In die Auswertung gingen die Darstellungen von größeren Menschenmengen ohne klar konturierte Einzelpersonabbilder ebenso wenig ein wie die kleinen Porträtfotos am oberen Coverrand von *Focus*, die nicht über das gesamte Cover visuell kontextualisiert sind.

Semantisierung

Die Erhebung und Quantifizierung von Bildaspekten sagt allerdings wenig über deren Bedeutung aus. Deshalb wurden vor allem solche Darstellungs- und Figurenaspekte erfasst, über deren Bedeutungen oder Wirkungen auf RezipientInnen bereits Studienergebnisse vorlagen. So ist zum Beispiel bekannt, dass bei Pressefotos bestimmte (Kamera-)Perspektiven – vor allem die leichte Untersicht – die aufgenommenen Personen vorteilhafter erscheinen lassen (vgl. resümierend Kepplinger, 1999, S. 18). Wird die Untersicht mit einer leicht seitlichen Perspektive gekoppelt, so führt dies sogar zu einer Zuschreibung erhöhter politischer Kompetenz (vgl. Zillman, Harris & Schweitzer, 1993). Weiterhin lassen Nahaufnahmen Personen sympathischer erscheinen (vgl. resümierend Fleissner, 2002, S. 34; 2004, S. 137–138). Und ist durch den Bildausschnitt das Gesicht betont (Facism), dann wird den abgebildeten Personen mehr Intelligenz, Ehrgeiz und eine vorteilhafteres Äußeres bescheinigt (Archer, Iritani, Kimes & Barrios, 1989, S. 71).

Für die Semantisierung von Darstellungsaspekten kann vor allem auf kommunikationswissenschaftliche Studien zurückgegriffen werden. Mit der Bedeutung einzelner Figurenaspekte haben sich hingegen primär sozialpsychologische Studien befasst, die experimentell überprüft haben, wie bestimmte Körperkonfigurationen – Mimik, Gestik, Körperhaltungen und deren Zusammenspiel – mehrheitlich wahrgenommen und gedeutet werden. Dabei verläuft die zentrale Interpretationslinie entlang der Machtdimension, das heißt, es geht darum, wie mit Körperhaltungen, Gesten und Mimik Territorien besetzt und Dominanzansprüche zum Ausdruck gebracht werden. Umgekehrt kann damit auch signalisiert werden, dass Dominanzansprüche akzeptiert werden und Bereitschaft zu Unterordnung besteht.

Hinsichtlich der Mimik wurde die Wirksamkeit so genannter "Facial Displays" bestätigt. Dabei handelt es sich um drei kulturübergreifend verständliche Gesichtsausdrücke, die erstens Wut/Bedrohung, zweitens Furcht/Ausweichen und drittens Glück/Selbstgewissheit ausdrücken (vgl. Sullivan & Masters, 1988, S. 347). Für politische Führungspersonen scheinen primär glückliche und selbstgewisse Gesichtausdrücke adäquat, aber auch wütend-bedrohliche. Eine ängstlich-ausweichende Mimik hingegen führt zu negativen Einstellungen der abgebildeten PolitikerIn gegenüber (vgl. Sullivan & Masters, 1988, S. 361–363). Ein selbstgewisser Gesichtsausdruck ist allerdings nicht gleichzusetzen mit einem Lächeln. Das Lächeln wird in der Regel mit einem untergeordneten Status verknüpft, weil es ein Gesichtsausdruck ist, der Statushöheren entgegengebracht wird und der rituellen Beschwichtigung dient (vgl. Goffman 1981, S. 190; Henley, 1989, S. 247). Auch Blickrichtungen signalisieren Dominanz oder Subordination. Während eine gerade Blickrichtung (auf den Betrachter oder eine weitere dargestellte Person) in der Regel als Signal der Stärke wahrgenommen wird, werden Blicke, die am Betrachter vorbeizielen, als ein Ausweichen gedeutet. Unterstrichen wird ein ausweichender Blick nochmals durch eine seitlich geneigte gesenkte Kopfhaltung, die Subordination signalisiert (vgl. vertiefend den Forschungsüberblick bei Henley, 1989, S. 222–227).

Verortet man die Bedeutungen von Körperhaltungen entlang der Machtdimension, dann werden aufrechte, gerade Haltungen oder zum Betrachter vorgebeugte Haltungen als dominant wahrgenommen im Gegensatz zu weniger stabilen und vielfach verbogenen (z. B. nach hinten ausweichender Oberkörper, Hüftknick etc.). Die Bein- und Fußhaltung spielt hier eine gewichtige Rolle. Wird eine Person mit stabilem Stand (leicht breitbeinig, aber gerade Beinstellung) abgebildet, so wird sie meist als stärker und bedrohlicher wahrgenommen als eine Person mit labiler Stehposition, die ihre Füße eng beisammen hält oder gar (geradezu schamhaft) das Spielbein am Knie nach innen knickt (vgl. Henley, 1989, S. 197). Eng verbunden mit der Körperhaltung ist der Raum, den eine Person für sich beansprucht, wobei die bewusste Raumeinnahme mit einem Machtanspruch assoziiert wird (vgl. Freedman, 1967), während Körperverschränkungen und -verbiegungen als Zeichen von Scheu gedeutet werden (vgl. zusammenfassend Henley, 1989, S. 186). Raum lässt sich auch über Bewegungen einnehmen. Und so erstaunt es nicht, dass Personen, die in Bewegung abgebildet sind, in der Regel als aktiv und dominant wahrgenommen werden. Das Ausmaß der dargestellten Dynamik geht dabei einher mit dem Ausmaß der Dominanzausübung.

Zuletzt lassen sich aus dem dargestellten Umgang zwischen verschiedenen Personen Rückschlüsse auf die Machtverhältnisse ziehen. Dabei ist zunächst genau zu differenzieren, wer einerseits die Macht hat, gezielt eine andere Person zu berühren, und wer andererseits sich berühren lassen muss. Personen, die es sich leisten können, andere zu berühren, werden meist als statushöher wahrgenommen (vgl. Goffman, 1971, S. 82–83; Goffman, 1981, S. 117). Und auch aus der Körpergrößenrelation zwischen den dargestellten Personen lassen sich Dominanzverhältnisse ableiten. Größere Personen werden als stärker und mächtiger eingeschätzt (vgl. Goffman, 1981, S. 120–122;

Henley, 1989, S. 161–167). Beziehen sich die dargestellten Handlungen einer Person nicht auf andere Personen, sondern auf sich selbst (Selbstberührung) oder auch Gegenstände, die vorsichtig berührt (d. h. nicht fest angepackt) werden, wird so in der Regel Scheu bzw. ein Ausweichen angezeigt. Die Selbstberührung und das Streicheln, was sich vor allem auf Werbefotos von Frauen finden lässt, sind als Subordinationssignal zu deuten (vgl. Goffman, 1981, S. 125, Henley, 1989, S. 141–182).

Ergebnisse

Geschlechterverteilung

Da es sich um eine Pilotstudie handelt, war der Umfang der Stichprobe (n=128) recht gering. Berücksichtigt man darüber hinaus, dass viele Kategorien unbesetzt blieben – fehlende Werte entstanden zum Beispiel hinsichtlich der Körperhaltungen, wenn reine Gesichtsporträts codiert wurden –, so ist es nicht erstaunlich, dass das ursprüngliche Anliegen, jenseits der beiden polaren Geschlechter aus dem Material weitere typische soziale Wesenheiten mittels Clusteranalysen zu extrahieren, weiterführenden und vor allem fallstärkeren Untersuchungen vorbehalten bleiben muss. Auffallend war in diesem Zusammenhang aber, dass die Personenabbilder anhand biologischer Merkmale sehr eindeutig dem einen der beiden Geschlechter zuzuordnen waren (nur eine einzige androgyne Gestalt war auffindbar). Knapp ein Drittel der auf den Titelblättern dargestellten Personen waren als Frauen erkennbar gemacht. *Focus* und *Spiegel* unterscheiden sich hier nur geringfügig (*Spiegel*: 27.3%, *Focus*: 30.6%).

Kontexte

Dieses Ergebnis steht in relativer Übereinstimmung mit Vorgängerstudien (z. B. Winter, 2001, S. 87) wie auch der Befund, dass die Frauen in Zusammenhang mit anderen Themen erscheinen als Männer. Frauen wurden überdurchschnittlich häufig im Kontext des Themas Kultur abgebildet, Männer hingegen in Zusammenhang mit den Themen Außenpolitik, Krieg und Wirtschaft. Zu diesen drei "Männerthemen" konnte nur eine einzige

Frauendarstellung gefunden werden. Dabei handelt es sich aber nicht um ein Abbild einer Politikerin, sondern um eine Illustration der französischen Nationalfigur Marianne, die auf dem *Spiegel* (Nr. 23) den Kampf gegen die EU-Bürokratie symbolisierte.

Hinsichtlich der dargestellten Handlungskontexte überrascht zunächst, dass nur 38.8 Prozent der Figuren in einem erkennbar politischen Handlungsumfeld abgebildet wurden. Unterschiede zwischen Frauen- und Männerfiguren zeigten sich insofern, als Männer überdurchschnittlich in politischen und beruflichen Handlungskontexten dargestellt wurden, während Frauen allenfalls das Haus dominierten. Relativierend ist allerdings auf die geringe Fallzahl in den einzelnen Feldern hinzuweisen, so dass die Unterschiede durchaus zufällig sein können.

Darstellungsaspekte

In Bezug auf die verschiedenen Darstellungsaspekte ließen sich kaum interpretierbare Unterschiede herausarbeiten. Es dominieren Nahaufnahmen vor Großaufnahmen, die Normalperspektive klar vor der leichten Untersicht (Froschperspektive). Doch bezeichnenderweise ließen sich bei Wahl von Personenausschnitt und Perspektive keine markanten Bevorzugungen oder Benachteiligungen von Frauen nachweisen. "Facism", also die stärkere Betonung des Gesichts bei Männerdarstellungen und des Körpers bei Frauendarstellungen konnte Schmerl für den *Spiegel* im Jahr 1999 noch nachweisen (vgl. Schmerl, 2004, S. 55), auf den Titelblättern des Jahres 2005 hingegen fanden sich in Bezug auf das Gesicht-Körperverhältnis ebenso wenig signifikante Unterschiede wie hinsichtlich der Größe der Figuren. Frauen wurden im Jahr 2005 auf den beiden deutschen Nachrichtenmagazinen nicht kleiner abgebildet als Männer, und dies nicht einmal dann, wenn Männer- und Frauenfiguren zusammen auf einem Cover erschienen.

Figurenaspekte entlang der Geschlechterdimension

Klare Unterschiede ergaben sich aber bei der Analyse von Figurenaspekten. Die abgebildeten Frauenfiguren waren im Schnitt deutlich jünger und schlanker als die Männerfiguren. Knapp die Hälfte der dargestellten Frauen sind der Altersgruppe 18 bis 29 Jahre zuzuordnen (46.8% im Vergleich zu 37.8% der gezeigten Männer), während über ein Drittel der dargestellten Männerfiguren in Altergruppen über 50 Jahre einzuordnen ist (34.4% zu 18.9% der Frauenfiguren). Diese Befunde werden gestützt davon, dass sich unter 25 grauhaarigen Personenbildern nur eine grauhaarige Frau befand, unter 16 männlichen Brillenträgern ebenfalls nur eine Frau und schließlich unter 26 faltigen Gesichtern nur zwei Frauengesichter. Dies verweist auf bestimmte Darstellungskonventionen hinsichtlich des Äußeren von Frauen, die noch ergänzt werden könnten um: leichte, aber keine starke Schminke, helleres, vor allem "blonderes" Haar und das partielle Entblößen von Arm, Bein und Oberkörper. Diese Darstellungskonventionen wurden in ähnlicher Weise von Inhaltsanalysen zu visuellen Frauendarstellungen in Titelgeschichten von Nachrichtenmagazinen (Winter, 2001), im Fernsehen (z. B. Weiderer, 1995) und in der Werbung (z. B. Lindner, 2004) nachgewiesen.

Figurenaspekte (Machtdimension)

Weitere Figurenaspekte lassen sich vor allem entlang der Machtdimension interpretieren. So gab es leichte Unterschiede bei den Körperhaltungen, wobei die dargestellten Frauen zu instabileren Haltungen tendierten als die dargestellten Männer und somit zerbrechlicher wirkten. Zudem wurden Frauen im Vergleich zu Männern öfters lächelnd und mit einem seitlich abgewinkelten Kopf gezeigt. Das heißt, Beschwichtigungs- und sogar Unterwerfungsgesten aus dem Tierreich finden sich bei den abgebildeten Frauen überproportional. Dieses Ergebnis wird unterstützt von den Blickrichtungen. Der gerade, das Gegenüber bzw. die Kamera fixierende Blick wird in der Regel als aggressiv empfunden. Er ist den abgebildeten Männern vorbehalten, während die Frauen auf den *Focus*- und *Spiegel*-Titelseiten zu ausweichenden Blicken tendieren. Das heißt, dass auf den Titelblättern durchaus noch leichte Subordinationssignale durch Mimik und Körperhaltung feststellbar waren.

Unerwartet, das heißt nicht im Einklang mit Vorgängerstudien, sind aber Befunde zum beanspruchten Raum. Die dargestellten Männer nahmen nicht erkennbar mehr Raum mit ihren Armstellungen ein als die dargestellten Frauen. Auch wurden Männerfiguren nicht dynamischer als Frauenfiguren dargestellt. Und hinsichtlich der Interaktionen zwischen Personen, konnte nicht festgestellt werden, dass die dargestellten Männer im Umgang mit Frauen dominierten. Somit lässt sich festhalten, dass im Bereich der Gestik keine klare Subordination der Frauenfiguren erkennbar wurde. Bemerkenswert ist aber, dass sich im Bereich der (schwer kontrollierbaren Mimik) deutlichere Geschlechterunterschiede ergaben. Berücksichtigt man darüber hinaus, dass vor allem Politiker und Politikerinnen sich heutzutage ihrer Körpersprache sehr wohl bewusst sind und sie zu kontrollieren trachten (vgl. Weinlich, 2002, S. 153), dann erscheint es plausibel, dass sich in der Bildberichterstattung von Frauen eingeübte Machtgesten ebenso widerspiegeln wie so manch tradierte, ungewollt zum Ausdruck gebrachte Subordination signalisierende geschlechtsspezifische Mimik.

Der Merkel-Effekt

Mit etwas Wohlwollen lassen sich die vorliegenden Befunde dahingehend interpretieren, dass inzwischen die Geschlechterhierarchie in der visuellen Politikberichterstattung nicht mehr allzu sehr perpetuiert wird. Doch muss diese Interpretation vor dem Ereignishintergrund des Jahres 2005, vor allem des Wahlsieges Angela Merkels gegen Gerhard Schröder, relativiert werden.

Zunächst einmal ist es auffällig, wie selten Politikerinnen im Rahmen von Titelgeschichten abgebildet wurden. Auf 44 Bilder von männlichen Politikern kamen gerade einmal neun Bilder von Politikerinnen. Berücksichtigt man lediglich die Bilder von PolitikerInnen, dann beträgt der Frauenanteil magere 16.9 Prozent. Dieser geringe Anteil ist vor allem auf den *Spiegel* und dessen Aufmacherthemen zurückzuführen. *Der Spiegel* kündigt auf seiner Titelseite bevorzugt politische Themen an, und in der Folge handelt es sich bei über der Hälfte der dargestellten Cover-Personen um PolitikerInnen (54.5%). Das "große I" führt an dieser Stelle allerdings ein wenig in die Irre. Denn unter den 36 Abbildern von Persönlichkeiten des politischen Lebens, die im Jahr 2005 das Titelbild des *Spiegels* zierten, befanden sich lediglich fünf, die eine Politikerin darstellten: Viermal wurde Angela Merkel gezeigt, einmal die US-amerikanische Außenministerin Condoleezza Rice. Das heißt, nur 138 Prozent der Politiker-Bilder zeigten tatsächlich eine Politikerin. Auf dem *Focus* waren insgesamt zwar auch nur vier Politikerinnen abgebildet (dreimal Angela Merkel und einmal die damalige Bundesministerin für Verbraucherschutz, Ernährung und Landwirtschaft, Renate Künast), doch da sich auf den *Focus*-Titeln in Verbindung mit der Titelstory insgesamt nur 17 Politikerinnen befanden (13 männliche und vier weibliche Politiker), fällt der Frauenanteil unter den PolitikerInnen mit 23.5 Prozent etwas höher als beim *Spiegel* aus.

Insgesamt war Angela Merkel diejenige Politikerin, die die Cover der politischen Nachrichtenmagazine beherrschte – wenn bei sieben Abbildern im Zusammenhang mit einer Titelgeschichte überhaupt von einer beherrschenden Stellung die Rede sein kann. Interessanter als diese grob quantifizierenden Aspekte ist jedoch die genauere Analyse von Merkels Mimik, Gestik und Körperhaltung im Vergleich zu ihrem direkten Konkurrenten, den damaligen Kanzler Gerhard Schröder.

Abbildung 1: *Spiegel*-Titel "Schröders letzte Karte"

Im gleichen Maße, wie Schröders politische Macht erodierte, wurde er auch visuell demontiert – mit Bildern, die ihn klein aus der Vogelperspektive zeigten, mit Fotos, die ihn in ausweichend zur Seite schauen oder die Arme eng am Körper halten ließen. Gerhard Schröder wurde visuell zunehmend mit Subordinationsmimik und -gestik dargestellt, wie man es ansonsten eher von Frauendarstellungen kennt (vgl. Abbildung 1). Angela Merkel hingegen avancierte im Laufe des Jahres 2005 zunehmend zu einer Frau, die ihren

Machtanspruch auch visuell zur Geltung brachte. Titelte *Der Spiegel* im Juli noch mit "Was will (kann) Angela Merkel?" (Nr. 28) und zeigte eine angestrengte, ausweichend zur Seite blickende Frau mit geradezu schüchterner, eng am Körper getätigten Schwurpose (vgl. Abbildungen 2 und 3), so änderte sich dieses Bild spätestens nach dem Erringen der Kanzlerschaft. Unter dem *Spiegel*-Titel "Aufbruch Ost" (Nr. 45; vgl. Abbildung 4) ist Merkel in raumgreifender Siegerpose dargestellt, grimmig entschlossen statt höflich lächelnd. Die Bildaussage wird zudem unterstrichen durch die Anlehnung an die Plakatästhetik des sozialistischen Realismus mit ihrer leicht verständlichen Bildsymbolik.

Abbildung 2: *Focus*-Titel "Was macht sie besser?"

Fazit

Wie lassen sich die Ergebnisse nun zusammenfassen und interpretieren? Zunächst einmal finden sich in der visuellen Berichterstattung durchaus noch geschlechterstereotype Darstellungen, wenngleich nicht mehr so ausgeprägt wie in zahlreichen Vorgängerstudien. Der Umstand, dass das "Cross-Sex-Typing" entlang der Machtdimension (also das Versehen von

Abbildung 3: *Spiegel*-Titel "Aufbruch Ost"

Abbildung 4: *Spiegel*-Titel "Was will (kann) Angela Merkel?"

Männerdarstellungen mit weiblich konnotierten Subordinationsattributen und umgekehrt) vergleichsweise problemlos erfolgte, kann ebenfalls in die Richtung gedeutet werden, dass die Geschlechterstereotypen an Rigidität, nicht aber grundsätzlich an Gültigkeit verloren haben.

Literatur

Archer, D., Iritani, B. Kimes, D., & Barrios, M. (1989). Männer-Köpfe, Frauen-Körper. Studien zur unterschiedlichen Abbildung von Frauen und Männern auf Pressefotos. In C. Schmerl (Hrsg.), *In die Presse geraten. Darstellungen von Frauen in der Presse und Frauenarbeit in den Medien* (S. 53–75). Köln, Wien: Böhlau.

Ashmore, R. D., & Del Boca F. K. (1979). Sex stereotypes an implicit personality theory. Towards a cognitive- social psychological conceptualization. *Sex Roles*, *5*, 219–248.

Bourdieu, P. (2005). *Die männliche Herrschaft.* Frankfurt am Main: Suhrkamp.

Butler, J. (1990). *Das Unbehagen der Geschlechter.* Frankfurt am Main: Suhrkamp.

Eckes, T. (2004). Geschlechterstereotype. Von Rollen, Identitäten und Vorurteilen. In R. Becker & B. Kortendiek (Hrsg.), *Handbuch der Frauen- und Geschlechterforschung. Theorie, Methoden, Empirie* (S. 165–176). Wiesbaden: VS Verlag.

Freedman,. D. G. (1967). A biological view of man's social behavior. In W. Etkin (Hrsg.),. *Social behavior. From fish to man* (S. 152–188). Chicago: University of Chicago Press,

Gallagher, M. (2005). *Global Media Monitoring Project 2005.* London: Wacc.

Geis, M. (2005, 13. Oktober). Die Doch-noch-Kanzlerin. *Die Zeit*, S. 5

Gerber, G. L. (1988). Leadership roles and the gender stereotypes traits. *Sex Roles*, *18*, 649–668.

Gnändiger, C. (2007). *Politikerinnen in deutschen Printmedien. Vorurteile und Klischees in der Berichterstattung.* Saarbrücken: VDM.

Goffman, E. (1981). *Geschlecht und Werbung.* Frankfurt am Main: Suhrkamp.

Goffman, E. (1971). *Interaktionsrituale. Über Verhalten in direkter Kommunikation.* Frankfurt am Main: Suhrkamp.

Griesebner, A. (2005). *Feministische Geschichtswissenschaft. Eine Einführung.* Wien: Löcker.

Grittmann, E. (2001). Photojournalismus und Ikonographie. Zur Inhaltsanalyse von Pressefotos. In W. Wirth & E. Lauf (Hrsg.), *Inhaltsanalyse. Perspektiven, Probleme, Potentiale* (S. 262–279). Köln: Herbert von Halem.

Fleissner, K (2002). *Die Debatte um die Kanzlerkandidatenfrage in der CDU/CSU im Spiegel der Pressefotografie. Eine Analyse von Pressebildern der Konkurrenten Angela Merkel und Edmund Stoiber in ausgewählten Printmedien.* Ludwig-Maximilians-Universität München: unveröffentlichte Magisterarbeit.

Fleissner, K. (2004). Vor der Kür ist nach der Kür? Bundestagswahl 2002: Die Kandidatendebatte der Union im Spiegel der Pressefotografie. In T. Knieper & M. G. Müller (Hrsg.), *Visuelle Wahlkampfkommunikation* (S. 129–147). Köln: Herbert von Halem.

Frey, S. (1999). *Die Macht des Bildes. Der Einfluß der nonverbalen Kommunikation auf Kultur und Politik.* Bern : Hans Huber.

Henley, N. M. (1989). *Körperstrategien. Geschlecht, Macht und nonverbale Kommunikation.* Frankfurt am Main: Fischer.

Hildebrandt, T. (2000, 10. April). Angriff auf die neue Mitte. *Der Spiegel,* S. 24–32.

Holtz-Bacha, C. (2007). Mit den Waffen einer Frau? Politikerinnen im Wahlkampf. In C. Holtz-Bacha & N. König-Reiling (Hrsg.), *Warum nicht gleich? Wie die Medien mit Frauen in der Politik umgehen* (S. 79–104). Wiesbaden VS Verlag für Sozialwissenschaften.

Kepplinger, H. M. (1999). Nonverbal communication. In H.-B. Brosius & C. Holtz-Bacha (Hrsg.), *The German communication yearbook* (S. 9–37). Cresskill, NJ: Hampton.

Kleinsteuber, H. J. (1991). Stereotype, Images und Vorurteile – Die Bilder in den Köpfen der Menschen. In G. Trautmann (Hrsg.), *Die häßlichen Deutschen? Die Deutschen aus der Sicht ihrer Nachbarn* (S. 60–68). Darmstadt: Wissenschaftliche Buchgesellschaft.

Klaus, E. (2005). *Kommunikationswissenschaftliche Geschlechterforschung. Zur Bedeutung der Frauen in den Massenmedien und im Journalismus* (Aktualisierte und korrigierte Neuauflage). Wien: Lit.

Knieper, T., & Müller, M. (2004). Vorwort. In T. Knieper & M. Müller (Hrsg.), *Visuelle Wahlkampfkommunikation* (S. 7–11). Köln: Herbert von Halem.

Kohlrusch, E. (2006). *Is' was, Kanzlerin? Eine Analyse des Journalistinnenbundes zur Darstellung von Angela Merkel in den Medien.* Online-Publikation des Journalistinnenbunds. Abgerufen am 3. Januar 2008 von http://www.journalistinnen.de/verein/pdf/jb_angelawatch.pdf

Lindner, K. (2004). Images of women in general interest and fashion magazine advertisements from 1955 to 2002. *Sex Roles, 51*, 409–421.

Lippman, W. (1997). *Public Opinion.* New York: Free Press.

Lambeck, M. (2005, 29. Mai). Die Ossi-Tusse wird's euch zeigen. *Bild am Sonntag,* S. 4.

Marcinkowski, F. [F.M.] (1998). Visualisierung. In O. Jarren, U. Sarcinelli & U. Saxer (Hrsg.), *Politische Kommunikation in der demokratischen Gesellschaft. Ein Handbuch* (S. 235–236). Opladen: Westdeutscher Verlag.

Mühlen-Achs, G. (1998). *Geschlecht bewußt gemacht. Körpersprachliche Inszenierungen. Ein Bilder- und Arbeitsbuch.* München: Frauenoffensive.

Norris, P. (1997). Women leaders worldwide. A splash of color in the photo op. In P. Norris (Hrsg.), *Women, media and politics* (S. 146–165). Oxford: Oxford University Press.

Pantti, M. (2007). Portraying Politics. Gender, Politik und Medien. In C. Holtz-Bacha & N. König-Reiling (Hrsg.), *Warum nicht gleich? Wie die Medien mit Frauen in der Politik umgehen* (S. 17–51). Wiesbaden: VS Verlag.

Petersen, T. (2001). Der Test von Bildsignalen in Repräsentativumfragen. Vorschlag für ein Forschungsprogramm. In T. Knieper & M. G. Müller (Hrsg.), *Kommunikation visuell: Das Bild als Forschungsgegenstand – Grundlagen und Perspektiven* (S. 159–175). Köln: Herbert von Halem.

Petersen, T. (2003). Der Test von Bildsignalen in Repräsentativumfragen: Erste Ergebnisse. In T. Knieper & M. G. Müller (Hrsg.), *Authentizität und Inszenierung von Bilderwelten* (S. 102–122). Köln: Herbert von Halem.

Pfannes, P. (2004). *Powerfrau, Quotenfrau, Ausnahmefrau …? Die Darstellung von Politikerinnen in der deutschen Tagespresse.* Marburg: Tectum.

Rössler, P. (2005). *Inhaltsanalyse.* Konstanz: UVK.

Rössler, P. (2001). Visuelle Codierung und Vielfalts-Analysen auf Mikroebene. Kategorisierungs- und Auswertungsstrategien für die ikonographische Untersuchung journalistischer Berichterstattung. In W. Wirth & E. Lauf (Hrsg.), *Inhaltsanalyse. Perspektiven, Probleme, Potentiale* (S. 140–156). Köln: Herbert von Halem.

Schmerl, C. (2004). "Kluge" Köpfe – "dumme" Körper? Einige Wirkungen der Kopfbetonung bei männlichen und der Körperbetonung bei weiblichen Pressefotos. *Publizistik, 49*, 48–65.

Sullivan, D. G., & Masters, R. (1988). "Happy Warriors". Leader's facial displays, viewers emotions, and political support. *American Journal of Political Science, 32*, 345–368.

Stock, W. (2000, 3. April). Nie mehr Mauerblümchen. *Focus*, S. 116–124.

Weiderer, M. (1995). *Das Frauen- und Männerbild im Deutschen Fernsehen. Eine inhaltsanalytische Untersuchung der Programme von ARD, ZDF und RTLplus* (2. Auflage). Regensburg: Roderer.

Weinlich, A. (2002). *Körpersprache von Politikern. Machtdemonstration und Selbstdarstellung.* Münster: Agenda.

Williams, J. E., & Best, D. L. (1990). *Measuring sex stereotypes. A thirty-nation study.* Beverly Hills, CA: Sage.

Winter, S. (2001). *Sexismus in deutschen Nachrichtenmagazinen. Geschlechtsspezifische Darstellungskonventionen in Spiegel und Focus.* Münster: Lit.

Zillmann, D., Harris, C. R., & Schweitzer, K. (1993). Effects of perspective and angle manipulations in portrait photographs on the attribution of traits to depicted persons. *Medienpsychologie, 5*, 106–123.

Das Auge wählt mit: Bildberichterstattung über Angela Merkel

Christina Holtz-Bacha & Thomas Koch

"Das Auge wählt mit", hieß es während des Bundestagswahlkampfes 2005 in der *Frankfurter Allgemeinen Sonntagszeitung*, als diese wieder einmal Angela Merkels Aussehen diskutierte und sich erfreut über die "Radikalkur der Kandidatin" zeigte (Heine, 2005). Einmal abgesehen davon, dass die Zeitung damit abermals bestätigte, worüber sich Politikerinnen zu beklagen pflegen, dass nämlich die Medien sich viel zu sehr für ihre Kleidung und ihre Frisuren interessieren, wirft diese Feststellung ein Licht auf die hohe Relevanz des visuellen Eindrucks derjenigen, die gewählt werden wollen. Diesen gilt es daher zu pflegen, wo immer die Politikerinnen und Politiker zu sehen sind. Während diese aber die Bilder, die sie für ihre Image- und Wahlkampfwerbung verwenden, selbst bestimmen und sich so ins beste Licht rücken können, obliegt die Entscheidung über das Wann und Wie einer Aufnahme dem Fotografen und darüber, welches Foto die Medien publizieren, den Redaktionen.

Die visuelle Kommunikationsforschung ist, zumal im deutschsprachigen Raum, immer noch ein sehr junges Forschungsfeld und hat bislang nur eine überschaubare Anzahl an Studien auf diesem Gebiet hervorgebracht (Kappas & Müller, 2006, S. 15). Längst ist aber bekannt, dass es eben nicht reicht, bei Analysen der Berichterstattung nur die Texte einzubeziehen. In der Interaktion mit dem Text oder auch unabhängig davon übermitteln Fotos eine eigenständige Botschaft, die zu berücksichtigen ist. Nutzung, Verarbeitung und Wirkung von Bildern verlaufen ebenfalls anders als bei Texten.

"90 Prozent aller Zeitungsnutzer betrachten die Bilder, 40 bis 70 Prozent lesen die Überschriften, 20 bis 60 Prozent lesen die Vorspänne, 15 bis 60 Prozent beginnen, den Text zu lesen und höchstens 50 Prozent lesen den Text zu Ende." (Meckel, 2001, S. 27) Bilder erreichen also die Leserinnen und Leser mit einer größeren Wahrscheinlichkeit als Texte. Hinzu kommt, dass Bilder häufig unreflektiert genutzt werden. Als einen Grund hierfür führen Kappas und Müller (2006, S. 3–4) an, dass die "visuelle Kompetenz" der Rezipienten kaum trainiert ist; während beispielsweise das Lesen, Verstehen und Interpretieren verschiedener Textprodukte in der Schule regelmäßig geübt wird, gibt es in der Schule kein Unterrichtsfach, das den Kindern den Umgang mit visuellen Informationen beibringt. Bildinformationen sind Textinformationen auch bei der Erfassung ihrer Botschaft überlegen: Viel zitiert ist Kroeber-Riels Metapher, derzufolge Bilder "schnelle[n] Schüsse[n] ins Gehirn" gleichkommen (1993, S. 53), denn Bilder lassen sich erheblich schneller aufnehmen als Texte, weil sie ganzheitlich erfasst werden.

Zudem genießen Bilder eine relativ hohe Glaubwürdigkeit, obwohl das aufgrund der technischen Entwicklung immer weniger berechtigt ist. Auf Grund der direkten und weniger rationalen Verarbeitung (Hartmann, 1995, S. 26) werden Bilder für glaubwürdiger gehalten und weniger kritisch hinterfragt als Texte. Zum Beispiel erschließt sich das Foto eines Politikers in einer bestimmten Pose dem Rezipienten schneller als ein mehr oder weniger komplexer Artikel. Dies könnte daran liegen, dass es einfacher ist, ein Bild anzusehen als den dazugehörigen Text zu lesen (vgl. Holicki, 1993, S. 186). So schreiben Rezipienten den Fotos einen gewissen "Beweischarakter" zu – was auf einem Bild zu sehen ist, wird als objektiv eingeschätzt, der Ausschnitt muss der Realität entstammen und daher "wahr" sein (Hartmann, 1995, S. 23).

Schließlich eignen sich visuelle Informationen wesentlich besser dazu, beim Rezipienten Emotionen zu erzeugen, als Texte dies vermögen. Ein Grund hierfür ist die assoziative Logik der Bilder, "die sich von der tendenziell argumentativen Logik textueller Kommunikation unterscheidet" (Kappas & Müller, 2006, S. 3). Der Ausdruck von Emotionen ist auf Bildern besser möglich, und umgekehrt lösen Fotos auch leichter und intensiver emotionale Wirkungen aus. Der Zusammenhang zwischen Bildern und Emotionen ist dabei äußerst komplex, und die Forschung dazu steht ebenfalls noch am Anfang.

Pressefotos von Politikerinnen und Politikern

Fotos in Zeitungen und Zeitschriften dienen der eigenständigen Berichterstattung oder dazu, solche Ereignisse zu illustrieren, die Gegenstand der Artikel sind. Die Bilder nehmen damit aber zugleich eine Charakterisierung der abgebildeten Personen in einem bestimmten Kontext und auf eine bestimmte Art und Weise vor. Eine spezifische Bilderauswahl kann einen ganz erheblichen Einfluss auf die Wahrnehmung einer Person haben und bei Rezipienten zu einer Charakterfiktion führen, wodurch "sehr stabile Personen-Stereotype" entstehen können (Kepplinger, 2002, S. 381). Politikerinnen und Politiker werden also auch visuell konstruiert. So zeigen zum Beispiel Kepplinger, Dahlem und Brosius (1993, S. 181) anhand von Fernsehbildern, wie intensiv sich visuelle Informationen auf die Rezeption und Wahrnehmung des Charakters von Politikern auswirken.

Die intensive Nutzung, das oft unreflektierte Verarbeiten visueller Informationen, die vermeintliche Objektivität und das vereinfachte Darstellen und Auslösen von Emotionen sind der Grund dafür, dass Bildern ein enormes Wirkungspotential zugeschrieben wird und dieses sogar bedeutsamer erscheint als das von Texten (vgl. z. B. Grittmann, 2001; Hartmann, 1995; Müller, 2003). Verschiedene Darstellungseffekte sind geeignet, die Wahrnehmung von abgebildeten Personen in der einen oder anderen Weise zu beeinflussen. So führen ungünstige Bilder einer Person dazu, dass der Betrachter diese auch negativer bewertet, eher zu einer Attribution negativer Eigenschaften und Motive neigt und beispielsweise unbewiesene Vorwürfe eher für gerechtfertigt hält. (Vgl. Kepplinger, 1987) Auch Holicki, die Wirkungen von Pressefotos und Pressetexten am Beispiel von Politikerdarstellungen verglichen hat, bestätigt, dass die unvorteilhafte Präsentation eines Kandidaten auf Fotos ein Mittel darstellt, das sehr viel effektiver ist als eine ähnliche Botschaft in einem Text (1993, S. 197).

Generell gilt aber, dass visuelle Medieninhalte bislang "bestenfalls eine Nebenrolle im Themenspektrum der Kommunikationsforschung" gespielt haben (Kappas & Müller, 2006, S. 3). Dies betrifft sowohl die Analyse von Fernsehbildern als auch die der Printmedien. Letztere gewinnen nicht zuletzt vor dem Hintergrund der zunehmenden Visualisierung der Wahlkampfberichterstattung durch die Verwendung von Fotos an Gewicht; Wilke und Reinemann sprechen gar von einem "Visualisierungsschub" im Wahljahr 2002 (2006, S. 328). Die ausgeprägte Visualisierung der Politik im Allgemeinen und eben auch der Wahlkampfberichterstattung bedeutet, dass vor allem Personen aus der Politik abgebildet werden. In seiner Analyse der Bilderdienste von drei Nachrichtenagenturen (dpa, AP, Reuters) während einer Woche im Frühjahr 1997 stellt Wilke zum Beispiel fest, dass auf 96 Prozent der Nachrichtenbilder Personen zu sehen sind, die Darstellung von Politik – und damit der politischen Macht – also fast ausschließlich über Personen geschieht (1998, S. 165). Die stärkere Sichtbarkeit der politischen Entscheidungsträger bezeichnet er daher auch als einen Indikator für die ausgeprägte Personalisierung politischer Inhalte (vgl. auch Fleissner, 2004, S. 129).

Die Dominanz an visuellen Informationen kann dazu führen, "dass die Wähler Kandidaten verstärkt oder gar ausschließlich anhand visuell ermittelter Eigenschaften beurteilen" – sachpolitische Kompetenz tritt somit in den Hintergrund, und es wird wahlentscheidend, ob Kandidaten als sympathisch wahrgenommen werden (Maurer & Kepplinger, 2003, S. 95). Auch Wilke und Reinemann befürchten, dass durch die Bilder eher die vermeintlich unpolitischen Kriterien bei der Wahlentscheidung an Bedeutung gewinnen: "Visuelle Informationen lenken die Aufmerksamkeit der Rezipienten von Sachfragen und eher politischen Eigenschaften auf eher persönliche und äußerliche Eigenschaften" (2006, S. 328). Das heißt also, bestimmte Personen-Stereotype, die durch die dauerhafte Rezeption einer spezifischen Bilderauswahl entstehen, können einen ganz erheblichen Einfluss auf Wahlentscheidungen haben, und die Notwendigkeit, visuelle Informationen in der Wahlkampfberichterstattung nicht unbeachtet zu lassen, ist somit evident (vgl. dazu auch Kepplinger, Dahlem & Brosius, 1993).

Ebenso wie Texte sind auch visuelle Informationen an der Konstruktion von Geschlechterbildern beteiligt. Obwohl sich gerade die Kampagnen- und Kandidatenberichterstattung in den Medien eines beträchtlichen Forschungsinteresses erfreut, ist auffällig, dass diese der Bildberichterstattung über Politikerinnen und Politiker bislang wenig Aufmerksamkeit geschenkt hat; Inhaltsanalysen ebenso wie Studien zur Wirkung von Politikerbildern sind rar.

Die wenigen Untersuchungen, die es in Deutschland zur Analyse von politischen Pressefotografien gibt und die auch die Abbildung von Frauen und Männern berücksichtigt haben, belegen eine Unterrepräsentanz von Frauen. Das fand bereits Wilking Mitte der achtziger Jahre in seiner Analyse der Lokalberichterstattung in nordrhein-westfälischen Regionalzeitungen, die eine der ersten systematischen und über eine grobe quantitative Erhebung hinausgehende Bildanalyse beinhaltet. Frauen und Männer waren auf den Pressefotos in einem Zahlenverhältnis von 1 zu 2.5 repräsentiert, das damit aber deutlich besser war als in der Textberichterstattung, wo Frauen und Männer in einem Verhältnis von 1 zu 4.2 vertreten waren (Wilking, 1990, S. 162–163). In seiner Untersuchung des Bildangebots der Nachrichtenagenturen stellte Wilke fest, dass 92 Prozent der Hauptakteure auf Nachrichtenbildern Männer waren, und befand daher: "[...] die Nachrichtenfotos müssen den Eindruck von Politik als einer Männerdomäne auch visuell verfestigen" (1999, S. 167). Die Analyse erbrachte außerdem, dass Frauen auf Bildern, die Politiker der Opposition zeigten, besser vertreten waren, als auf Bildern der Regierung. Auch wenn nicht gesagt ist, dass sich die analysierten Bilder alle auf die Bundespolitik bezogen, dürfte dieser Befund wohl auch davon beeinflusst sein, dass zu dieser Zeit diejenigen Parteien auf den Oppositionsbänken des Bundestages saßen, in denen Frauen besser repräsentiert sind als in den Parteien der damaligen christlich-liberalen Regierungskoalition. Auch der Befund, dass Staatsoberhäupter die auf den Agenturbildern am häufigsten dargestellten Akteure sind, spricht für einen Zusammenhang zwischen der Zahl der Frauen auf den jeweiligen Positionen, in den Parteien und Institutionen und ihrer Repräsentanz im Bilderangebot. (Vgl. Wilke 1999; vgl. dazu auch Fechter & Wilke, 1998, S. 108–109)

Schmerl (2004) untersuchte im Jahr 1999 *Bild*, *taz*, *Spiegel* und *Stern* und bestätigt ebenfalls die Unterrepräsentanz von Frauen in der Bildberichterstattung. Während in der *Bild* das Zahlenverhältnis zwischen Frauen und Männern mit 1.3 zu 1 relativ ausgeglichen ist, beträgt es bei *Stern* und *taz* 2 zu 1 und stellt sich beim *Spiegel* mit 6 zu 1 am ungünstigsten dar (S. 53). Ähnlich stellt sich der Befund von Pfannes dar, die für die Zeit von 1998 bis 2001 die Berichterstattung über die Ministerinnen und Minister der Bundesregierung untersuchte. Für die auf den Pressefotos abgebildeten Handlungsträger kommt sie auf ein Verhältnis von rund 1 zu 2. Damit waren die Ministerinnen relativ zur Anzahl der Artikel gesehen zwar überproportional häufig auf Fotos abgebildet, sind aber dennoch unterrepräsentiert (2004, S. 75).

Methodisches Vorgehen

Die Kandidatenkonstellation im Bundestagswahlkampf 2005 bot einen besonderen Anlass, um die Bildberichterstattung zu untersuchen. Erstmals gab es hier die Gelegenheit zu prüfen, ob Pressefotos einen Unterschied zwischen Kandidatinnen und Kandidaten machen, ob also Angela Merkel anders ins Bild gesetzt wurde als Gerhard Schröder. Die Untersuchung stützt sich auf eine quantitative Inhaltsanalyse der Bildberichterstattung über Merkel und Schröder in deutschen Printmedien, bezogen auf die Zeit vom 1.

Januar 2005 bis zum 31. Dezember 2005.[1] Die Analyse beschränkte sich dabei also nicht nur auf die – insbesondere bei dieser Bundestagswahl – sehr kurze Wahlkampfphase, sondern schloss die letzten Monate von Schröders Kanzlerschaft und die währenddessen stattfindenden Landtagswahlen in Schleswig-Holstein und Nordrhein-Westfalen, die Ankündigung von Neuwahlen und die darauf folgende Ernennung Merkels zur Kanzlerkandidatin, den Bundestagswahlkampf, die Regierungsbildung und die ersten Wochen von Merkels Kanzlerschaft ein. Mit der Berücksichtigung eines ganzen Jahres geht diese Studie über die Untersuchung von Wilke und Reinemann (2006) hinaus, die in ihre Analyse der Kampagnenberichterstattung während der heißen Wahlkampfphase auch Fotos einbezogen haben. Weil Wahlkämpfe stets besondere Bedingungen für die politische Kommunikation mit sich bringen, war es Ziel dieser Analyse, auch "Normalphasen" des politischen Geschäfts zu berücksichtigen.

Das Untersuchungsmaterial rekrutierte sich aus Tagespresse (*Süddeutsche Zeitung*, FAZ), Nachrichtenmagazinen (*Der Spiegel*, *Focus*), Unterhaltungsillustrierten (*Stern*, *Bunte*) und der *Bild-Zeitung*. In die Analyse ging jede dritte Ausgabe der Zeitungen der Nachrichtenmagazine und des *Stern* sowie jede Ausgabe der *Bunten* ein. Dabei war das Aufgreifkriterium, dass Merkel und/oder Schröder auf einem Foto zu sehen waren; Karikaturen, Zeichnungen und Werbeanzeigen wurden in dieser Studie nicht beachtet.

Das Codebuch differenzierte drei verschiedene Faktorengruppen (vgl. auch Fleissner, 2004, S. 133–136): individuelle Merkmale der abgebildeten Person, kontextbezogene und inhaltliche Eigenschaften des Bildes sowie technische und formale Darstellungsaspekte. Zudem erfasste die Codierung verschiedene Interaktionsmerkmale auf Gemeinschaftsbildern der beiden Kandidaten. Die individuellen Merkmale von Schröder und Merkel beziehen sich auf alle Aspekte der nonverbalen und körpersprachlichen Kommunikation; die Analyse unterschied dabei zwischen Mimik (Merkmale und Bewegungen des Gesichtes) und Gestik (Merkmale der Körperhaltung, Haltung der Extremitäten) der Kandidaten. Die Variablen umfassten Blick, Mund, Gesamtmimik, Pose und Gestik, Face-ism-Index, Körper-, Oberkörper- und Kopfhaltung der abgebildeten Person. Außerdem wurden die Kleidung, verschiedene Stimmungsvariablen und die Interaktion mit dem Fotografen berücksichtigt. Bei den kontextbezogenen und inhaltlichen Eigenschaften

[1] Wir danken insbesondere Stefan Wehner (Nürnberg) für seine Unterstützung bei der Bild- und Datenanalyse.

des Bildes wurden verschiedene Aspekte codiert, die neben Merkel bzw. Schröder noch auf dem Bild zu sehen waren, wie der Hintergrund oder weitere Personen. Schließlich zählten auch "Eigenschaften des Fotos als Medium der Abbildung an sich" wie Farbe, Tiefenschärfe oder Größe des Bildes und der inhaltliche Zusammenhang, in dem das jeweilige Bild stand (z. B. Platzierung und Ressort), in diese Faktorengruppe. Die technischen und formalen Darstellungsaspekte beinhalteten Variablen wie Einstellungsgröße, Kameraperspektive, Aufnahmeposition, Bildschärfe und Platzierung der Person. Zuletzt erhob die Analyse bei Gemeinschaftsbildern noch spezifische Aspekte, die speziell das Verhältnis der beiden Kandidaten zueinander erfassten, wie das relative Größenverhältnis, die Distanz zwischen den beiden oder die Stimmung zueinander.

Studien, die versuchen, bestimmte Bildelemente systematisch (quantitativ) zu erfassen, sind immer noch rar, was oftmals damit begründet wird, dass Bilder nur äußerst schwer quantitativ zu fassen sind (Kappas & Müller, 2006, S. 3). Ein Problem bei der quantitativen Erfassung visueller Bildgegenstände ist, dass das methodische Inventar oftmals keine zufriedenstellende Intercoderreliabilität zulässt. Wenn mehrere Codierer die Größe eines Bildes messen oder die darauf abgebildeten Personen bestimmen, sind sicherlich hohe Reliabilitätswerte zu erwarten; die Codierung von personenindividuellen Eigenschaften auf Bildern kann aber sehr subjektiv ausfallen, und so besteht beispielsweise bei der Messung von Stimmungen, Gesamtdarstellung oder Mimik die Gefahr, dass zwei Codierer dasselbe Bild unterschiedlich interpretieren. Um die Daten über den gesamten Zeitraum vergleichbar zu halten, wurde die Analyse des ganzen Materials von derselben Person codiert. Um den Grad der Subjektivität des Codierens einschätzen zu können, codierte dennoch ein zweiter Mitarbeiter einen Teil des Materials. Das Ergebnis des Reliabilitätstest fällt heterogen aus: Bei den kontextbezogenen und inhaltlichen Bildeigenschaften ergibt sich erwartungsgemäß eine sehr gute Intercoderreliabilität, doch bereits bei den technischen und formalen Darstellungsaspekten erreichen nicht alle Variablen so gute Reliabilitätswerte. Die niedrigen Werte, die sich für die Beurteilung des Gesamteindrucks ergeben, sprechen für deren starke Subjektivität, wobei offensichtlich auch die dafür verwendete fünfstufige Skala Schwierigkeiten bereitet hat.

Ergebnisse

Für die Analyse lagen 858 Bilder vor, auf denen Merkel und Schröder 885 Mal abgebildet waren. Dabei räumten die Journalisten beiden Kandidaten in etwa gleich viele Abbildungen im Untersuchungszeitraum ein: Über das gesamte Jahr 2005 betrachtet, war Schröder lediglich auf ein Prozent mehr Bildern zu sehen als Merkel. Nicht in allen Zeitungen und Zeitschriften ist die Anzahl an Bildern ausgewogen: Während *Bild*, *Focus* und FAZ in etwa gleichem Umfang Fotos von Merkel und Schröder druckten, ließen sich in der *Süddeutschen Zeitung* und im *Spiegel* 50 Prozent mehr Bilder von Schröder finden; *Bunte* und *Stern* dagegen brachten je 50 Prozent mehr Fotos von Merkel.

Es überrascht kaum, dass die Präsenz Merkels im untersuchten Zeitraum stetig zunimmt: Während Schröder in den ersten drei Monaten noch mehr als dreimal so oft auf Bildern zu sehen ist, sind die Kandidaten von April bis September auf gleich vielen Fotos zu sehen – im letzten Quartal ist hingegen Merkel deutlich häufiger abgebildet. Während des Wahlkampfes (von der Vertrauensfrage am 1. Juli bis zum 17. September, dem Tag vor der Bundestagswahl) erschienen von Merkel beinahe sieben Prozent mehr als von Schröder. Zu diesem kleinen Vorsprung in der Anzahl an Bildern zeigen sich noch andere Vorteile in der Präsenz Merkels: Zunächst sind die von ihr gedruckten Bilder durchschnittlich 33 Quadratzentimeter (22%) größer als die Abbildungen Schröders; und auch bei der Zentralität der beiden Kandidaten ergibt sich ein Vorteil für Merkel – sie ist häufiger wichtigstes bzw. einziges Motiv auf den Fotos als Schröder. Zudem ist Merkel häufiger im Vordergrund abgebildet und seltener nur Randmotiv. Während Wilke und Reinemann (2006, S. 331) in ihrer Analyse der Bilder in Qualitätszeitungen in den letzten vier Wochen vor der Wahl zu dem Ergebnis kommen, dass "die CDU-Vorsitzende nur wenige Male seltener abgebildet" wurde als Schröder, so dass von einem "visuellen Kanzlerbonus" nicht gesprochen werden könne, zeigen unsere Daten sogar, dass es einen visuellen Präsenzbonus für Merkel gab. Im Gegensatz zum Wahlkampf 2002, als Schröder auf deutlich mehr Bildern zu sehen war als Stoiber (Wilke & Reinemann, 2006, S. 331), zeigt sich drei Jahre später nicht nur keine Benachteiligung der Herausforderin durch eine geringere Repräsentanz, sondern sogar eine gewisse visuelle Bevorzugung der Kandidatin.

Diese Untersuchung zog verschiedene Indikatoren heran, um zu überprüfen, ob die Bilder von Merkel und Schröder mit etablierten Geschlechterstereotypen korrespondieren und ob sich eine genderspezifische Diskriminierung findet. Ein für verschiedene Medien nachgewiesenes, "etabliertes" visuelles Geschlechterstereotyp ist die stärkere Gesichtsbetonung bei Männern und die Körperbetonung von Frauen auf Bildern (vgl. Archer, 1983; Copeland, 1989; Schmerl, 2004). Diese relative Körper- bzw. Gesichtsbetonung lässt sich mittels des Face-ism-Index berechnen, der auf Archer, Iritani, Kimes und Barrios (1989) zurückgeht und den Quotienten zweier Längenmaße darstellt. Dabei misst man den Abstand zwischen dem obersten Punkt des Kopfes bis zum Kinn und teilt ihn durch den Abstand zwischen dem obersten Punkt des Kopfes und dem untersten sichtbaren Teil des Körpers. Theoretisch kann dieser Index Werte zwischen 0 (vom Kopf der abgebildeten Person ist nichts zu sehen) und 1 annehmen (es ist nur der Kopf, bzw. ein Teil des Kopfes oder Gesichtes zu sehen; vgl. hierzu auch Schmerl, 2004). In der hier vorgelegten Analyse ergibt sich für Merkel ein durchschnittlicher Face-ism-Wert von 0.46, Schröder erreicht hingegen nur einen durchschnittlichen Wert von 0.41. Das bedeutet, dass Schröder auf den untersuchten Bildern körperbetonter dargestellt wurde als Merkel – der Unterschied ist signifikant. Dies entspricht nicht den Ergebnissen zahlreicher Studien, wonach Merkel als Frau körperbetonter als Schröder hätte dargestellt werden müssen.

Als weiterer Indikator für eine mögliche genderspezifische visuelle Geschlechterkonstruktion auf Bildern diente die Körperhaltung, Gestik und Mimik der abgebildeten Personen. Die Untersuchung orientierte sich hier größtenteils an den Kategorien von Goffman (1981), der aus der Analyse von Werbebildern mehrere Merkmale der geschlechterspezifischen Abbildung von Frauen und Männern abgeleitet hatte, die sich zum großen Teil bis heute in der deutschen Anzeigenwerbung bestätigen (vgl. Brosius & Staab, 1990; Klöpffer, 2003). Die Pressefotos zeigten Schröder nicht häufiger als Merkel breitbeinig sitzend oder breitbeinig stehend und Merkel nicht häufiger schmal sitzend oder schmal stehend, wie dies zu erwarten gewesen wäre – ganz im Gegenteil: Schröder wurde fast doppelt so häufig schmal sitzend dargestellt wie Merkel. Die Politikerin zeigt aber wesentlich häufiger ihren Hals und hat auf den Bildern häufiger den Kopf zurückgeworfen als Schröder (Schröder auf 27.5%, Merkel auf 37% ihrer Bilder). Eine zurückgeworfene Kopfhaltung gilt als "als Herzstück des Unterwerfungs- und Ergebungsrituals", "als Element femininer Selbstdarstellung" und "als signifikantes Zeichen von Weiblichkeit" (Mühlen-Achs, 1993, S. 25–26).

Auch in der Mimik der beiden Politiker ergeben sich Unterschiede. Merkels Mundwinkel zeigen stärker nach unten, wobei der Unterschied zu Schröder nur knapp nicht signifikant ist. Diese Differenz ergibt sich, obwohl Merkel auf wesentlich mehr Bildern lacht (54%) als Schröder (dieser lacht nur auf 40% der Bilder). Eine ernsthafte Mimik hat Schröder auf 25 Prozent, Merkel nur auf 19 Prozent. "In unseren Breiten gilt ein unbewegter, ausdrucksloser und undurchdringlicher Gesichtsausdruck, der keine emotionalen Rückschlüsse zulässt, gemeinhin als besonders 'maskulin'. Eine agitierte, ausdrucksstarke, gefühlsbetonte Mimik hingegen gilt als 'feminin'." (Mühlen-Achs, 1993, S. 24). Und auch Brosius und Staab interpretieren den lächelnden Gesichtsaudruck bei Frauen in ihrer Anzeigenanalyse als ein "Stereotyp weiblicher Attraktivität" (1990, S. 297).

Eine Analyse der Wahlkampfberichterstattung in *Bild* hatte ergeben, dass Schröder dort während der heißen Wahlkampfphase 2005 mehr als doppelt so häufig wie Merkel in Siegerpose zu sehen war (Boomgaarden & Semetko, 2006, S. 20). Auch diese Analyse zeigt, dass Schröder häufiger in Siegerpose abgebildet wurde als Merkel. Ein zweiter Blick auf die Daten macht aber deutlich, dass Schröder einfach wesentlich häufiger in (fast) jeder Pose auftrat – ganz egal, ob dies nun eine Sieger-, nachdenkliche, freundliche, zärtliche oder entspannte Pose ist. Dabei ist die Siegerpose sogar nur auf drei Prozent der Bilder, die Schröder zeigen, und damit vergleichsweise selten zu erkennen. Eine nachdenkliche oder zärtliche (beide auf ca. 6% der Bilder) oder eine freundliche Pose (ca. 14%) sind auf weitaus mehr Fotos zu sehen; nur abwehrende Gesten kommen häufiger bei Merkel als bei Schröder vor. Auch wenn die Unterschiede zwischen Merkel und Schröder im Prozentbereich deutlich ausfallen, so sind es insgesamt aber zu wenige Posen, um daraus sichere und signifikante Rückschlüsse zu ziehen. Insgesamt lässt sich aber sagen, dass Schröder im Untersuchungszeitraum dynamischer dargestellt wurde – er tritt häufiger in verschiedenen Posen auf, ist öfter laufend und allgemein in Bewegung abgebildet. Dies ist auch Tenor der Forschung: Frauen sind auf Bildern häufiger in unbewegten Posen zu finden, sie agieren weniger auf Fotos, sind insgesamt weniger aktiv (Pfannes, 2004, S. 99).

Beide Kandidaten sind auf den Pressefotos meist frontal von vorne zu sehen, wobei sich keine systematischen Unterschiede zwischen Merkel und

Schröder ergeben. Auch die Kameraperspektive ist komplett ausgeglichen; keiner der beiden wurde häufiger von unten oder von oben abgebildet. Nur die Einstellungsgröße unterscheidet sich bei den beiden Politikern: Merkel taucht deutlich öfter (62%) in Detail-, Nah- und Großaufnahmen auf als Schröder (52%), wobei letzterer auch deutlich häufiger in Weite, Totale und Halbtotale zu sehen ist (19% vs. 11%). Auf diese Einstellungsgrößen ist dann auch zurückzuführen, dass der Face-ism-Index bei Schröder für eine stärkere Körperbetonung spricht als bei Merkel.

Die meisten der hier analysierten Fotos stammen von öffentlichen Auftritten der Politiker; die Abbildungen stehen überwiegend in einem beruflichen Kontext und lassen nur selten eine private Atmosphäre erkennen. Zu dem gleichen Ergebnis kommen auch Wilke und Reinemann (2006, S. 331), die feststellten, dass Fotos aus dem Privatleben der Kandidaten so gut wie ganz fehlen. Wo Personen aus dem Privatleben der beiden Politiker zu sehen sind, bestätigt sich ein Befund aus der Analyse der Wortberichterstattung (vgl. dazu Koch & Holtz-Bacha, in diesem Band). Doris Schröder-Köpf ist immerhin auf knapp acht Prozent aller Bilder, die Schröder zeigen, mit abgebildet und damit fast doppelt so präsent wie Joachim Sauer, der nur auf knapp fünf Prozent der Bilder, die Merkel zeigen, zu sehen ist. Kinder, Jugendfreunde, Eltern und Geschwister spielen in der Bildberichterstattung praktisch keine Rolle und werden nur äußerst selten abgebildet, so dass sich hier keine fundierten Aussagen treffen lassen. Schröder wurde fast dreimal häufiger mit Staatsoberhäuptern und Vertretern aus der Wirtschaft dargestellt. Dieser hohe Wert ergibt sich allerdings nur durch die Monate Januar bis Juni, denn danach ist das Verhältnis ausgeglichener, und im Dezember ist die Kanzlerin dann deutlich häufiger mit Staatsoberhäuptern zu sehen. Hier spiegeln sich also einfach die Aktivitäten, die sich aus dem Amt ergeben.

Merkel wurde zweimal so oft vor Publikum dargestellt; das steht den Ergebnissen von Gebel (1995, S. 55) entgegen, der zeigt, dass eigentlich Männer öfter vor Publikum dargestellt werden. Merkel wurde zudem fast zweimal häufiger (132 Mal, inklusive Bilder mit Stoiber und Kohl) mit Parteifreunden dargestellt als Schröder (69 Mal inklusive Bilder mit Müntefering). Dabei war es vor allem Stoiber, der oft mit ihr auf Bildern zu sehen war (auf insgesamt 48). Wenn sie mit Stoiber abgebildet war, dann fast immer gleich groß (einmal kleiner, einmal größer), fast immer (bis auf zweimal) ohne Berührung und auf kurzer Distanz. Genderspezifische Aspekte fallen bei diesen Darstellungen nicht auf.

Ein schwieriges Unterfangen, weil in hohem Grade subjektiv, ist die Einstufung der allgemeinen Anmutung einer Person auf Pressefotos; Intercoderreliabilitäten fallen entsprechend unbefriedigend aus, und die nachfolgend geschilderten Befunde sind daher mit Vorsicht zu betrachten. Bei der Einschätzung der Attraktivität und des Eindrucks von Sympathie ergaben sich für Merkel und Schröder keine systematischen Unterschiede. Auch in der Gesamtdarstellung zeigt sich über das Jahr kein großer Unterschied (auf einer fünfstufigen Skala von 1=sehr positiv bis 5=sehr negativ: 2.52 Merkel zu 2.57 Schröder). Angela Merkel erfährt die ungünstigste Beurteilung für die Abbildungen im *Spiegel* (2.71), die günstigste in der *Bunten* (2.2). Gerhard Schröder schneidet bei den Fotos in der *Süddeutschen Zeitung* am schlechtesten ab (2.78) und am besten ebenfalls in der *Bunten* (2.29). Die größten Unterschiede gibt es im *Focus* (Merkel 2.43; Schröder 2.66) und im *Stern* (Merkel 2.67; Schröder 2.43).

Fazit

Die Analyse der 885 Abbildungen von Merkel und Schröder aus dem Wahljahr 2005 verweist bei vielen Kategorien auf ähnliche Präsentationen der beiden Politiker, aber auch auf einige Unterschiede:

- Über das Jahr hinweg gibt es keinen wesentlichen Unterschied in der Anzahl der Bilder von Merkel und Schröder.

Der Kanzler ist zwar in den ersten Monaten des Jahres deutlich häufiger zu sehen als die CDU-Parteivorsitzende, deren Präsenz nimmt jedoch über Zeit ständig zu. Bereits im Wahlkampf genießt Merkel einen Präsenzbonus, der auch nach der Wahl – mit Koalitionsverhandlungen und Wahl zur Kanzlerin – bestehen bleibt. Der Präsenzbonus ergibt sich nicht nur durch die Anzahl der Bilder, sondern insbesondere auch durch deren Größe und die Zentralität in der Darstellung von Merkel.

Während sich der Vorsprung – anfangs von Schröder, zum Jahresende von Merkel – durch das Amt und die damit verbundenen Aktivitäten erklären lässt, ist der Präsenzbonus der Herausforderin während des Wahlkampfes erklärungsbedürftig, würde man in dieser Zeit doch eine gewisse Ausgewogenheit erwarten. Eine mögliche Erklärung wäre, dass Merkel im Vergleich zu Schröder schlicht das interessantere Motiv darstellte. Eine solche Vermutung äußern Wilke und Reinemann (2006) in Anbetracht ihres Befundes, dass sich in der Wahlkampfberichterstattung 2005 der überregionalen Presse nicht der fast schon traditionelle Kanzlerbonus für den Amtsinhaber ergab; sie meinen, dass die Redaktionen über Gerhard Schröder womöglich nichts mehr zu sagen wussten und sich deshalb gern der Herausforderin zuwandten. Entsprechend ließe sich mutmaßen, dass die Redaktionen Schröder in den vergangenen Jahren oft genug gesehen hatten und bei der Bildauswahl daher Merkel bevorzugten. Diese Bevorzugung könnte ihren Grund aber auch darin haben, dass erstens eine Frau und zweitens die erste Frau in der Rolle der Kanzlerkandidatin zu Wahl antrat. Das entspräche dem Befund von Pfannes (2004, S. 98), die eine im Vergleich zu deren männlichen Kollegen häufigere Präsenz von Politikerinnen auf Pressefotos feststellte. Sie wertet dies als Indiz dafür, dass Äußerlichkeiten bei Frauen wichtiger sind. Folgt man dieser Interpretation, wäre es also eine subtile Art der Diskriminierung, Merkel häufiger abzubilden als Schröder. Und dass der Blick auf das Äußere der Kandidatin oft kritisch war, wissen wir aus den langjährigen Diskussionen über ihre Frisur und ihre Kleidung (vgl. auch Holtz-Bacha, 2006).

- Was die Darstellungsaspekte anbelangt, ergeben sich kaum Unterschiede für Merkel und Schröder.

Offenbar gelten für die Pressefotografie bzw. die Auswahl der Bilder für den Abdruck gewisse Routinen, die dazu führen, dass Personen oft in ähnlicher Weise präsentiert werden. Jedenfalls zeigten sich bei den untersuchten Bildern hinsichtlich der technisch-formalen Aspekte wenige Unterschiede. Nur in einer Hinsicht tritt ein bemerkenswerter Unterschied auf, nämlich bei der Einstellungsgröße: Merkel ist häufiger in Detail-, Nah- und Großaufnahmen zu sehen als Schröder, der wiederum häufiger in Weite, Totale und Halbtotale abgebildet ist. Das hängt dann auch mit dem folgenden Befund zusammen:

- Für Schröder gilt eine stärkere Körperbetonung als für Merkel.

Aufgrund früherer Studien, die den Face-ism-Index eingesetzt haben, war zu erwarten, dass die Fotos Merkel körperbetont und Schröder kopfbetont präsentieren. Allerdings fand auch Pfannes (2004, S. 98) in ihrer Analyse der Pressefotos von Ministerinnen und Ministern, dass gerade die Männer häufiger körperbetont dargestellt wurden und bei Frauen häufig nur das Geicht zu sehen war. Insofern scheint dieser Befund eine gewisse allgemeine Gültigkeit zu haben, zumindest was Bilder von Politikerinnen und Politikern angeht; dass es an den spezifischen Personen lag, scheidet dann als Erklärung aus.

Der Vermutung, dass Körperbetonung bei Frauen und Kopfbetonung bei Männern vor allem in den durchweg inszenierten und in besonderer Funktion eingesetzten Werbefotos auftreten und womöglich seltener auf den meist situativen Pressefotos zu finden sind, stehen die Befunde von Archer, Iritani, Kimes und Barrios (1989) entgegen, die sowohl Werbe- wie auch Pressefotos untersuchten. Deren Ergebnisse bestätigen sich auch in der Analyse der Lokalberichterstattung von Wilking (1990, S. 163), der feststellte, dass Frauen bei Großaufnahmen, die zu den kopfbetonten Darstellungen gehören, deutlich seltener vertreten waren als Männer (1:4.8), während sie bei den körperbetonten Nahaufnahmen, häufiger vorkamen (1:2.1). Auch Schmerl (2004) stößt bei ihrer Untersuchung der Fotos in *Bild*, *taz*, *Stern* und *Spiegel* auf die entsprechende Ergebnisse zu Körper- und Kopfbetonung.

- Die visuellen Darstellungen von Schröder sind häufiger dynamisch als diejenigen von Merkel.

- Merkel ist viel häufiger als Schröder lachend zu sehen.

Der aktive Politiker – die eher unbewegte Politikerin: In dieser Hinsicht entsprechen die Befunde früheren Studien und entsprechenden Erwartungen an eine geschlechterstereotype Darstellung ebenso wie auch bezüglich des Gesichtsausdrucks. In der Forschung gelten Lächeln und Lachen als eine bewegte und Gefühle demonstrierende Mimik, die dem weiblichen Stereotyp zugeordnet wird; der unbewegte Gesichtsausdruck, der keine Emotionen erkennen lässt, gilt dagegen als maskulin.

Damit erbrachte diese Bildanalyse Ergebnisse, die nur zum Teil Vermutungen an geschlechterstereotype Darstellungen bestätigen. Es wäre zu prüfen, inwieweit die Befunde für Pressefotos von Politikerinnen und Politikern repräsentativ sind und ob sich diese allgemein von der visuellen Präsentation von Frauen und Männern unterscheiden, was dann hieße, für die Politik gelten besondere Regeln. Außerdem bedürfte es einer Untersuchung der Wirkungen auf die Rezipienten, um sagen zu können, welchen Einfluss die bildliche Präsentation auf die Einstellung gegenüber den abgebildeten Personen und schließlich die Wahlentscheidung hat.

Ebenso wichtig erscheint aber auch nachzufragen, wie die Bildauswahl in den Redaktionen getroffen wird. Im Fall von Merkel und Schröder ist nicht davon auszugehen, dass sich die Bedingungen vor Ort für die Fotografen wesentlich unterschieden. Vielmehr ist anzunehmen, dass die Entscheidungen darüber, bevorzugt solche Bilder eines Politikers zu zeigen, auf denen er körperbetont, aktiv, dynamisch und ernsthaft erscheint, und solche einer Politikerin, auf denen sie ihren Kopf zurückwirft, lacht und die sie eher kopfbetont präsentieren, in den Redaktionen fallen.

Gerade vor diesem Hintergrund ist ein Vergleich zu den Darstellungen der Politiker interessant, die sie selbst kontrollieren können. Im Wahlkampf sind das die Bilder in Werbeanzeigen, auf Plakaten oder in den Fernsehspots der Parteien. So trat etwa Merkel 2005 im Wahlspot ihrer Partei, der ein Negativspot war und eine düstere Atmosphäre verbreitete, durchweg mit ernstem Gesicht auf und rang sich erst ganz am Schluss ein wie bestellt wirkendes, gequältes Lächeln ab. Auf den Wahlplakaten mit den dafür verwendeten Porträtfotos war die Kanzlerkandidatin dagegen meist mit einem leichten Lächeln zu sehen (vgl. Holtz-Bacha & Lessinger, 2006a; b). Das heißt, hier lag die Entscheidung der Werbeberater ganz auf der Linie dessen, was Brosius und Staab (1990) als "Stereotyp weiblicher Attraktivität" bezeichnet haben.

Schröder war auf den Wahlplakaten 2005 stets mit ernstem Gesicht, zum Teil geradezu in erhabener Manier zu sehen. Die Schröder-Plakate, die wegen ihres dynamischen Charakters der Authentischen Serie zugeordnet wurden und den Kanzler "in Aktion" präsentierten, verwendeten Pressefotos, waren also nicht, wie sonst üblich, für die Plakate inszeniert (vgl. Holtz-Bacha & Lessinger, 2006a). Im übrigen verwendeten sowohl die Merkel- wie auch die Schröder-Plakate Porträts, die sich im Bildausschnitt kaum unterscheiden, so dass hier auch nicht von unterschiedlicher Körper- bzw. Kopfbetonung zu sprechen ist.

Das heißt aber, bei der Präsentation von Merkel und Schröder auf den Pressefotos und in der Wahlwerbung gibt es durchaus gewisse Parallelen, obwohl die Politiker bzw. deren Imageberater die Auswahl von Fotos für Werbematerialien in der Hand haben, im anderen Fall aber kaum beeinflussen können. Das wirft einmal mehr die Frage auf, nach welchen Kriterien die Redaktionen die Auswahl von Bildern für den Abdruck vornehmen und welche Strategien sich mit der Bildauswahl für die Wahlwerbung verbinden.

Literatur

Archer, D., Iritani, B., Kimes, D., & Barrios, M. (1989). Männer-Köpfe, Frauen-Körper: Studien zur unterschiedlichen Abbildung von Frauen und Männern auf Pressefotos. In C. Schmerl (Hrsg.), *In die Presse geraten. Darstellung von Frauen in der Presse und Frauenarbeit in den Medien* (S. 53–76). Köln: Böhlau.

Brosius, H.-B., & Staab, J. F. (1990). Emanzipation in der Werbung? Die Darstellung von Frauen und Männern in der Anzeigenwerbung des >stern< von 1969 bis 1988. *Publizistik, 35*, 292–303.

Copeland, G. (1989). Face-ism and primetime television. *Journal of Broadcasting & Electronic Media, 33*, 209–214.

Fechter, A., & Wilke, J. (1998). Produktion von Nachrichtenbildern. Eine Untersuchung der Bilderdienste der Nachrichtenagenturen. In J. Wilke (Hrsg.), *Nachrichtenproduktion im Mediensystem. Von den Sport- und Bilderdiensten bis zum Internet* (S. 55–119). Köln: Böhlau.

Fleissner, K. (2004). Vor der Kür ist nach der Kür? Bundestagswahl 2002: Kandidatendebatte im Spiegel der Pressefotografie. In T. Knieper & M. G. Müller (Hrsg.), *Visuelle Wahlkampfkommunikation* (S. 129–147). Köln: Herbert von Halem.

Gebel, C. (1995). Subtile Degradierung von Frauen im Fernsehen. Eine Untersuchung der Programme von ARD, ZDF, RTL und SAT.1 auf der Basis eines repräsentativen timesamplings über sechs Monate. *Zeitschrift für Frauenforschung, 13*(4), 51–59.

Goffman, E. (1981). *Geschlecht und Werbung.* Frankfurt am Main: Suhrkamp.

Grittmann, E. (2001). Fotojournalismus und Ikonographie. Zur Inhaltanalyse von Pressefotos. In W. Wirth & E. Lauf (Hrsg.), *Inhaltsanalyse: Perspektiven, Probleme, Potentiale* (S. 262–279). Köln: Herbert von Halem.

Hartmann, T. (1995). *Transfer-Effekte: Der Einfluss von Fotos auf die Wirksamkeit nachfolgender Texte. Eine experimentelle Untersuchung zur kumulativen Wirkung von Pressefotos und Pressetexten.* Frankfurt am Main: Lang.

Heine, M. (2005, 26. Juni). Eine Radikalkur für die Kandidatin. *Frankfurter Allgemeine Sonntagszeitung,* S. 58.

Holicki, S. (1993). *Pressefoto und Pressetext im Wirkungsvergleich. Eine experimentelle Untersuchung am Beispiel von Politikerdarstellungen.* München: Fischer.

Holtz-Bacha, C. (2006). Bundestagswahl 2005 – Die Überraschungswahl. In C. Holtz-Bacha (Hrsg.), *Die Massenmedien im Wahlkampf. Die Bundestagswahl 2005* (S. 5–31). Wiesbaden: VS Verlag für Sozialwissenschaften.

Holtz-Bacha, C., & Lessinger, E.-M. (2006a). Politische Farbenlehre: Plakatwahlkampf 2005. In C. Holtz-Bacha (Hrsg.), *Die Massenmedien im Wahlkampf. Die Bundestagswahl 2005* (S. 80–125). Wiesbaden: VS Verlag für Sozialwissenschaften.

Holtz-Bacha, C., & Lessinger, E.-M. (2006b). Wie die Lustlosigkeit konterkariert wurde: Fernsehwahlwerbung 2005. In C. Holtz-Bacha (Hrsg.), *Die Massenmedien im Wahlkampf. Die Bundestagswahl 2005* (S. 164–182). Wiesbaden: VS Verlag für Sozialwissenschaften.

Kappas, A., & Müller, M. G. (2006). Bild und Emotion: ein neues Forschungsfeld. Theoretische Ansätze aus Emotionspsychologie, Bildwissenschaft und visueller Kommunikationsforschung. *Publizistik*, *51*, 3–23.

Kepplinger, H. M. (1987). *Darstellungseffekte.* Freiburg: Alber.

Kepplinger, H. M. (2002). Nonverbale Kommunikation und Darstellungseffekte. In E. Noelle-Neumann, W. Schulz & J. Wilke (Hrsg.), *Das Fischer Lexikon. Publizistik Massenkommunikation* (S. 363–391). Frankfurt am Main: Fischer.

Kepplinger, H. M., Dahlem, S., & Brosius, H-B. (1993). Helmut Kohl und Oskar Lafontaine im Fernsehen. Quellen der Wahrnehmung ihres Charakters und ihrer Kompetenz. In C. Holtz-Bacha & L. L. Kaid (Hrsg.), *Die Massenmedien im Wahlkampf. Untersuchungen aus dem Wahljahr 1990* (S. 144–184). Opladen: Westdeutscher Verlag.

Klöpffer, S. (2003). *Alles beim Alten? Die Darstellung von Frauen und Männern in der Anzeigenwerbung des "stern" von 1989 bis 2002.* Mainz: Unveröffentlichte Magisterarbeit im Fachbereich Sozialwissenschaften.

Knieper, T., & Müller, M. G. (Hrsg.) (2004). *Visuelle Wahlkampfkommunikation.* Köln: Herbert von Halem.

Kroeber-Riel, W. (1993). *Bildkommunikation. Imagerystrategien für die Werbung.* München: Franz Vahlen.

Maurer, M., & Kepplinger, H. M. (2003). Warum die Macht der Fernsehbilder wächst. Verbale und visuelle Informationen in den Fernsehnachrichten vor den Bundestagswahlen 1998 und 2002. In C. Holtz-Bacha (Hrsg.), *Die Massenmedien im Wahlkampf. Die Bundestagswahl 2002* (S. 82–97). Wiesbaden: VS Verlag für Sozialwissenschaften.

Meckel, M. (2001). Visualität und Virtualität. Zur medienkulturellen und medienpraktischen Bedeutung des Bildes. In M. G. Müller & T. Knieper (Hrsg.), *Kommunikation visuell. Das Bild als Forschungsgegenstand – Grundlagen und Perspektiven* (S. 25–36). Köln: Herbert von Halem.

Mühlen-Achs, G. (1993): *Wie Katz und Hund. Die Körpersprache der Geschlechter.* München: Verlag Frauenoffensive.

Müller, M. G. (2003). *Grundlagen der visuellen Kommunikation. Theorieansätze und Analysemethoden.* Konstanz: UVK.

Pfannes, P. (2004). *Powerfrau, Quotenfrau, Ausnahmefrau...? Die Darstellung von Politikerinnen in der deutschen Tagespresse.* Marburg: Tectum.

Schmerl, C. (2002). "Tais-toi et sois belle!" 20 Jahre Geschlechterinszenierungen in fünf westdeutschen Printmedien. *Publizistik*, *47*, 388–411.

Schmerl, C. (2004). "Kluge" Köpfe – "dumme" Körper? Einige Wirkungen der Kopfbetonung bei männlichen und der Körperbetonung bei weiblichen Pressefotos. *Publizistik*, *49*, 48–65.

Wilke, J. (1998). Analytische Dimensionen der Personalisierung des Politischen. In K. Imhof & P. Schulz (Hrsg.), *Die Veröffentlichung des Privaten – Die Privatisierung des Öffentlichen* (S. 283–294). Opladen: Westdeutscher Verlag.

Wilke, J., & Reinemann, C. (2006). Die Normalisierung des Sonderfalls? Die Wahlkampfberichterstattung der Presse 2005 im Langzeitvergleich. In C. Holtz-Bacha (Hrsg.), *Die Massenmedien im Wahlkampf. Die Bundestagswahl 2005* (S. 306–337). Wiesbaden: VS Verlag für Sozialwissenschaften.

Wilking, T. (1990). *Strukturen lokaler Nachrichten. Eine empirische Untersuchung von Text- und Bildberichterstattung.* München: K. G. Saur.

"Bambi und der böse Wolf". Ségolène Royal und der französische Präsidentschaftswahlkampf in der deutschen und französischen Presse

Jacob Leidenberger & Thomas Koch

"Gewiss, die größte Wahrscheinlichkeit spricht für ein Duell zwischen Bambi Royal und dem bösen Wolf Sarkozy. Er wird versuchen, Bambi wegzubeißen." (Kröncke, 2007b) Mit dieser ungewöhnlichen Wortwahl wies ein Redakteur der *Süddeutschen Zeitung* auf den kurz bevorstehenden ersten Wahlgang der französischen Präsidentschaftswahl hin, bei der Royal und Sarkozy als aussichtsreichste Kandidaten antraten. In dem Artikel fand sich auch der Hinweis, dass Royal "die erste Frau an der Spitze des Staates" wäre, was die Kandidatin der Sozialisten mit ihrem Wahlslogan "La France Présidente" zu unterstreichen versuchte. Besonders die ungewohnte Verwendung des weiblichen Terminus "Présidente" sollte den Wähler daran erinnern, dass zum ersten Mal in der Geschichte Frankreichs eine Frau nach dem höchsten Amt im Lande griff. Zwar waren bei früheren Präsidentschaftswahlen schon etliche Male weibliche Kandidatinnen angetreten; für den entscheidenden zweiten Wahlgang konnte sich bis dahin jedoch noch keine Frau qualifizieren, da keine der beiden großen Volksparteien – weder die rechtskonservative UMP noch die sozialistische PS – jemals eine Frau als Kandidatin aufgestellt hatte.

Somit sahen sich Wähler wie Journalisten mit einer neuartigen Situation konfrontiert, die ihre deutschen Nachbarn bereits vom Bundestagswahlkampf 2005 her kannten. Die Tatsache, dass bei der Stichwahl erstmals ein Mann auf eine Frau treffen könnte, war nach der Ernennung Royals zur Präsidentschaftskandidatin nicht nur sehr wahrscheinlich, sondern versprach auch mehr Brisanz, als es das Duell Merkel-Schröder jemals bieten konnte. Denn während Merkel im letzten Bundestagswahlkampf vor allem als Politikerin, keinesfalls nur als Frau wahrgenommen werden wollte und stets die Bedeutung ihres Geschlechtes herunterspielte (vgl. Holtz-Bacha, 2007, S. 93), betonte Royal ihre Weiblichkeit bei öffentlichen Wahlkampfauftritten in weitaus größerem Maße. Somit war mit der Möglichkeit zu rechnen, dass der französische Wahlkampf nicht nur zu einer Auseinandersetzung des linken Lagers mit dem rechten, sondern auch zu einer Art Geschlechterduell werden könnte, was sich auch in der Presseberichterstattung niederschlagen würde.

Doch die Parallele zwischen Frankreich und Deutschland besteht nicht allein darin, dass es bei den vergangenen Wahlen erstmals zu einem Duell "Mann gegen Frau" kam. Vielmehr ist auch der Forschungsstand ähnlich mager, was den Umgang der Medien mit weiblichen Kandidatinnen anbelangt. Während sich in Deutschland mittlerweile einige wenige Studien mit der medialen Darstellung von Politikerinnen auseinandersetzen (vgl. z. B. Boomgarden & Semetko, 2006; Drinkmann & Cabballero, 2007; Pfannes, 2004), existieren für Frankreich kaum vergleichbare Untersuchungen. Dabei spielt sicherlich auch die sehr geringe politische Repräsentanz von Politikerinnen in Frankreich während der vergangenen Jahre und Jahrzehnte eine Rolle.

Betrachtet man etwa den Frauenanteil der letzten französischen Nationalversammlung, so lag dieser bei nur etwa 12.3 Prozent (vgl. Assemblée nationale, 2007). Ein Vergleich mit den restlichen EU-Staaten aus dem Jahre 2005 zeigt, dass Frankreich in dieser Hinsicht weit unter dem europäischen Durchschnitt rangierte und etwa gleichauf mit Ländern wie Zypern, Griechenland oder Rumänien lag (vgl. European Commission, 2006). Auch in der vorangegangenen französischen Regierung sah das Bild ähnlich aus: Nur drei Frauen übten ein Regierungsamt aus, denen 14 männliche Kollegen gegenüberstanden[1]. Konfrontiert man diese Zahlen mit den damaligen Werten für Deutschland, so war dort zur gleichen Zeit der Frauenanteil im Bundestag um etwa 20 Prozentpunkte höher als in der französischen Nationalversammlung (vgl. Pantti, 2007), und auch der Anteil von Ministerinnen und Ministern war im Jahre 2005 weitestgehend ausgeglichen. Damit ist die Frage nach der Bereitschaft der französischen Gesellschaft, einer Frau die Führungsrolle zu übertragen, noch mehr mit einem Fragezeichen zu versehen, als dies etwa für Deutschland im Wahlkampfjahr 2005 galt. Wie die Wahlergebnisse in Frankreich erwiesen haben, schien die Zeit tatsächlich nicht reif für eine Präsidentin.

---

[1] Hierbei ist allerdings anzumerken, dass die Zahlen für die Zeit vor der französischen Präsidentschaftswahl 2007 stehen. Nach der Wahl stieg sowohl der Frauenanteil in der Regierung (7 Ministerinnen, 8 Minister) als auch in der Nationalversammlung (18.5%) deutlich an. Der Frauenanteil im französischen Parlament liegt aber weiterhin unter dem europäischen Durchschnitt von 23 Prozent.

Doch welche Rolle spielten die Medien im Wahlkampf? Waren sie reif für eine Kandidatin? Wie wurden die Kontrahenten dargestellt? Angesichts der unterschiedlichen politischen Ausgangssituation (in Deutschland regierte zu dieser Zeit bereits eine Frau) bot sich ein Vergleich von Frankreich und Deutschland an. So lässt sich prüfen, ob die deutsche Presse weniger klischeehaft über eine Politikerin berichtete, die sich im Nachbarland Frankreich um das Amt des Staatspräsidenten bewarb. Die Tatsache, dass seit 2005 eine Frau an der Spitze Deutschlands steht, könnte eventuell dazu beigetragen haben, dass die Berichterstattung über Royal hierzulande weniger stereotyp erfolgte. Die neue Situation in Frankreich und das betont feminine Auftreten der französischen Präsidentschaftskandidatin ließ hingegen eher eine auf das Geschlecht bezogene Darstellung erwarten, als sie bei anderen Kandidatinnen nachgewiesen werden konnte (vgl. z. B. Bystrom, 2006a; Devitt, 1998; Kahn, 1996). Eine quantitative Inhaltsanalyse der Berichterstattung über die französischen Präsidentschaftskandidaten in der deutschen und französischen Presse sollte diese Fragen beantworten[2]. Vor der Darlegung des Vorgehens und der Ergebnisse erfolgt zunächst eine Auseinandersetzung mit dem aktuellen Forschungsstand in Deutschland und Frankreich.

1 Der Umgang mit Politikerinnen in deutschen und französischen Medien

Zahlreiche amerikanische Studien der 1980er und 1990er Jahre haben gezeigt, dass Politikerinnen im Vergleich zu ihren männlichen Kollegen von den Medien benachteiligt werden. Viele Untersuchungen legen nahe, dass die Medien über männliche Kandidaten häufiger und mehr berichten als über Kandidatinnen (vgl. Kahn, 1996; Norris, 1997). Hinzu kam oftmals eine stereotype Darstellung, die einseitig das Geschlecht von Politikerinnen hervorhob, sich fast ausschließlich ihrem Aussehen widmete oder sie auf ihre Rollen als Mütter oder Ehefrauen reduzierte (Bystrom, 2006a; Heldman, Caroll & Olson, 2000; Witt, Paget & Matthews, 1995). Wenngleich die

[2] Die Inhaltsanalyse der deutschen Berichterstattung sowohl über den Bundestagswahlkampf 2005 wie auch über den Präsidentschaftswahlkampf in Frankreich 2007 wurden ermöglicht durch finanzielle Unterstützung der Hans-Frisch-Stiftung, Nürnberg; die Befunde zur französischen Untersuchung gehen auf die Diplomarbeit des Erstautors (Leidenberger, 2008) zurück.

Benachteiligung von Politikerinnen in der Berichterstattung gegen Ende der 1990er Jahre etwas zu schwinden schien, zeigen neuere Untersuchungen weiterhin deutliche Unterschiede. So befasste sich die Presse während des Vorwahlkampfes der republikanischen Partei 1999 in den USA nicht nur seltener mit der amerikanischen Präsidentschaftskandidatin Elizabeth Dole, sondern stellte sie auch eher im Zusammenhang mit weicheren Themen wie zum Beispiel Bildungspolitik dar und informierte häufig über ihr Äußeres (vgl. Aday & Devitt, 2000; Bystrom, 2006b; Heldman, Caroll & Olson, 2000).

Zwar setzen sich wenige Untersuchungen mit der Berichterstattung über Politikerinnen in deutschen Medien auseinander; die Wahl Merkels zur ersten deutschen Kanzlerin (bzw. bereits ihre Kandidatur) hat hierzulande aber zu einem größeren Forschungsinteresse geführt. So befassten sich etwa Boomgaarden und Semetko (2006) mit den Hauptnachrichtensendungen von ARD, ZDF, RTL und Sat.1 sowie der Berichterstattung der *Bildzeitung* während der heißen Wahlkampfphase 2005. Dabei kamen die Autoren zu dem Ergebnis, dass die untersuchten Medien über Merkel nicht weniger berichteten als über Schröder. Denselben Schluss zogen Schulz und Zeh (2006), die in ihrer Untersuchung ebenfalls die abendlichen Fernsehnachrichten analysierten. In beiden Studien fanden sich kaum Hinweise, die auf geschlechtsspezifische Unterschiede in der Berichterstattung hindeuteten. In den Beiträgen über Merkel fiel lediglich eine Betonung ihres Geschlechtes auf, was bei Schröder nicht der Fall war. Obwohl die *Bildzeitung* Merkel positiver bewertete als Schröder (Boomgarden & Semetko, 2006, S. 17), kann man jedoch laut Wilke und Reinemann (2006) nicht von einer generellen Bevorzugung der Kandidatin durch die Presse sprechen. In ihrer Untersuchung der Wahlkampfberichterstattung von vier überregionalen Tageszeitungen (*Frankfurter Rundschau*, *Süddeutsche Zeitung*, *Frankfurter Allgemeine Zeitung* und *Die Welt*) kamen die Autoren zu dem Ergebnis, dass zwar über beide Kanzlerkandidaten negativ berichtet wurde, in der Summe jedoch die Beiträge über Merkel etwas seltener positive Bewertungen enthielten als die ihres Konkurrenten Schröder (Wilke & Reinemann, 2006, S. 331–332).

Aber auch für die Zeit vor Merkels Kanzlerschaft existieren Studien, welche die Darstellung von Politikerinnen in den Medien untersuchten. Drinkmann und Caballero (2007) analysierten zum Beispiel die Presseberichterstattung über Horst Köhler und Gesine Schwan, die sich beide im Jahre 2004 für das Amt des Bundespräsidenten bewarben. Dabei stellten sie vor allem hinsichtlich der medialen Präsenz eine gewisse Bevorzugung des männlichen Kandidaten in den untersuchten Zeitungen und Zeitschriften fest. Wie in früheren Untersuchungen aus den USA fanden sich auch hier geschlechtsstereotype Beschreibungen Gesine Schwans, vor allem was ihre äußere Erscheinung anbelangt. Anders als bei den amerikanischen Studien interessierten sich die Medien jedoch nicht nur in größerem Maße für die politischen Ansichten der Kandidatin, sondern schenkten auch dem Privatleben Horst Köhlers mehr Aufmerksamkeit, als es frühere Erkenntnisse erwarten ließen. Auch Wille (2001) stellte fest, dass Merkel von der Presse teilweise anders behandelt wurde als ihr damaliger Mitkonkurrent um den CDU-Parteivorsitz Volker Rühe. Wenngleich es keine Anzeichen für eine ausgeprägte geschlechtsspezifische Berichterstattung gab, so waren das Aussehen und die Familie Merkels dennoch ein wichtigeres Thema als bei Rühe.

Der Forschungsstand in Frankreich zur Darstellung von Politikerinnen in den Medien fällt im Vergleich zu Deutschland noch weit dürftiger aus. Während es einerseits eine relativ große Auswahl an politikwissenschaftlicher Literatur gibt, die sich vor allem mit der Frage nach der geringen politischen Repräsentanz von Frauen in Frankreich beschäftigt (vgl. z. B. Achin, 2005; Achin & Lévêque, 2006; Pionchon & Derville, 2004), erforschen andererseits nur wenige Studien die Darstellung von Politikerinnen in der französischen Berichterstattung. Einen ersten Hinweis liefert eine Untersuchung, die im Rahmen des ersten Global Media Monitoring Projekts zwischen 1995 und 1996 den Frauenanteil in fünf Tageszeitungen (*Libération*, *Le Monde*, *Le Figaro*, *La Voix du Nord*, *L'Yonne républicaine*) sowie in ausgewählten Nachrichtensendungen in Radio (*France Inter*) und Fernsehen (*France 2*) erforschte (Barre, Debras, Henry & Trancart, 1999). Dabei schienen sich die Ergebnisse aus den US-amerikanischen Studien auch für Frankreich zu bestätigen: Frauen kamen in weniger als einem Fünftel der untersuchten Berichte vor, und eine Erwähnung war oftmals geknüpft an weiche Themen wie "questions sociales" oder "éducation" (Barre, Debras, Henry, & Trancart, 1999, S. 22–23). Zudem wurden die Frauen oft inaktiv (z. B. ohne Informationen zum Beruf) oder als Opfer dargestellt und blieben häufig anonym bzw. wurden nur mit ihrem Vornamen angesprochen. Von den untersuchten Akteuren waren drei Viertel Politiker, davon lediglich sechs Prozent weibliche. Fünf Jahre später sahen die Ergebnisse kaum besser aus. Die Ergebnisse der nachfolgenden Studie, die ebenfalls Bestandteil des Global Media Monitoring Projekts war, wies viele Parallelen zur Untersuchung des Jahres 1995 auf. Lediglich in Bezug auf die mediale Repräsentanz von Politikerinnen ergaben sich leichte Verbesserungen, denn von allen politischen Akteuren machten Frauen im Jahre 2000 etwa 15 Prozent aus (vgl. Association des femmes journalistes, 2001). Diese Erkenntnisse liefern somit einen ersten Eindruck davon, wie gering es um die Präsenz französischer Politikerinnen in den Medien bestellt ist. Über den konkreten Umgang der französischen Medien mit Politikerinnen sagen diese Studien aber nichts aus. Da die genannten Studien nur die Titelseiten der genannten Tageszeitungen und teilweise nur ausgewählte Nachrichtensendungen eines einzigen Radio- und Fernsehsenders untersuchten, ist die Aussagekraft hierbei jedoch etwas eingeschränkt.

Eine der wenigen Arbeiten, die sich mit der Darstellung von Politikerinnen in französischen Medien auseinandersetzen, liefert Sourd (2003, 2005). In ihrer Analyse der Berichterstattung über die Präsidentschafts- und Parlamentswahlen von 2002 untersuchte sie die Nachrichtenmagazine *Le Figaro Magazine*, *Le Point*, *L'Express*, *Le Nouvel Observateur* sowie *Marianne* in Bezug auf deren Umgang mit den Kandidatinnen und Kandidaten. Dabei stellte Sourd (2005) eine häufige Erwähnung der äußeren Erscheinung der Kandidatinnen fest, fand viele Beispiele für eine Reduzierung der Politikerinnen auf ihre Rolle als Mütter und Ehefrauen und stieß zudem auf stereotypisierte Eigenschaftszuschreibungen (Sourd, 2005). Zu ganz ähnlichen Ergebnissen kommen auch Dulong und Matonti (2005), die sich mit der Presseberichterstattung anlässlich der Kommunalwahlen von 2001 beschäftigen. Erstaunlich ist dabei, dass die Autorinnen nicht nur in verschiedenen Nachrichtenmagazinen und Tageszeitungen, sondern auch in der Frauenzeitschrift *Elle* auf eine geschlechtsspezifische Berichterstattung über Politikerinnen stießen. Mehr als einen ersten Eindruck können diese Arbeiten aber nicht vermitteln, da es sich hierbei nicht um quantitative Inhaltsanalysen, sondern eher um "Presseschauen" handelt. Zudem enthalten die Arbeiten nur wenige Angaben zu Methodik und untersuchten Presseerzeugnissen. Sourd (2003; 2005) untersuchte beispielsweise in nur 71 Artikeln und 158 Bildern die Darstellung mehrerer Kandidatinnen, weshalb sich ihre Aussagen kaum generalisieren lassen.

Es lässt sich also kaum auf frühere Forschung zu diesem Thema in Frankreich zurückgreifen. Die hier berichtete Untersuchung ermöglicht zudem einen Vergleich zwischen der Berichterstattung in Frankreich und in Deutschland und kann so einen Beitrag zu einer besseren Forschungslage in beiden Ländern liefern.

2 Ziele der Untersuchung und methodisches Vorgehen

Verschiedene Untersuchungen kommen zu dem Ergebnis, dass die Medien häufig Politikerinnen im Vergleich zu deren männlichen Kollegen benachteiligen. Neuere Arbeiten zeigen, dass die Unterschiede in der Berichterstattung abnehmen, wenngleich die Journalisten immer noch das Geschlecht von Kandidatinnen hervorheben. Zunächst ging es also darum zu prüfen, ob deutsche und französische Presse in ähnlichem Umfang über die Kandidaten berichteten. Neben der Sozialistin Ségolène Royal und dem rechtskonservativen Kandidaten Nicolas Sarkozy wurden auch die Artikel berücksichtigt, in denen der Zentrumspolitiker und UDF-Kandidat François Bayrou vorkam. Interessant ist dabei vor allem die Frage, ob die Befunde hinsichtlich einer geringeren Medienpräsenz von Kandidatinnen, wie sie viele amerikanische Studien ermittelt haben, auch für Frankreich zutreffen (vgl. Heldman, Caroll & Olson, 2000; Kahn, 1996; Norris, 1997). Mit der Analyse der deutschen Artikel ist zudem zu klären, ob sich der Trend einer quantitativ zunehmend ausgewogenen Berichterstattung weiterhin fortsetzt und, falls dies zutrifft, erlaubt der Vergleich zu sagen, ob es sich dabei lediglich um ein deutsches Phänomen handelt (Boomgarden & Semetko, 2006; Drinkmann & Caballero, 2007; Schulz & Zeh, 2006; vgl. dazu auch den Beitrag von Koch & Holtz-Bacha, in diesem Band).

Neben der Medienpräsenz der Kandidaten fand auch die Art und Weise der Berichterstattung Eingang in die Untersuchung. Die häufigere Nennung eines Kandidaten muss für diesen nicht zwangsläufig von Vorteil sein; vielmehr kann sie auch mit einer negativen Bewertung durch die Medien einhergehen, was für politische Akteure eventuell negative Folgen haben kann. Daher galt es in der Untersuchung zu klären, ob die Presse die Kandidaten Royal, Sarkozy und Bayrou hinsichtlich Kompetenz und Persönlichkeit unterschiedlich beurteilte. Auch war zu prüfen, ob Unterschiede zwischen Beiträgen deutscher und französischer Journalisten existieren.

Ein weiterer wichtiger Punkt war die Auseinandersetzung der deutschen und französischen Presse mit dem Privatleben der Kandidaten. Es ließ sich vermuten, dass die Medien vor allem für die private Seite der Kandidatin Interesse zeigen würden. Royal war bis nach der Wahl mit François Hollande, dem Parteichef der Sozialisten, liiert und hat mit ihm zusammen vier Kinder. Bereits im Vorfeld ihrer Ernennung war in den französischen Medien darüber spekuliert worden, ob Hollande womöglich zugunsten seiner Partnerin auf eine eigene Kandidatur verzichtet hatte. Aber nicht zuletzt wegen der in der Vergangenheit öffentlichkeitswirksamen Inszenierung seines Privatlebens war das in abgeschwächter Form auch für Nicolas Sarkozy zu erwarten. Beispielsweise griffen die Medien die unerwartete Trennung von seiner Frau Cécilia sowie ihre Rückkehr auf. Trotzdem wäre es kaum überraschend, wenn sich in der Untersuchung Erkenntnisse aus US-Studien bestätigten und herauskäme, dass das Privatleben der Kandidatin einen größeren Teil in der Berichterstattung einnimmt als bei ihren männlichen Kontrahenten (vgl. z. B. Aday & Devitt, 2000; Bystrom, 2006b; Devitt, 1998).

Außerdem war zu erwarten, dass die äußere Erscheinung Royals mehr thematisiert würde als die Sarkozys oder Bayrous, da sich die französische Präsidentschaftskandidatin im Wahlkampf betont feminin gab. Es stellte sich die Frage, ob die französische und die deutsche Presse Royals äußerer Erscheinung eine ähnliche Aufmerksamkeit schenkten, wie dies für frühere Wahlkämpfe galt, in denen Frauen als Kandidatinnen auftraten (vgl. Bystrom, 2006a; Devitt, 1998; Witt, Paget & Matthews, 1995). Angesichts der Tatsache, dass das People-Magazin *Paris Match* bereits 2006 Bikini-Fotos von Royal abgedruckt hatte, war insbesondere für Frankreich ein besonderes Interesse gegenüber ihrem Äußeren zu erwarten. Aber auch die Beurteilung der Wahlkampfauftritte sowie die Bewertung von rhetorischen Fähigkeiten durch die Presse waren Bestandteil der Analyse.

Als letztes wichtiges Forschungsziel sollte die Untersuchung Klarheit darüber schaffen, ob es in den Artikeln zu einer geschlechtsstereotypen Darstellung der Kandidatin kam. Dies wäre zumindest vorstellbar, da Royal im Gegensatz zu Merkel in ihrem Wahlkampf die Bedeutung ihres Geschlechtes in Bezug auf das angestrebte politische Amt sogar hervorhob. Dabei war beispielsweise der Frage nachzugehen, ob die Journalisten einen Zusammenhang zwischen den Fähigkeiten der Kandidaten und ihrem Geschlecht herstellten. Zahlreiche frühere Studien hatten zudem gezeigt, dass die Berichterstattung Kandidatinnen häufig in einen Kontext mit weichen Themen stellen (vgl. Banwart, Bystrom & Robertson, 2003; Caroll & Schreiber, 1997; Kahn, 1996). Auch dies galt es in der vorliegenden Arbeit zu überprüfen. Schließlich war zu untersuchen, zu welchen Anredeformen die Journalisten bei ihrer Berichterstattung über die Kandidaten griffen; hier ließen sich auch Unterschiede zwischen der deutschen und französischen Presse erwarten.

Zur Beantwortung dieser Fragen diente eine quantitative Inhaltsanalyse französischer und deutscher Printmedien. Der zu untersuchende Zeitraum erstreckt sich vom 9. November 2006, also genau eine Woche vor der Wahl Ségolène Royals zur offiziellen Kandidatin der Sozialisten, bis zum 9. Mai 2007, dem dritten Tag nach dem entscheidenden zweiten Durchgang der Präsidentschaftswahl. Die Untersuchung umfasst damit also nicht nur die heiße Wahlkampfphase von zwei oder drei Monaten vor der Wahl, sondern liefert durch die sechsmonatige Betrachtung einen umfassenderen Einblick in die Berichterstattung.

Um ein realistisches Abbild von der Darstellung der Kandidaten in der Presse zu erhalten, sollte die Untersuchung von einem möglichst breiten Querschnitt an Presseerzeugnissen gekennzeichnet sein. Neben der französischen Hauptstadtpresse um *Le Monde*, *Le Figaro*, *Libération* und *Le Parisien* sowie den Nachrichtenmagazinen *Le Nouvel Observateur* und *L'Express*, waren deshalb auch die Unterhaltungsillustrierte *Paris Match* sowie die kostenlose Zeitung *Metro* Bestandteil der Analyse. Für Deutschland erfolgte die Auswahl nach ähnlichen Kriterien, um einen Vergleich zwischen beiden Ländern zu ermöglichen. Deshalb wurden neben der *Süddeutschen Zeitung* und der *Frankfurter Allgemeinen Zeitung* auch *Der Spiegel* und *Focus* sowie *Stern*, *Die Bunte* und *Bild* untersucht. Zwar lässt sich für *Bild* in Frankreich kein entsprechendes Pendant finden, jedoch stellt *Le Parisien* mit seiner bilderreichen und einfach gehaltenen Berichterstattung eine gute Vergleichsmöglichkeit dar.

Tauchte der Name eines der drei Kandidaten in einem Artikel auf (entweder "Royal", "Sarkozy" oder "Bayrou"), wurde dieser in der Untersuchung berücksichtigt. Leserbriefe, Bilder, Anzeigen oder sonstige Beiträge waren hingegen nicht Bestandteil der Analyse. Auf diese Art und Weise kamen allein für Frankreich 17.769 Artikel zusammen. Um diese Anzahl zu begrenzen, wurde bei den französischen Tageszeitungen nur jeder zwanzigste, bei den französischen Nachrichtenmagazinen und der kostenlosen Zeitung *Metro* jeder zehnte sowie bei der Unterhaltungsillustrierten *Paris Match* jeder fünfte Artikel herangezogen; insgesamt waren 1023 französische Artikel Gegenstand der Untersuchung. Aufgrund des geringeren Nachrichtenwertes der französischen Präsidentschaftswahl fiel die Anzahl der Beiträge in Deutschland weit geringer aus, weshalb jeder der publizierten 521 Artikel auch analysiert werden konnte.

3 Ergebnisse

Bereits vor Beginn der Auswertung bestätigte sich die Annahme, dass die meisten Artikel aus Tageszeitungen stammen. Dies traf sowohl in Bezug auf Frankreich als auch auf Deutschland zu. Die meisten französischen Artikel fanden sich in *Le Parisien*, in Deutschland am ehesten mit der *Bild* vergleichbar. Dies liegt vor allem daran, dass *Le Parisien* auch als überregionale Ausgabe unter dem Titel *Aujourd'hui en France* erscheint und somit die höchste Auflage aller französischen Tageszeitungen erreicht (vgl. Albert, 2004; OJD, 2007). Von den drei Pariser Qualitätszeitungen berichtete *Le Figaro* am häufigsten über die Kandidaten und die Wahl. Im linksgerichteten Nachrichtenmagazin *Le Nouvel Observateur* fanden sich etwas mehr Artikel mit Kandidatenbezug als im eher rechtsgerichteten *L'Express*. Die täglich erscheinende kostenlose Zeitung *Metro* berichtete mit ca. 600 Artikeln in ähnlichem Umfang über Royal, Sarkozy und Bayrou wie *Le Nouvel Observateur*. Für Deutschland ergibt sich ein ähnliches Bild: Am häufigsten berichteten die Tageszeitungen über die Kandidaten, gefolgt von den Nachrichtenmagazinen und den Unterhaltungsillustrierten. Im *Spiegel* finden sich mit 27 Artikeln etwa doppelt so viele Beiträge wie im *Focus*. *Bild* (13 Artikel) schenkte den Kandidaten eine größere Aufmerksamkeit als der *Stern* (9 Beiträge). Abgesehen von den beiden untersuchten Qualitätstageszeitungen, interessierte sich die deutsche Presse also insgesamt eher wenig für die französischen Präsidentschaftswahl und die dabei antretenden Kandidaten.

Zu ähnlichen Parallelen kam es auch bei der Frage, in welchen Ressorts die Artikel auftauchten. Dabei ist wenig überraschend, dass in beiden Ländern der Politikteil dominierte. Doch während die Beiträge in Deutschland am zweithäufigsten im Wirtschaftsteil vorkamen, stand in Frankreich "société et événement", was in etwa dem deutschen Panorama-Teil entspricht, an zweiter Stelle. Dies ist kaum erstaunlich, da Wirtschaftsnachrichten in französischen Tageszeitungen traditionell weniger Gewicht haben (vgl. dazu Weber & Woltersdorff, 2001, S. 34). Etwas über acht Prozent der untersuchten französischen Beiträge ließen sich dem Meinungsressort zuordnen. Dementsprechend hoch ist deshalb die Anzahl an Kommentaren und Leitartikeln – genau zehn Prozent der untersuchten französischen Artikel sind Meinungsartikel. Interessanterweise fanden sich auch in der deutschen Presse unerwartet viele solcher Beiträge – der Anteil lag hier sogar bei zwölf Prozent und fiel damit noch höher aus als in Frankreich. Dennoch überwogen in beiden Ländern aber die Beiträge mit neutralem Ton, also kürzere Nachrichten und längere Berichte. Auch im Hinblick auf das Geschlecht der Journalistinnen und Journalisten, welche die untersuchten Artikel verfasst haben, fallen die Zahlen ähnlich aus. Sowohl in Deutschland (74 Prozent) als auch in Frankreich (63 Prozent) sind die Autoren vor allem männlich. Frauen verfassten dagegen nur etwas über 24 Prozent (Deutschland) bzw. 29 Prozent (Frankreich) der Beiträge (die auf 100 Prozent fehlenden Artikel wiesen weibliche und männliche Autoren zusammen aus).

Das dominierende Thema in der Presse beider Länder war klar die Wahl bzw. der Wahlkampf selbst. Daneben spielten in Frankreich vor allem Parteipolitik (8%), Umfrageergebnisse (4%) und wirtschaftliche Themen (4%) eine Rolle, während es in deutschen Artikeln vor allem noch um wirtschaftliche Fragen (8%) und Außenpolitik (6%) ging. Damit deutet sich bereits an, dass harte Themen bei weitem überwogen. Da sich auch der Wahlkampf vor allem um klassisch harte Themen wie Arbeit, Immigration oder Kriminalität drehte, ergibt sich ein stimmiges Bild. In der deutschen Presse waren die Kandidaten selbst öfter das bestimmende Thema als in Frankreich.

Präsenz der Kandidaten

Die mangelnde Präsenz von Kandidatinnen ist in vielen Studien nachgewiesen worden und stellte in der Vergangenheit eines der Hauptbenachteiligungsmerkmale für Politikerinnen dar. Deshalb galt es zunächst zu klären, ob die Berichterstattung ausgewogen war. Für Frankreich und Deutschland ergibt sich dabei ein weitgehend einheitliches Bild, denn Sarkozy wurde in beiden Ländern häufiger genannt als Royal. In der französischen Presse tauchte Royal in etwas weniger als zwei Drittel (65%) der Beiträge auf, während sich Sarkozys Name in ca. drei Viertel (75%) aller untersuchten Artikel fand. Die entsprechenden Werte für Deutschland lagen für Royal bei 71 und für Sarkozy bei 83 Prozent. François Bayrou ist in beiden Ländern der am wenigsten beachtete Kandidat und wird in der französischen Presse in ca. einem Drittel der Artikel erwähnt, während er in nur etwa einem Viertel der untersuchten deutschen Beiträge vorkommt.

Da die bloße Namensnennung nicht alles über den tatsächlichen Umfang der Berichterstattung aussagt, galt es die Artikel anhand einer fünfstufigen Skala zusätzlich auf die Zentralität der Kandidaten hin zu untersuchen. Dabei stellte sich heraus, dass Sarkozy in den französischen (55%) und deutschen Artikeln (45%) genau wie Royal (53% bzw. 45%) häufig am Rande vorkam. Betrachtet man nun die Beiträge, die sich besonders intensiv mit den Kandidaten auseinandersetzten, so zeigt sich, dass auf Royal (19%) in der französischen Presse etwas mehr dieser Artikel entfallen als auf Sarkozy (16%). In der deutschen Presse wird Sarkozy (26%) in diesen Artikeln hingegen etwas häufiger genannt als seine Konkurrentin (24%). François Bayrou kommt in beiden Ländern ebenfalls häufig nur am Rande vor. Außerdem ist die Anzahl an Artikeln sehr gering, in denen von Anfang bis Ende ein unmittelbarer Bezug zu seiner Person besteht.

Die bisherige Betrachtungsweise macht allerdings keinen Unterschied zwischen Artikeln, die ausschließlich über einen Kandidaten berichten, und solchen, bei denen es zu Überschneidungen mit anderen Kandidaten kommt. Aus diesem Grund galt es, die Artikel herauszusuchen, in denen ein Kandidat ohne Nennung der jeweils anderen vorkam, was ebenfalls eine gewisse Bevorzugung darstellt. Auch in diesem Punkt ergibt sich ein für beide Länder übereinstimmendes Ergebnis, wobei Nicolas Sarkozy am häufigsten als einziger Kandidat genannt wird. In immerhin 36 Prozent aller französischen Artikel bzw. in 33 Prozent aller deutschen Artikel, die über Sarkozy berichten, taucht der Kandidat alleine auf. Royal wird dagegen in nur 29 Prozent der französischen und 22 Prozent der deutschen Artikel (die Bezug auf sie nehmen) alleine genannt. Für Bayrou fallen diese Werte (14% bzw. 1%) noch viel geringer aus.

In diesem Zusammenhang stellt sich die Frage, ob bestimmte Zeitungen oder Magazine häufiger über Sarkozy berichteten als andere und ihm somit direkt zu einem Präsenzvorsprung verhalfen. Dabei wäre zu erwarten, dass die rechtsorientierte Zeitung *Le Figaro* und das eher nach rechts tendierende Nachrichtenmagazin *L'Express* mehr über Sarkozy berichteten, während die linke Presse um *Libération* und *Le Nouvel Observateur* sich eher mit Royal auseinandersetzten. Das Ergebnis ist in mehrfacher Hinsicht überraschend, denn während sich in *Le Figaro* tatsächlich mehr Artikel mit Sarkozy-Bezug finden, berichtet auch die linke *Libération* häufiger über Sarkozy als über Royal. Die beiden Nachrichtenmagazine *Le Nouvel Obervateur* und *L'Express* schreiben hingegen in einem völlig ausgewogen Verhältnis über beide Kandidaten. Auf einen deutlichen Vorsprung kommt Sarkozy auch in *Le Parisien/Aujourd'hui en France*, und selbst die liberalere *Le Monde* scheint sich mehr für Sarkozy zu interessieren, zumindest nennt sie ihn häufiger. In *Paris Match* und *Metro* werden beide Spitzenkandidaten in gleichem Umfang bedacht. François Bayrou nennen dagegen alle untersuchten Medien am seltensten. Die Ergebnisse für Deutschland überraschen gleichfalls, da Sarkozy in nahezu sämtlichen Zeitungen und Zeitschriften häufiger auftaucht als Royal – ganz unabhängig von deren politischer Couleur.

In Bezug auf die Präsenz der Kandidaten scheinen sich also die Ergebnisse früherer Studien (dass über männliche Kandidaten in größerem Umfang berichtet wird als über Kandidatinnen) zu bestätigen (vgl. Drinkmann & Caballero, 2007; Heldman, Caroll & Olson, 2000; Kahn, 1996), wenngleich die Unterschiede nicht gravierend ausfallen. Der Hauptgrund für Sarkozys Präsenzvorsprung von etwa zehn Prozent (bzw. 97 Artikel) gegenüber Royal liegt sicherlich darin begründet, dass er erst sechs Wochen vor der Wahl sein Amt als französischer Innenminister aufgab. Dies beweist auch die Tatsache, dass in insgesamt 131 Beiträgen mit Sarkozy-Bezug die Amtsbezeichnung "Innenminister" auftaucht. Der Hinweis auf das Ministeramt ließ sich damit in 17 Prozent aller französischen Beiträge finden, in denen Sarkozys Name auftauchte. Für Deutschland lag diese Zahl sogar bei 37 Prozent. Dies spricht deutlich dafür, dass sich Sarkozys Taktik ausgezahlt hat, die Amtsübergabe so lange wie möglich hinauszuzögern und dadurch eine größere Medienpräsenz zu erlangen als seine Konkurrenten – zumindest trifft dies für die Presseberichterstattung zu. Andererseits muss Sarkozy davon nicht nur profitiert haben. Vor allem die häufige Auseinandersetzung der eher linksorientierten Presse mit Sarkozy könnte mit einer negativen Bewertung einhergegangen sein. Ob dies tatsächlich zutrifft, gilt es im nächsten Schritt zu klären.

Tenor der Berichterstattung

Zwar ist es für die Kandidaten wichtig, wie viel die Medien über sie berichten. Es spielt jedoch auch eine Rolle, auf welche Art und Weise dies geschieht. Das durch die Medien vermittelte Bild der Kandidaten kann unter Umständen deren Wahlchancen beeinflussen – für die französische Wahl trifft dies besonders zu, da die ohnehin recht instabile Parteienlandschaft in Frankreich langfristige Parteibindungen erschwert und die Parteien von vornherein nur auf ein geringes Stammwählerpotential zurückgreifen können (vgl. Schild, 2000, S. 57). Bedenkt man zudem, dass die französische Präsidentschaftswahl direkt erfolgt und somit formale Züge einer Personenwahl trägt, wiegt eine positive oder negative Berichterstattung mehr als zum Beispiel in Deutschland (vgl. Pütz, 2005, S. 135).

Zunächst war die Frage zu klären, wie die Presse über die persönliche Seite der Kandidaten berichtete. Vor allem die Bewertung ihrer charakterlichen und persönlichen Merkmale galt es zu untersuchen. Es zeigte sich, dass Sarkozys Persönlichkeit in der französischen Presse etwas häufiger beurteilt wurde als die von Royal oder Bayrou. Erfolgte bei jedem sechsten Beitrag mit Sarkozy-Bezug eine Bewertung seiner Person, fällten die Journalisten nur bei etwa jedem zehnten Artikel ein Urteil hinsichtlich der persönlichen Eigenschaften Royals oder Bayrous. Bei der Untersuchung der wertenden Artikel erwies sich, dass Sarkozys Person nicht nur häufiger, sondern vor allem auch negativer beurteilt wurde. In 65 Prozent dieser Artikel fiel die Beschreibung von Sarkozys Person negativ oder sehr negativ aus, und in nur etwa 18 Prozent kam es zu einer positiven Wertung. Zwar überwogen bei Royal ebenfalls die Beiträge mit negativem Tenor (48%), jedoch fanden die Journalisten auch bei über einem Drittel der sie bewertenden Artikel positive Worte in Bezug auf ihre Persönlichkeit. Zwei Drittel der Beiträge Bayrous fielen ebenfalls negativ aus, jedoch ist dieses Ergebnis wenig aussagekräftig, da seine Person in weitaus weniger Artikeln bewertet wurde.

Eine ganz ähnliche Tendenz lässt sich in den untersuchten deutschen Artikeln nachweisen, wobei die Journalisten hierzulande häufiger zu Wertungen griffen als ihre französischen Kollegen. Sarkozys Persönlichkeit wurde in einem Viertel der ihn erwähnenden Artikel beurteilt, für Royal lag dieser Wert bei 17 und für Bayrou bei 12 Prozent. Deutlich ist die Meinung der Journalisten hinsichtlich Sarkozys Charaktereigenschaften: Kommt es zu einer Wertung, ist diese mit hoher Wahrscheinlichkeit negativ oder sehr negativ (78%) und nur höchst selten positiv bzw. sehr positiv (14%). Bei Royal überwiegen dagegen die positiven Artikel (52%) bei weitem die negativen (32%). Der Mensch Bayrou wird auch in den deutschen Artikeln seltener, aber dafür positiver (65%) bewertet als in Frankreich. Ein Grund für das schlechte Abschneiden Sarkozys ist sicherlich dessen abwertende Bemerkung über kriminelle Einwanderer in den Pariser Vorstädten, die er als "Gesindel" bezeichnete. Dieses Beispiel fand sich oft in den Artikeln beider Länder wieder und brachte Sarkozy das Image eines rücksichtslosen "Hardliners" ein. So schrieb der *Stern* Folgendes über Sarkozy:

> "IHR GEGENSPIELER SARKOZY, 52, der Rambo der Rechten, kleinwüchsig wie Napoleon, zeigt dagegen kaum Gefühle. Er gibt gern den lässigen Kennedy-Typen im Ralph-Lauren-Dress und posiert mit Größen aus dem Showgeschäft. Als Innenminister nannte er sich 'Frankreichs erster Polizist' und heizte mit markigen Sprüchen die Banlieue-Unruhen an [...]" (Müller, 2007, Hervorhebungen im Original).

Umgekehrt stellt sich die Situation dagegen hinsichtlich der Bewertung der Kompetenz der Kandidaten dar; hier schneidet Royal in beiden Ländern schlechter ab als Sarkozy. Gehen französische Journalisten auf die Kompetenz Royals ein, was in etwa einem Fünftel der Artikel mit Royal-Bezug der Fall ist, kommt es häufig zu einer negativen Bewertung (61%). Aber auch Sarkozy wird eher negativ beurteilt. In über der Hälfte der Beiträge, die seine Kompetenz ansprechen, erhält er schlechte Noten. Dafür ist der Tenor aber in einem guten Viertel der Artikel positiv, für Royal liegt dieser Wert bei lediglich 18 Prozent. Bayrou wird genauso positiv, jedoch weit weniger negativ als Sarkozy beurteilt. Was die deutschen Journalisten anbelangt, so beschreiben sie Royal oft als inkompetent. In 72 Prozent der Artikel ist der Tenor negativ bzw. sehr negativ und in nur 14 Prozent der Fälle positiv. Sarkozy wird dagegen in einem Drittel der seine Kompetenz erwähnenden Artikel positiv beurteilt, während bei etwas weniger als der Hälfte der Beiträge ein negativer Tenor feststellbar ist. Hinsichtlich der Beurteilung von Bayrous Kompetenz ist eine Aussage schwierig, da sich nur sehr wenige Artikel fanden, die eine Wertung beinhalteten. Es lässt sich allenfalls eine Tendenz zu einer eher positiven Beurteilung erahnen.

Aufgrund ähnlicher Bewertungstendenzen in beiden Ländern taucht die Frage auf, welche Medien einerseits Sarkozys Persönlichkeit und andererseits Royals Kompetenz besonders negativ beurteilten. Wenig überraschend ist dabei die Erkenntnis, dass in Frankreich vor allem die linksorientierte Presse scharfe Kritik an Sarkozys Person übte, wobei in *Le Nouvel Obervateur* ausschließlich negative Wertungen vorkamen. Überraschend ist aber, dass auch die Berichterstattung der liberaleren *Le Monde* von einem stark negativen Tenor gekennzeichnet ist, und dass selbst in *Le Figaro* das Verhältnis von positiven und negativen Wertungen lediglich ausgewogen ist. Dieser Trend findet sich auch in den deutschen Artikeln und fällt hier sogar noch deutlicher aus. Unabhängig von ihrer politischen Ausrichtung überwiegen in allen untersuchten Zeitungen und Magazinen die negativen Bewertungen hinsichtlich Sarkozys Persönlichkeit. Die *Süddeutsche Zeitung* sticht dabei besonders hervor, denn von 51 Wertungen sind 42 negativ bzw. sehr negativ. Interessanterweise trifft dies gleichermaßen für die *Frankfurter Allgemeine Zeitung* zu; hier fallen 74 Prozent aller Wertungen negativ oder sehr negativ aus. Royals Persönlichkeit wird dagegen öfter positiv als negativ beurteilt, wobei die meisten positiven Nennungen in der *Süddeutschen Zeitung* auftauchen. Über Bayrou urteilen die Journalisten dagegen sehr ausgewogen, wobei sich wiederum nur wenige Bewertungen, die seine Person betreffen, finden lassen.

Was die Beurteilung der Kompetenz durch die verschiedenen Presseerzeugnisse anbelangt, so bestätigen auch hier die Ergebnisse zunächst die Annahmen. Die sozialistische Kandidatin Royal wird in *Le Figaro* besonders negativ bewertet, während in *Libération* die meisten negativen Urteile hinsichtlich Sarkozys Kompetenz vorkommen. Jedoch beurteilen *Le Monde* und sogar *Libération* Royal unerwartet kritisch, wobei in beiden Tageszeitungen die negativen Kommentare die positiven um etwa das Doppelte überwiegen. Umgekehrt schneidet Sarkozy in *Le Figaro* ebenfalls schlechter ab als erwartet; hier kommen mehr negative Bewertungen bezüglich seiner Kompetenz vor als positive. Die deutschen Journalisten bewerten Royal dagegen durchweg als eher inkompetent. In der *Süddeutschen Zeitung* liegt der Anteil der Artikel mit negativem bis sehr negativem Tenor etwa bei 74 Prozent, in der *FAZ* sogar bei 78 Prozent. Ein Beispiel aus der *Süddeutschen Zeitung* zeigt deutlich, was der Korrespondent von Royals Kompetenz hält:

> "Sie hat sich allerdings ein paar Schnitzer geleistet, die ihr anhängen, und die Frage ist, ob die Wähler so eine wollen wie sie. Kann populär sein und sogar bleiben, wer genauso wenig weiß wie jedermann? Ségolène Royal tappt in Fallen, die von ihren Gegnern ausgelegt werden und lässt sich in Hinterhalte locken von Journalisten, die sie gerade noch hofiert haben. Sie hat sich einige Blößen gegeben, hat zu wichtigen Themen zum Teil offenkundigen Unsinn geredet – über Quebec und China und Korsika –, und wegen mancher rhetorischer Mängel kann sie, anders als die Routiniers, nicht kaschieren, dass sie von manchem keine Ahnung hat." (Kröncke, 2007a)

Beide Tageszeitungen setzen sich aber auch kritisch mit Sarkozys Kompetenz auseinander, wenngleich die Artikel mit negativer Berichterstattung niemals die Fünfzig-Prozent-Marke überschreiten. Da Bayrous Kompetenz nur in sehr wenigen Artikeln bewertet wurde, ist über ihn keine klare Aussage möglich.

Diese Ergebnisse sind in mehrfacher Hinsicht bemerkenswert. So ist die Berichterstattung beider Länder von der Tendenz gekennzeichnet, dass einerseits Sarkozys Persönlichkeit und andererseits Royals Kompetenz besonders negativ beurteilt wurden. In den deutschen Artikeln fallen beide Phänomene sogar besonders stark auf. Vielleicht spielte dabei eine Rolle, dass den deutschen Journalisten keinerlei Verantwortung für den Wahlausgang zukam und sie in größerem Ausmaß als die französischen Kollegen ihre Meinung äußern konnten. Jedoch ließen es sich die französischen Journalisten nicht nehmen, einen Kandidaten auch dann zu kritisieren, wenn dieser dieselbe politische Richtung wie sie vertrat. Dies geschah etwa in *Le Figaro*, wo Sarkozys Persönlichkeit eher kritisch gesehen und seine Kompetenz sogar tendenziell negativ bewertet wurde. Gleiches trifft auch auf die Journalisten von *Libération* zu, die häufig Anzeichen für eine Inkompetenz Royals sahen und folglich die Beiträge mit negativem Tenor die positiven übertrafen. Dies deutet darauf hin, dass sich beide Presselager nicht als uneingeschränkte Unterstützer der Kandidaten verstanden, die ihre politische Ausrichtung repräsentierten. Stattdessen griffen sie eher den Kandidaten des gegnerischen Lagers an. Offen bleibt allerdings die Frage, ob Sarkozy mehr vom Vorwurf der Inkompetenz Royals profitierte oder ob Royal die negative Darstellung der persönlichen Eigenschaften Sarkozys besser nutzen konnte.

Privatleben der Kandidaten

Vor allem das Privatleben Royals gab Anlass zu der Annahme, dass sich die Medien besonders für ihre private Seite interessieren könnten. Neben ihrer exotischen Herkunft – sie ist in Dakar geboren und wuchs auf Martinique und in Lothringen auf – schien vor allem ihre Partnerschaft mit François Hollande, dem Parteivorsitzenden der französischen Sozialisten, für die Medien besonders berichtenswert. Die Herkunft der Kandidaten spielte jedoch weder in der französischen, noch in der deutschen Presse eine größere Rolle. Lediglich fünf Prozent der französischen Artikel, die sich mit François Bayrou auseinandersetzten, gingen auf seine Herkunft ein. Der liberale Kandidat betonte im Wahlkampf selbst immer wieder, dass er aus einer Region nahe den französischen Pyrenäen stammt. Dadurch versuchte er, sich von der Pariser Politikelite und seinen beiden stärksten Konkurrenten

Royal und Sarkozy abzugrenzen. Royals Lebensweg schien die Journalisten ebenso wenig zu interessieren wie Sarkozys ungarische Wurzeln. In ähnlich geringem Umfang berichtete die Presse auch über die Kinder, Geschwister oder Eltern der Präsidentenanwärter. Nur drei Prozent aller französischen Artikel mit Royal-Bezug schnitten dieses Thema an; für die beiden anderen Kandidaten fällt diese Zahl noch geringer aus. Für die deutschen Artikel ergibt sich ein ähnliches Bild; jedoch ist das Interesse an Royals familiärem Hintergrund etwas größer. Dennoch hielt sich die Presse auch hier mit ihrer Berichterstattung zurück, denn in lediglich sieben Prozent der untersuchten Beiträge findet sich ein Bezug zu Royals Familie. Sicher spielte dabei auch eine Rolle, dass ein Bruder Royals in eine Greenpeace-Affäre verwickelt war. Beiträge über Sarkozy oder Bayrou enthielten dagegen kaum nennenswerte Bezüge zu ihren Familien.

Auch die Ehefrauen von Sarkozy und Bayrou fanden fast keine Erwähnung. Cécilia Sarkozy tauchte in nur zwei Prozent der französischen Beiträge gemeinsam mit ihrem Mann auf. Noch geringer fiel die Berichterstattung über Elisabeth Bayrou aus. Der Name von Royals Partner François Hollande fällt dagegen in 74 französischen Artikeln, wobei in 68 Beiträgen auch Ségolène Royal vorkommt, was einem Anteil von zehn Prozent entspricht. Dabei stellte sich allerdings heraus, dass die Journalisten in etwas weniger als der Hälfte der Artikel ausschließlich seine Tätigkeit als Parteichef erwähnten. Demgegenüber stehen nur zwölf Artikel, in denen die Funktion des Parteivorsitzes völlig außen vor bleibt und die ihn allein als Familienvater oder Partner Royals beschreiben. In weiteren sieben Artikeln überschneiden sich beide Funktionen. Damit lag die Berichterstattung in Frankreich, die sich allein mit den Partnern der Kandidaten auseinandersetzte, bei Royal und Sarkozy in etwa auf dem gleichen Niveau. Die deutschen Journalisten schienen sich dagegen mehr für das Paar Royal-Hollande zu interessieren. Zwar wird Hollande auch hier nur selten ausschließlich als Partner oder Vater präsentiert; allerdings enthalten drei Viertel der Artikel zumindest den Hinweis, dass Royal mit Hollande liiert ist. Wahrscheinlich spielte hierbei die allgemeine Unbekanntheit der Kandidatin eine große Rolle. Während nämlich die Partnerschaft in den französischen Zeitungen längst kein Thema mehr war und schon seit vielen Jahren bekannt ist, bemühten sich die deutschen Journalisten, ihre Leser auf die private Verbundenheit zwischen der Präsidentschaftskandidatin und dem Parteivorsitzenden hinzuweisen. Aber auch die deutsche Presse berichtete kaum über die Ehefrauen von Sarkozy und Bayrou. Wurde Cécilia Sarkozy jedoch in einem Artikel genannt, dann kam mit hoher Wahrscheinlichkeit auch ein Hinweis auf die Trennung des Ehepaares. In der französischen Presse waren die Eheprobleme dagegen so wenig ein Thema wie die Scheidung von Sarkozys erster Frau. Dies galt ebenfalls für die Merkmale Konfession, Alter, Ausbildung und Familienleben. Lediglich das Alter der Kandidaten interessierte die deutschen Journalisten etwas mehr, was ebenfalls wieder mit ihrer geringeren Bekanntheit in Deutschland zusammenhängen dürfte. Jedoch wurde auch hier Royals Alter nicht etwa häufiger, sondern in gleichem Umfang genannt wie Sarkozys und tauchte in etwa sieben Prozent der Artikel auf.

Wie die Ergebnisse zeigen, interessierte sich weder die französische noch die deutsche Presse besonders stark für das Privatleben der Kandidaten. Dass der Partner Royals häufiger genannt wurde, liegt vor allem an dessen Tätigkeit als Parteivorsitzender. Nur in den deutschen Artikeln ist ein etwas größeres Interesse an Royals Partner festzustellen. Die Journalisten fanden es einfach bemerkenswert, dass die Präsidentschaftskandidatin ausgerechnet mit dem Vorsitzenden der Partei liiert ist, für die sie bei der Wahl antritt bzw. der deshalb nicht selbst antreten konnte. Damit setzt sich auch in dieser Untersuchung der Trend fort, dass die Medien zunehmend ausgewogen über das Privatleben von Kandidatinnen und Kandidaten berichten bzw. es gar nicht erst besonders thematisieren.

Äußere Erscheinung und Performance

Nicht zuletzt viele Politikerinnen selbst äußerten in der Vergangenheit den Vorwurf, dass sich die Medien vor allem mit ihrem Äußeren und weniger mit ihren politischen Ideen beschäftigen. Neben deutschen Politikerinnen beklagten auch französische und britische die häufige Thematisierung ihrer Frisur, Kleidung oder Figur (vgl. Freedman, 1997, S. 134–135; Roth, 2007, S. 134; Schmidt, 2007, S. 120).

In den französischen Artikeln spielte die äußere Erscheinung kaum eine Rolle. Die Journalisten berichteten diesbezüglich zwar häufiger über Royal als über ihre Konkurrenten, der Anteil dieser Beiträge fiel mit nur vier Prozent jedoch eher gering aus. Trotzdem thematisierten die untersuchten Medien Royals Aussehen dreimal so oft wie das Aussehen Sarkozys, wenngleich dies auf sehr niedrigem Niveau geschah. Deutsche Journalisten gingen dagegen häufiger auf die Erscheinung Royals ein; in immerhin elf Prozent der Artikel mit Royal-Bezug wurden ihre Kleidung, die Frisur oder ihre Figur erwähnt. Entsprechende Beiträge über Sarkozy (4%) oder Bayrou (2%) finden sich dagegen kaum. In einem Drittel (Frankreich) bzw. in über der Hälfte der Fälle (Deutschland) waren die Wertungen über Royal positiv oder sehr positiv. Auch kamen öfter Artikel vor, in denen Royals Äußeres zwar genannt, jedoch nicht bewertet wurde. Negative Äußerungen fanden sich dagegen nur in jeweils drei französischen bzw. drei deutschen Artikeln und spielten deshalb so gut wie keine Rolle. Interessant ist dabei, dass sich vor allem auch Redakteure "seriöser" Medien wie des *Spiegel* zu Kommentaren über Royals Aussehen hinreißen ließen:

> "Sie hat sich zu ihrem Vorteil verändert, auch optisch. Vor ein paar Jahren trug sie altmodische Faltenröcke, farblose Blusen und bändigte ihr Haar mit Samtschleifchen – die Mode der konservativen Bourgeoisie in der Provinz. Mittlerweile hat sie abgenommen, sich die Zähne richten lassen, sie trägt eine neue Frisur und die femininen Kostüme des Pariser Labels Paule Ka. Heute sieht sie jünger aus als vor 20 Jahren." (Sandberg & Spörl, 2007)

Auch bei der Analyse der Berichterstattung hinsichtlich der Performance, also inwiefern die Presse Wahlkampfauftritte und rhetorische Fähigkeiten der Kandidaten bewertete, fiel auf, dass die Journalisten dieses Thema eher mit Royal verbanden. Die Performance war in etwa neun Prozent der französischen Artikel mit Royal-Bezug ein Thema, während dies bei Sarkozy (6%) und Bayrou (4%) kaum eine Rolle spielte. Die deutsche Presse schenkte der Performance Royals sogar noch weitaus größere Beachtung und sprach diese in knapp einem Fünftel der Artikel an, in denen Royal vorkam. Auch die entsprechenden Werte für Sarkozy (10%) und Bayrou (7%) waren höher; jedoch wurden ihre rhetorischen Fähigkeiten und Wahlkampfauftritte nur halb so häufig thematisiert wie die der Kandidatin.

Im Falle Royals geht die häufigere Berichterstattung mit einer negativeren Wertung einher. In etwas über der Hälfte der französischen Beiträge mit Royal-Bezug findet sich ein negativer Unterton bezüglich ihrer Performance, und ca. ein Drittel der Artikel ist von einem positiven bis sehr positiven Tenor gekennzeichnet. Bei Sarkozy dominieren stattdessen die Beiträge mit positiver Bewertung, bei Bayrou überwiegen sie sogar deutlich. Ein anderes Bild ergibt sich dagegen bei den deutschen Artikeln. Hier wird Sarkozy mit Abstand am schlechtesten beurteilt, etwa zwei Drittel der seine Performance bewertenden Beiträge sind negativer bzw. sehr negativer Art. Bei Royal überwiegen ebenfalls die Artikel mit negativen Wertungen die positiven, wobei das Verhältnis hier mit 44 Prozent zu 21 Prozent ausgeglichener ist als bei Sarkozy. Die Berichterstattung über Bayrou ist noch weitaus ausgewogener, wobei sich nur sehr wenige Wertungen hinsichtlich seiner Performance finden.

Damit bestätigt sich, dass Journalisten der äußeren Erscheinung von Politikerinnen tatsächlich mehr Aufmerksamkeit schenken, als dies bei männlichen Politikern der Fall ist. Für die französische Presse gilt dies jedoch weniger als für die deutsche. Die Ursache dieses Ergebnisses kann man lediglich vermuten. Ein Grund für das stärkere Interesse der deutschen Journalisten an Royals äußerer Erscheinung könnte an der Tatsache liegen, dass Royal in ihrem Wahlkampf femininer auftrat als Merkel und die Journalisten diese Weiblichkeit (in Abgrenzung zu Merkel) hervorheben wollten. Dabei spielt sicherlich auch die geringe Bekanntheit von Royal eine Rolle, die rasant von einer Regionalpräsidentin zur Präsidentschaftskandidatin der Sozialisten aufstieg. Da sie keine prestigeträchtigen politischen Ämter von nationaler Tragweite ausübte, war sie für die deutschen Journalisten wohl zuallererst eine attraktive Frau, die Staatspräsidentin werden wollte. Dies würde teilweise erklären, warum der Tenor hinsichtlich ihrer äußeren Erscheinung sehr positiv ausfiel, während die Beurteilung ihrer Wahlkampfauftritte und ihrer Rhetorik weitaus kritischer erfolgte. Dieses Ergebnis erinnert etwas an den Titel eines Aufsatzes von Schmerl (2002), der "Tais-toi et sois belle" lautet und in etwa soviel bedeutet wie "Schweige und sei schön".

Genderspezifische Aspekte der Berichterstattung

Ein expliziter Gender-Frame tauchte äußerst selten auf. Als Indikatoren dafür dienten, ob die Journalisten die Fähigkeiten der Kandidaten mit ihrem Geschlecht in Verbindung brachten, ob sie die Tatsache erwähnten, dass mit Royal zum ersten Mal eine Frau reelle Chancen auf das Amt des Staatspräsidenten hatte, Vermutungen, dass das Wahlergebnis oder das Verhalten der Wähler vom Geschlecht der Kandidaten abhängen könnte, ob generell die Rolle von Frauen im öffentlichen Leben ein Thema darstellte und schließlich, ob eine gezielte Instrumentalisierung von Royals Weiblichkeit behauptet wurde. Die Bedingung für das Vorliegen eines Gender-Frames galt als erfüllt, wenn zwei der fünf Items zutrafen. Allerdings trat dieser lediglich in unter einem Prozent der französischen bzw. in etwas über einem Prozent der deutschen Artikel auf. Auch die Tatsache, dass Royal als erste Frau eine realistische Chance hatte, die Elyséewahl zu gewinnen, wurde fast nie von den französischen und nur äußerst selten von den deutschen Journalisten erwähnt. Dies überrascht gerade wegen des sechsmonatigen Untersuchungszeitraumes. Allerdings wäre denkbar, dass die Presse über diese Tatsache bereits während der Vorwahlkampfphase der Sozialisten ausgiebig berichtet hat, die nicht Gegenstand der Untersuchung war. Jedoch stiegen mit der Ernennung Royals zur Präsidentschaftskandidatin auch die Chancen für den ersten Sieg einer Frau, weshalb zu erwarten gewesen wäre, dass die Presse dies aufgreift.

Ein weiteres Merkmal für eine geschlechtsspezifische Berichterstattung ist, dass Journalisten weibliche Kandidatinnen in der Vergangenheit oft mit weicheren Themen wie zum Beispiel Familienpolitik in Verbindung brachten, während sie ihre männlichen Kollegen eher in einen harten Themenkontext einbanden (vgl. Caroll & Schreiber, 1997; Norris, 1997). In der vorliegenden Untersuchung fanden sich jedoch keinerlei Hinweise für eine solche Tendenz, denn alle drei Kandidaten tauchten sowohl in der deutschen als auch in der französischen Presse viel häufiger im Zusammenhang mit harten als mit weichen Themen auf. Bei Nicolas Sarkozy war dies noch ausgeprägter der Fall als bei Royal und Bayrou, jedoch liegt dies sicherlich an seiner Tätigkeit als Innenminister, die er erst sechs Wochen vor der Wahl aufgab.

Somit fanden sich nur sehr wenige Hinweise, die in Richtung einer genderspezifischen Berichterstattung deuteten. Lediglich in Bezug auf die Anredeformen war eine unterschiedliche Behandlung festzustellen, denn die Journalisten nannten die Kandidatin häufiger als ihre Konkurrenten nur mit dem Vornamen. Dies war sowohl in 16 Prozent der französischen als auch in 14 Prozent der deutschen Artikel feststellbar, bei Sarkozy und Bayrou hingegen kaum. Allerdings tauchte in einigen französischen (8%) und sogar in einem Teil der deutschen Artikel (6%) der eher negativ als positiv belegte Spitzname "Sarko" auf. Weiterhin fiel auf, dass die Kandidatin in beiden Ländern seltener bei ihrem Nachnamen genannt wurde als die anderen beiden Kandidaten, in den meisten französischen Artikeln (86%) und in fast allen deutschen Beiträgen (92%) mit Royal-Bezug sprachen die Journalisten aber von "Ségolène Royal". Auch griffen sie in den französischen Artikeln häufig zu den Anreden "candidate" (42%) und "Madame Royal" (12%), während Sarkozy und Bayrou seltener "candidat" (31% bzw. 27%) oder "Monsieur Sarkozy" (8%) bzw. "Monsieur Bayrou " (8%) genannt wurden. Dies traf in analoger Weise auch auf die deutsche Presse zu, wobei hier noch der häufige Gebrauch der Titulierung "Frau Royal" auffiel, die in 16 Prozent aller Royal-Artikel auftauchte. Von "Herrn Sarkozy" oder "Herrn Bayrou" war dagegen so gut wie nie die Rede. Damit bestätigte sich diese formelle Andersbehandlung ein weiteres Mal, denn bereits im deutschen Wahlkampf sprachen die Journalisten viel häufiger von "Frau Merkel" als von "Herrn Schröder" (vgl. Koch & Holtz-Bacha, in diesem Band). Jedenfalls wählten französische wie deutsche Journalisten bei Royal häufig jene Anredeformen, die auf ihre Weiblichkeit hindeuten, während diese Form der Geschlechtsbetonung bei beiden männlichen Kandidaten nicht auftrat. Besonders negativ fiel dabei die häufige Verwendung des Vornamens der Kandidatin auf, was durchaus herabwürdigend wirkt.

Die Unterschiede bei den Anredeformen und die im Vergleich zu Sarkozy und Bayrou häufigere Erwähnung von Royals äußerer Erscheinung sind jedoch die einzigen Hinweise für eine geschlechts-spezifische Berichterstattung. Bedenkt man, dass es auch bei Sarkozy – wenngleich in geringerem Umfang – zur Verwendung einer leicht herabwürdigenden Anredeform kam, relativieren sich diese Unterschiede in der Berichterstattung noch mehr. Es bestätigen sich damit die Erkenntnisse neuerer Studien, in denen sich kaum mehr Anzeichen für eine genderspezifische Behandlung fanden, und die auf eine Gleichbehandlung von Kandidatinnen und Kandidaten in der Presse hindeuten (vgl. Schulz & Zeh, 2006; Wilke & Reinemann, 2006; vgl. dazu auch den Beitrag von Koch & Holtz-Bacha, in diesem Band).

4 Fazit

> "Von einem Frauenbonus hat die Sozialistin, die als erste Frau den Kampf um den Einzug in den Elysée-Palast aufnahm, trotzdem nicht profitiert [...]. Im Wahlkampf sei weniger ihr Geschlecht als die Inhalte ihres Programms diskutiert worden, analysierten Wahlforscher danach. Und das hat offenbar wenig überzeugt." (Der Männerbonus, 2007)

Mit diesen Worten berichtete die *Süddeutsche Zeitung* über die Niederlage Royals und sprach in der Artikelüberschrift gar von einem "Männerbonus" Sarkozys – weil mehr Französinnen für ihn stimmten als für Royal (vgl. Der

Männerbonus, 2007, S. 2). Von ihrer Weiblichkeit und der Tatsache, dass sie als erste Frau die zweite Runde der Präsidentschaftswahlen erreichte, konnte Royal demnach weder profitieren, noch hat sie ihr besonders geschadet – so könnte auch das Fazit unserer Untersuchung lauten. Jedenfalls scheint ihr Geschlecht sowohl bei den Wählern als auch in der Presseberichterstattung nur eine untergeordnete Rolle gespielt zu haben.

Zunächst deuteten die Ergebnisse jedoch ebenfalls auf einen leichten "Männerbonus" des rechtskonservativen Präsidentschaftskandidaten hin, da die deutsche und französische Presse häufiger über ihn berichtete als über Royal und Bayrou. Dafür ist jedoch vor allem Sarkozy selbst verantwortlich, da er sich weigerte, seine Tätigkeit als Innenminister aufzugeben und die Amtsniederlegung so lange wie möglich hinauszögerte. Neben logistischen Vorteilen bescherte ihm dies vor allem eine häufigere Präsenz in den Medien, denn seine öffentlichkeitswirksamen Auftritte als Innenminister inmitten des Wahlkampfes schlugen sich auch in der Berichterstattung nieder – im Vergleich zu Royal kommt Sarkozy in der französischen Presse auf einen Präsenzvorsprung von etwa zehn Prozent, in der deutschen Presse liegt dieser sogar bei zwölf Prozent. Einerseits beweist diese Tatsache die häufige Nennung der Amtsbezeichnung "ministre" bzw. "Minister", zum anderen erklärt sein Ministeramt auch die häufigere Erwähnung Sarkozys im Zusammenhang mit harten Themen.

Zwar profitierte Sarkozy sicherlich von der größeren Printmedienpräsenz, jedoch sollten sich die daraus resultierenden Vorteile angesichts der negativeren Beurteilung seiner Person in Grenzen halten. Die Journalisten beider Länder setzten sich jedoch nicht nur äußerst kritisch mit Sarkozys Charaktereigenschaften auseinander, sondern beschrieben Royal oftmals als nicht hinreichend kompetent. Dieser negative Tenor scheint jedoch weniger mit der Weiblichkeit der Kandidatin zusammenzuhängen, sondern eher aus der Unzufriedenheit mit ihrem Wahlprogramm zu resultieren (vgl. Der Männerbonus, 2007). Dies bedeutet jedoch im Umkehrschluss nicht, dass Royals Persönlichkeit und Sarkozys Kompetenz in der Presse ausschließlich positiv beurteilt wurden; vielmehr verhielten sich die Journalisten auch hierbei eher kritisch. Interessant erscheint zudem, dass sich die den beiden Kandidaten politisch nahe stehenden Blätter nicht unbedingt positiv über sie äußerten, sondern zum Teil sogar deutlich kritische Worte für "ihre" Kandidaten fanden. Dagegen griffen sie den Kandidaten der anderen Seite mit einer meist sehr negativen Berichterstattung an. Anscheinend war weder die eher rechtsgerichtete

Presse völlig zufrieden mit dem Kandidaten Sarkozy, noch stellte Royal die absolute Wunschkandidatin der linksgerichteten Presse dar.

Im Unterschied zu vielen früheren Studien fanden sich in der vorliegenden kaum Anzeichen für eine häufigere Thematisierung des Privatlebens der Kandidatin. Lediglich in der deutschen Presse war ein gewisses Interesse daran festzustellen, was sicherlich mit dem geringen Bekanntheitsgrad von Royal zusammenhängt. Im Gegensatz zu den französischen Journalisten mussten ihre deutschen Kollegen davon ausgehen, dass ihren Lesern die private Verbindung der Präsidentschaftskandidatin mit dem Parteivorsitzenden nicht bekannt war. Auch berichteten die deutschen Journalisten häufiger über Royals äußere Erscheinung als ihre französischen Kollegen; in beiden Ländern war der Tenor jedoch entweder positiv oder nicht wertend. Es fiel auf, dass Royals Aussehen weitaus häufiger aufgegriffen wurde, als dies bei Sarkozy oder Bayrou der Fall war. Zu unterschiedlichen Ergebnissen kommen die Journalisten beider Länder dagegen in Bezug auf die Performance der Kandidaten. Während Royal in der französischen Presse negativer als Sarkozy beurteilt wurde, war dies in Deutschland genau umgekehrt. Dies bleibt einer der wenigen Punkte, in denen sich die Ergebnisse beider Länder unterscheiden. So bestand auch Einigkeit bei der Frage, ob es zu einer geschlechtsspezifischen Berichterstattung kam. Weder in Frankreich, noch in Deutschland fanden sich klare Hinweise für eine geschlechtsstereotype Darstellung der Kandidatin. Lediglich bei den Anredeformen war eine gewisse Andersbehandlung festzustellen, da die Journalisten Royal häufiger beim Vornamen nannten und eher solche Anreden wählten, die ihr Geschlecht betonten. Jedoch benutzten deutsche und französische Journalisten auch bei Sarkozy den etwas herabwürdigenden Spitznamen "Sarko", der eher negativ als positiv belegt ist.

War die französische Presse also bereit für eine weibliche Präsidentschaftskandidatin? Die Ergebnisse dieser Untersuchung sprechen für einen weitgehend "normalen" Umgang mit Ségolène Royal. Weder hielten es die französischen Journalisten für berichtenswert, dass Royal die erste Staatspräsidentin Frankreichs wäre, noch interessierten sie sich besonders für ihr Privatleben oder stellten sie weniger im Zusammenhang mit harten Themen dar. Ein Geschlechterduell fand somit weder im Wahlkampf noch in der Presseberichterstattung statt. Auch der Vorwurf der Inkompetenz dürfte weniger daraus resultieren, dass Royal eine Frau ist, sondern eher mit dem Verlauf des Wahlkampfes zusammenhängen. So zerstritt sich Royal beispielsweise inmitten der laufenden Wahlkampagne mit ihrem Wirtschaftsberater Eric Besson, der ihr daraufhin Inkompetenz vorwarf und zu ihrem Konkurrenten Sarkozy überlief. Jedenfalls schien es weder für die Wähler, noch für die Journalisten eine besondere Rolle gespielt zu haben, ob nach der Wahl "La France Présidente" oder weiterhin "La France Président" gilt. Der Wahlkampfslogan Sarkozys "Ensemble tout devient possible", also "Gemeinsam ist alles möglich", und dessen eher problemlösungsorientierter Wahlkampf scheinen die Wählerinnen und Wähler mehr überzeugt zu haben.

Literatur

Achin, C. (2005). *"Le mystère de la chambre basse". Comparaison des processus d'entrée des femmes au Parlement France-Allemagne, 1945-2000.* Paris: Dalloz.

Achin, C., & Lévêque, S. (2006). *Femmes en politique.* Paris: La Découverte.

Aday, S., & Devitt, J. (2000). *Style over substance. Newspaper coverage of female candidates: Spotlight on Elizabeth Dole.* Abgerufen am 21. September 2007 von http://www.thewhitehouse-project.org/culture/research-andpolls/Style.php

Albert, P. (2004). *La presse française.* Paris: La documentation française.

Assemblée nationale. (2007). *Les femmes élues députés depuis 1945.* Abgerufen am 5. August 2007 von http://www.assemblee-nationale.fr/elections/femmes-deputees.asp

Association des femmes journalistes. (2001). *Les résultats de la deuxième enquête internationale sur la place des femmes dans les medias.* Abgerufen am 17. Dezember 2007 von http://www.femmes-journalistes.asso.fr/actu/ actu_communique-juillet2001.htm

Banwart, M. C., Bystrom, D. G., & Robertson, T. (2003). From the primary to the general election. A comparative analysis of candidate media coverage in mixed-gender 2000 races for Governor and U.S. Senate. *American Behavioral Scientist, 46*, 658–676.

Barre, V., Debras, S., Henry, N., & Trancart, N. (1999). *Dites-le avec des femmes. Le sexisme ordinaire dans les médias.* Paris: CFD.

Boomgaarden, H. G., & Semetko, H. A. (2006). *Duell Mann gegen Frau?! Geschlechterrollen und Kanzlerkandidaten in der Wahlkampfberichterstattung.* Beitrag zur Tagung "Die Bundestagswahl 2005" der DVPW-Arbeitskreise "Wahlen und politische Einstellungen", "Parteienforschung" sowie "Politik und Kommunikation", 19. –20.7.2006 am Wissenschaftszentrum Berlin.

Bystrom, D. G. (2006a). Advertising, web sites, and media coverage: Gender and communication along the campaign trail. In S. J. Caroll & R. L. Fox (Hrsg.), *Gender and elections. Shaping the future of American politics* (S. 169–188). Cambridge: Cambridge University Press.

Bystrom, D. G. (2006b). *Gender and campaign communication: TV ads, web sites, and media coverage.* Abgerufen am 30. Juli 2007 von http://repositories.cdlib.org/cgi/viewcontent.cgi?article=1127&context=igs

Carroll S. J., & Schreiber, R. (1997). Media coverage of women in the 103rd Congress. In P. Norris (Hrsg.), *Women, media, and politics* (S. 131–148). Oxford: Oxford University Press.

Der Männerbonus. (2007, 8. Mai). *Süddeutsche Zeitung*, S. 2.

Devitt, J. (1998). *Framing gender on the campaign trail. Women's executive leadership and the press.* Abgerufen am 21. September 2007 von http://www.thewhitehouseproject.org/culture/researchandpolls/FramingGender.php

Drinkmann, N., & Caballero, C. (2007). Eine Frau ist eine Frau ist eine Frau? Die Berichterstattung über die Kandidaten der Bundespräsidentenwahl 2004. In C. Holtz-Bacha & N. König-Reiling (Hrsg.), *Warum nicht gleich? Wie die Medien mit Frauen in der Politik umgehen* (S. 167–203). Wiesbaden: VS Verlag für Sozialwissenschaften.

Dulong, D., & Matonti, F. (2005). L'indépassable "féminité". La mise en récit des femmes en campagne. In J. Lagroye, P. Lehingue & F. Sawicki (Hrsg.), *Mobilisations électorales. Le cas des élections municipales de 2001* (S. 281–303), Paris: PUF.

European Commission. (2006). *Women and men in decision-making. A question of balance.* Abgerufen am 25.10.2007 von http://ec.europa.eu/employment_social/publications/2005/ke6705977_en.pdf

Freedman, J. (1997). *Femmes politiques: Mythes et symboles.* Paris: L'Harmattan.

Heldman, C., Caroll, S. J., & Olson S. (2000). Gender differences in print media coverage of presidential candidates: Elizabeth Dole's bid for the Republican nomination. Abgerufen am 3. August 2007 von http://www.cawp.rutgers.edu/Research/Reports/dole.pdf

Holtz-Bacha, C. (2007). Mit den Waffen einer Frau? Politikerinnen im Wahlkampf. In C. Holtz-Bacha & N. König-Reiling (Hrsg.), *Warum nicht gleich? Wie die Medien mit Frauen in der Politik umgehen* (S. 79–104). Wiesbaden: VS Verlag für Sozialwissenschaften.

Kahn, K. F. (1996). *The political consequences of being a woman. How stereotypes influence the conduct and consequences of political campaigns.* New York: Columbia University Press.

Kröncke, G. (2007b, 20. April). Bambi und der böse Wolf. *Süddeutsche Zeitung*, S. 4.

Kröncke, G. (2007a, 9. Februar). Mit List und Lücke. *Süddeutsche Zeitung*, S. 3.

Leidenberger, J. (2008). Jeanne D'Arc vs. Napoleon? Die Darstellung der Präsidentschaftskandidatin Ségolène Royal in französischen Printmedien. Nürnberg: Unveröffentlichte Diplomarbeit an der Rechts- und Wirtschaftswissenschaftlichen Fakultät der Friedrich-Alexander-Universität Erlangen-Nürnberg.

Müller, T. (2007, 12. April). Wer regiert die Unregierbaren? *Stern*, S. 46.

Norris, P. (1997). Women leaders worldwide: A splash of color in the photo op. In P. Norris (Hrsg.), *Women, media, and politics* (pp. 146–165). Oxford: Oxford University Press.

OJD. (2007). *Déclarations de diffusion sur l'honneur et procès verbaux de contrôle.* Abgerufen am 4. Dezember 2007 von http://www.ojd.com/dyn/_files/books/136-Book-20062007-Presse-Payante-GP.pdf

Pantti, M. (2007). Portraying Politics: Gender, Politik und Medien. In C. Holtz-Bacha & N. König-Reiling (Hrsg.), *Warum nicht gleich? Wie die Medien mit Frauen in der Politik umgehen* (S. 17–51). Wiesbaden: VS Verlag für Sozialwissenschaften.

Pfannes, P. (2004). *'Powerfrau', 'Quotenfrau', 'Ausnahmefrau'...? Die Darstellung von Politikerinnen in der deutschen Tagespresse.* Marburg: Tectum Verlag.

Pionchon, S., & Derville, G. (2004). *Les femmes et la politique.* Grenoble: Presses Universitaires de Grenoble.

Pütz, C. (2005). "Wenn der Teufel im Beichtstuhl sitzt...": Präsidentschaftswahlen, Parteien und Stabilität in der V. Republik. In J. Schild & H. Uterwedde (Hrsg.), *Frankreichs V. Republik. Ein Regierungssystem im Wandel. Festschrift für Adolf Kimmel.* (S. 127–144). Wiesbaden: VS Verlag für Sozialwissenschaften.

Roth, C. (2007). "Wir sind immer noch ein Entwicklungsland": Zur Rolle von Frauen in der Gesellschaft, in der Politik und in den Medien. In C. Holtz-Bacha & N. König-Reiling (Hrsg.), *Warum nicht gleich? Wie die Medien mit Frauen in der Politik umgehen* (S. 133–145). Wiesbaden: VS Verlag für Sozialwissenschaften.

Sandberg, B., & Spörl. G. (2007, 8. Januar). "Wir wollen etwas Neues". *Der Spiegel*, S. 176.

Schild, J. (2000). Wählerverhalten und Parteienwettbewerb. In S. Ruß, J. Schild, J. Schmidt & I. Stephan (Hrsg.), *Parteien in Frankreich. Kontinuität und Wandel in der V. Republik.* (S. 56–76). Opladen: Leske und Budrich.

Schmerl, C. (2002). "Tais-toi et sois belle!" 20 Jahre Geschlechterinszenierung in fünf westdeutschen Printmedien. *Publizistik*, *47*, S. 388–411.

Schmidt, R. (2007). Der Fortschritt ist eine Schnecke. In C. Holtz-Bacha & N. König-Reiling (Hrsg.), *Warum nicht gleich? Wie die Medien mit Frauen in der Politik umgehen* (S. 116–123). Wiesbaden: VS Verlag für Sozialwissenschaften.

Schulz, W., & Zeh, R.. (2006): Die Kampagne im Fernsehen – Agens und Indikator des Wandels. Ein Vergleich der Kandidatendarstellung. In C. Holtz-Bacha (Hrsg.), *Die Massenmedien im Wahlkampf. Die Bundestagswahl 2005* (S. 277–305). Wiesbaden: VS Verlag für Sozialwissenschaften.

Sourd, C. (2005). Femmes ou politiques? La représentation des candidates aux élections françaises de 2002 dans la presse hebdomadaire. *Mots – Les langages du politique*, *78*, 65–77.

Sourd, C. (2003). *L'exclusion symbolique des femmes politiques dans les médias. Une analyse des campagnes électorales de 2002 dans la presse hebdomadaire française.* Lyon: Institut d'études politiques de Lyon. Abgerufen am 31. Oktober 2007 von http://doc-iep.univ-lyon2.fr/Ressources/Documents/Etudiants/Memoires/MFE-2003 /sourd_c/html/index-frames.html

Weber, T., & Woltersdorff, S. (2001). *Wegweiser durch die französische Medienlandschaft.* Marburg: Schüren.

Wilke, J., & Reinemann, C. (2006). Die Normalisierung des Sonderfalls? Die Wahlkampfberichterstattung der Presse 2005 im Langzeitvergleich. In C. Holtz-Bacha (Hrsg.), *Die Massenmedien im Wahlkampf. Die Bundestagswahl 2005* (S. 306–337). Wiesbaden: VS Verlag für Sozialwissenschaften.

Wille, F. (2001). *Die Darstellung von Angela Merkel in der Frankfurter Allgemeinen Zeitung und in der Süddeutschen Zeitung.* Nürnberg: Wirtschafts- und Sozialwissenschaftliche Fakultät, Friedrich-Alexander-Universität (unveröffentl. Diplomarbeit).

Witt, L., Paget, K., & Matthews, G. (1995). *Running as a woman: Gender and power in American politics.* New York: The Free Press.

Michelle Bachelet und die Massenmedien: Die Kosten einer Kulturrevolution[1]

Elisabet Gerber

1 Medien und Politik: das chilenische Szenarium 2006–2010[2]

"Politischer Frauenmord. Der 'Imagemord' von Michelle Bachelet.", so überschrieb die Zeitschrift *Punto Final* einen im August 2007 veröffentlichten Artikel, der hervorhebt, dass immer mehr Akteure, Medien und Mittel für eine Kampagne gegen die Präsidentin positioniert werden: "Das Ziel ist, die Präsidentin politisch zu töten, um dem Prozess der Emanzipation der Frau eine historische Niederlage zu bereiten" (Femicidio Político, 2007), und zu diesem Zweck werde, wie der Artikel betont, permanent auf die angeblich mangelnde Führungskompetenz von Präsidentin Bachelet verwiesen. In diesem Kontext hätten die Medien eine wesentliche Rolle übernommen, allen voran die Tageszeitung *El Mercurio*, die als Sprachrohr der Propaganda zur Unterhöhlung der Autorität von Michelle Bachelet operiere, um "Chile davon zu überzeugen, dass es eine inkompetente Präsidentin hat ...weil sie eine Frau ist" (Femicidio Político, 2007).

---

[1] Dieser Beitrag wurde aus dem Spanischen übersetzt. Original: Michelle Bachelet y los mass-media: los costos de una revolución cultural. Als Rechercheassistentin war Wencke Dittmann beteiligt.

[2] Der Beitrag stützt sich auf Artikel, Interviews und Reportagen, die in den größten chilenischen Tages- und Wochenzeitungen veröffentlicht und in den offenen Fernsehkanälen verbreitet wurden. Parallel dazu wurden vertiefende Gespräche mit folgenden Personen geführt:

- Alberto Luengo, Journalist, Programmchef des Fernsehkanals Chilevisión, ehemaliger Direktor der Tageszeitung La Nación, ehemaliger stellvertretender Direktor der Zeitung *Siete*; persönliches Gespräch am 1. August 2007.
- Manuela Gumucio, Journalistin, Dr. der Sozialwissenschaften, Leiterin des Medienobservatoriums FUCATEL; persönliches Gespräch am 7. August 2007.
- María de los Ángeles Fernández, Politikwissenschaftlerin, Exekutivdirektorin von Chile 21, Professorin an der Universität Diego Portales; persönliches Gespräch am 27. Juli 2007. Mauricio Weibel, Journalist, leitender Korrespondent der dpa (Deutsche Presse Agentur) für Lateinamerika, Dozent an der Universidad de Chile; persönliches Gespräch am 15. August 2007.

Ihnen allen danke ich besonders für ihre uneigennützige Mitarbeit und ihre erhellenden Beiträge.

Zweifelsohne ist die Popularität der Präsidentin seit ihrem Amtsantritt stark gesunken, wie die Ergebnisse der bedeutendsten Meinungsforschungsinstitute Chiles belegen. Inwieweit wird dieser Rückgang aber dadurch beeinflusst, wie die Medien die Person des Präsidenten darstellen, insbesondere dann, wenn es sich um eine Frau handelt? Welche Rolle spielen andere Faktoren, wie der historisch-politische Kontext der aktuellen Phase der Regierungskoalition "Concertación", die Medienlandschaft in Chile oder die Medienpolitik der Regierung und ihre Kommunikationsstrategie?

Drei Aspekte sind relevant, um diese Fragen zu beantworten:

- der Sprung Michelle Bachelets vom Wahlkampf in die Regierung
- das historisch-politische Szenarium in Chile
- die eng mit der Konzentration des Eigentums verbundene politische Rolle der Medien.

Von der Kampagne zur Regierung

Am 11. März 2006 tritt Michelle Bachelet ihr Amt als Präsidentin der Republik Chile an, nachdem sie mit 53.49 Prozent der Stimmen die Präsidentschaftswahlen in der Stichwahl vom 15. Januar desselben Jahres gewonnen hat. Als Präsidentschaftskandidatin der Parteienkoalition 'Concertación de Partidos por la Democracia' schlug sie den Kandidaten der Mitte-Rechts-Koalition "Alianza por Chile", Sebastián Piñera, der 46.51 Prozent der Stimmen erhielt. Seit der Widererlangung der Demokratie wird Chile von der "Concertación de Partidos por la Democracia" der chilenischen Parteien der Mitte und der Linken regiert, die unter ihrem Dach die Sozialistische Partei Chiles (PS), die 'Partei für die Demokratie' (PPD), die Christdemokratische Partei (DC) und die sozialdemokratische 'Partido Radical Socialdemócrata' (PRSD) vereinen.

Die große Popularität von Bachelet hängt zu einem erheblichen Teil mit ihrem Werdegang und ihrer Lebenserfahrung zusammen: Sie ist die Tochter eines Militärs, der an den Folgen der unter der Diktatur Augusto Pinochets erlittenen Folter im Gefängnis starb; auch sie und ihre Mutter erlitten Haft und Folter. Auf der Grundlage ihrer eigenen Geschichte "symbolisierte [Bachelet] den Synkretismus zwischen Schmerz und Zukunft,

Opfern und Tätern und brachte damit in der chilenischen Gesellschaft latente Wünsche und Forderungen zum Ausdruck" (Weibel, im persönlichen Gespräch).

Bachelet erscheint zugleich aber nicht nur als eine Person, die die Überwindung einer schmerzhaften Vergangenheit möglich werden lässt – ohne sie zu leugnen –, sondern sie bringt noch andere Elemente ein, die dadurch im heutigen Chile sozusagen "gesellschaftsfähig" werden: Frau, Agnostikerin, mit einer Vergangenheit in der radikalen Linken, getrennt und derzeit ohne Lebenspartner, Mutter von drei Kindern von zwei unterschiedlichen Partnern. Für die chilenische Gesellschaft bedeutet dies einen Bruch mit der üblichen Familienstruktur nach traditionellem Muster, wodurch das *Aggiornamento* eines Bildes möglich wird, das der Realität tausender chilenischer Familien und Frauen nicht mehr entspricht.

Frau sein in der Kampagne

Im Wahlkampf hat sich die Tatsache, eine Frau zu sein, sowohl zum Vor- als auch zum Nachteil der damaligen Kandidatin ausgewirkt. Zum einen verlieh sie einer möglichen vierten Regierung derselben politischen Koalition den Charakter der Erneuerung; zugleich bot sie den Spielraum, um die der Kandidatin eigenen Charakteristika der Empathie und Herzlichkeit in der Kampagne einzusetzen. Zum anderen wurde dies aber auch und in mehrerlei Hinsicht negativ ausgenutzt. Zu Beginn der Kampagne gab es Versuche, der Kandidatin mit Anspielungen auf den Sachverhalt der getrennt lebenden Frau sowie, unter anderem, auf ihren damaligen Lebensgefährten aus der radikalen Linken, Schaden zuzufügen. Die private Vergangenheit der Präsidentin war schon in ihrer Zeit als Verteidigungsministerin (Januar 2002 bis Oktober 2004) gegen sie eingesetzt worden, jedoch ohne größere Wirkung.

Bachelet war durchaus nicht das einzige Kabinettsmitglied, das in den siebziger Jahren Beziehungen zu radikaleren politischen Gruppen unterhielt, und selbstverständlich ebensowenig die Einzige, die in ihrem Leben eine gescheiterte Ehe aufzuweisen hat. Die Legitimität, was Zugang und Ausübung der Macht von seiten der Frauen anbelangt, scheint jedoch eine andere als im Fall von Männern zu sein. Die Partizipation der Frauen in der Politik weist implizite Barrieren und Grenzen auf. Wiederholt ist zu verstehen gegeben worden, dass Frauen, die an die Macht gelangen, im reinsten fundamentalistischen Stil zu bestrafen sind, das heißt im Falle Bachelets, indem man "vermeintliche Sünden aus Liebesgeschichten öffentlich anprangert." (Carrera, 2003). Die Versuche, diese Aspekte ihres Lebens während der Kampagne wieder auf die öffentliche Agenda zu setzen, fanden jedoch kein Echo in der öffentlichen Meinung. Dagegen griff man wiederholt auf den angeblichen Mangel an Kompetenz und Führungskompetenz der Kandidatin zurück ("sie ist ja durchaus sympathisch, aber sie hat nicht das Zeug dazu"). Die Infragestellung ihrer Führungsqualitäten schwebte über dem gesamten Wahlkampf und verfestigte sich nach ihrer Regierungsübernahme.

Bachelet zeigt ein starkes Genderengagement, das sich in einem Wahlkampf mit einem ausdrücklichem Gendercharakter, aber ohne Revanchismus niederschlug. Mit den in ihrem Regierungsprogramm enthaltenen Konzepten gelang es ihr, Forderungen in Bezug auf Gendergleichheit als "politisch korrekt" zu positionieren, wobei sie selbst die Opposition mitriss, die sich gezwungen sah, ihrerseits ebenso einen Diskurs mit gewisser Gendersensibilität aufzulegen, um nicht außen vor zu bleiben. Eine ihrer zweifelsohne durchschlagendsten Gesten im Bereich der Gendergleichheit war die Ankündigung eines paritätisch besetzten Kabinetts: Minister- und Staatssekretärposten wurden von Präsidentin Bachelet zu 50 Prozent mit Frauen besetzt. Ein mit einem klarem Genderbewusstsein unterlegter Diskurs im Wahlkampf war etwas Neuartiges. Einerseits förderte er das politische Selbstvertrauens der Frauen; andererseits war jedoch diese Strategie, angesichts der Ergebnisse diverser Untersuchungen, die besagten, dass es für Frauen, die eine politische Karriere anstreben besser sei als Politikerinnen statt als Frauen in der Politik aufzutreten (Fernández, 2007), auch riskant.

Am Tag ihres Amtsantritts als Staatspräsidentin verkauften fliegende Händler mitten in einem die Straßen Santiagos überbordenden Volksfest für ein paar Münzen Präsidentenschärpen als Andenken. Wie durch eine Art stillschweigendem Übereinkommen wurden sie jedoch nur von Frauen getragen, als ob sie in diesem Augenblick die einzigen wären, die – vom Zauberstab der Geschichte berührt – dazu die Erlaubnis hätten. Dies war, im Sinne eines Empowerment aller Frauen, nicht nur der politisch aktiven, überwältigend. Die Sozialwissenschaftlerin Nelly Richards kam bei dieser Szene das Zitat der chilenischen Dichterin Gabriela Mistral in den Sinn "wir sollten einst alle Königinnen sein. [...] man hatte tatsächlich das Gefühl, dass die Bürgerrechte nun auch den Frauen in vollem Umfang zur Verfügung stehen" (Richards, 2007).

Michelle Bachelet ist das Produkt einer breiten Zustimmung der Bevölkerung, und nicht der Entscheidungen der Parteispitzen. Während des Wahlkampfes setzten die Kandidatin und ihr Team stark darauf, die Bürger in den Vordergrund zu rücken. Die Kampagne stützte sich auf das Vertrauen, die Glaubwürdigkeit und Empathie, die die Person Bachelets auslöst; die Kandidatin präsentierte sich stets als sehr bürgernah, bereit zuzuhören und mit den Menschen in Kontakt zu treten. Der Slogan auf dem gesamten Bildmaterial der Kampagne lautete: "ESTOY CONTIGO" (Ich bin bei dir bzw. Ich bin an deiner Seite).

Abbildung 1: Wahlplakat von Michelle Bachelet

Bachelets Kampagne war eine nüchterne Kampagne, sie und ihr Team entschieden sich bewusst gegen die typische Eskalation der Wahlversprechen, gegen eine Kampagne der "Sonderangebote". Nichtsdestotrotz waren die durch das Konzept einer bürgernahen Regierung geweckten Erwartungen ein hoher und riskanter Einsatz, der erhebliche Kosten für die amtierende Präsidentin haben sollte.

Historisch-politischer Kontext: Ende eines Zyklus?

Der Versuch, das Verhältnis zwischen Präsidentin Bachelet und den Medien zu ergründen, muss im Kontext des historisch-politischen Zyklus, den Chile in diesem Moment durchläuft, und der Rolle der Medien in diesem Szenarium betrachtet werden. Einerseits handelt es sich bereits um die vierte Regierung der Concertación (1990–2007). Andererseits führt der in den letzten zwei Jahrzehnten so evidente Mediatisierungsprozess der Politik dazu, dass die Medien zum symbolischen Terrain werden, auf dem sich die Politik, unabhängig von ihren jeweiligen Protagonisten, zum Nachteil anderer Szenarien der politischen Arbeit, entscheidet.

Abbildung 2: Anteil der Befragten, die sich in den ersten Meinungsumfragen nach Amtsantritt mit dem Regierungsstil zufrieden zeigten (in Prozent)

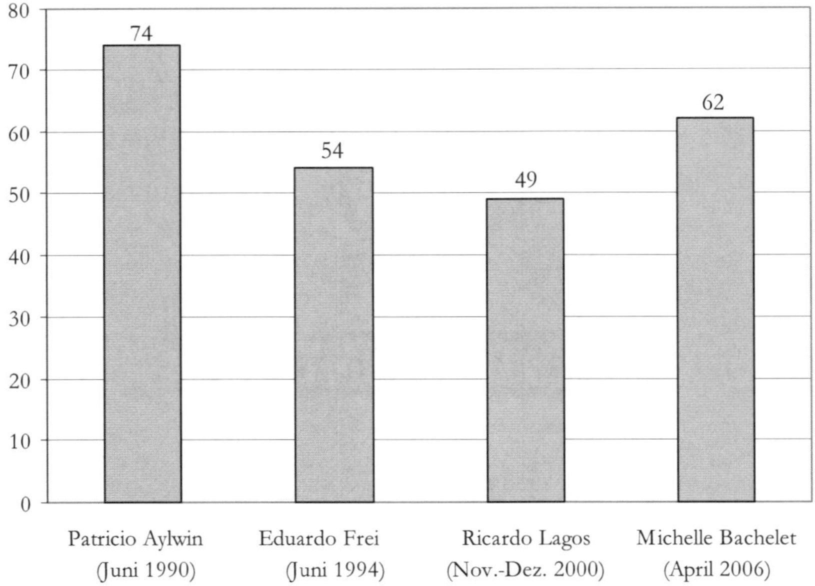

Quelle: Adimark, April 2006: Evaluación Gestión Gobierno, S. 14

Michelle Bachelet tritt die Regierung mit einer hohen Zustimmung an, die im ersten Monat 62 Prozent beträgt (vgl. Abbildung 2). Sie liegt damit über den Werten ihrer beiden Vorgänger im Amt, Eduardo Frei (1994–2000) und Ricardo Lagos (2000–2006), und wird nur von Patricio Aylwin übertroffen, dem ersten demokratisch gewählten Präsidenten nach der Diktatur von General Augusto Pinochet (1973–1990).

In allen Fällen traten die jeweiligen Präsidenten Chiles – Aylwin, Frei, Lagos und Bachelet – ihre Regierung mit einer Zustimmung der Bevölkerung an, die ihre eigentlichen Wahlergebnisse überstieg. Im Falle Bachelets beunruhigt jedoch der steile Rückgang dieser Unterstützung, die bereits in weniger als einem Jahr um mehr als 20 Punkte gesunken war (vgl. Abbildung 3).

Abbildung 3: Zufriedenheit mit Michelle Bachelets Regierungsstil im Zeitverlauf (in Prozent)

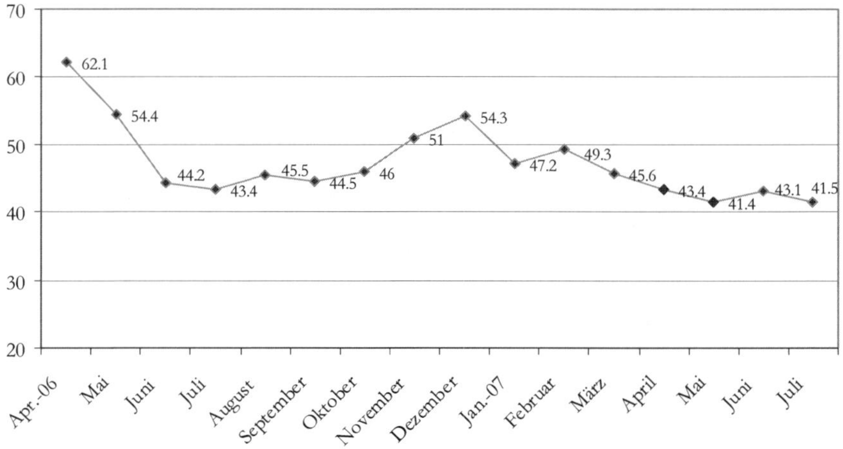

Quellen: Adimark, April 2006. Adimark, Juni 2006. Adimark, August 2006. Adimark, November 2006.

Der Rückgang der Zustimmung zur Regierungsführung der Präsidentin weist differenziert nach Alter, sozioökonomischer Situation und Geschlecht einige Besonderheiten auf. Während die Variablen Alter und sozioökonomische Situation unregelmäßig oszillieren, bleibt der Faktor Geschlecht konstant: In der gesamten bisherigen Regierungszeit ist die Zustimmung unter den Frauen höher als unter den Männern, wie Abbildung 4 zeigt.

Abbildung 4: Anteil der Befragten, die mit Michelle Bachelets Regierungsstil zufrieden sind (in Prozent)

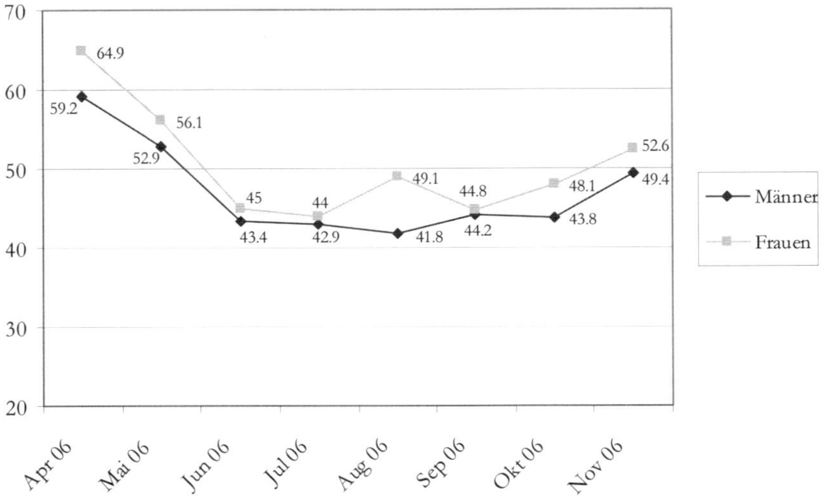

Quellen: Adimark, April 2006. Adimark, Juni 2006. Adimark, August 2006. Adimark, November 2006.

Trotz der Neigung zu höherer Zustimmung bei Frauen ist es jedoch evident, dass der Rückgang in allen Bevölkerungsschichten sehr groß ist. Dieser Rückgang hat mehrere Gründe. Erstens entspricht es einer Tendenz, nach der alle Präsidenten, die mit hohen Zustimmungsquoten beginnen, im Laufe ihrer Regierung einen gewissen Popularitätsverlust zu verzeichnen haben. "Diese Verluste sind logisch, denn sie waren zu hoch [sic!]. Ich finde die Werte nicht niedrig, wenn man bedenkt, dass sie das Ergebnis von jemandem sind, der nun nicht mehr im potentiellen Sinne, sondern real in seiner Regierung bewertet wird" (Gumucio). Im Falle Bachelets darf trotz des besonders markanten Rückgangs nicht aus den Augen verloren werden, dass die Concertación seit der Rückkehr zur Demokratie zum vierten aufeinanderfolgenden Mal an der Regierung ist. Dieser nun schon 18 Jahre dauernde Zyklus umfasst den Aufstieg, die Konsolidierung und in der letzten Zeit

Zyklus umfasst den Aufstieg, die Konsolidierung und in der letzten Zeit auch den Verfall einer insgesamt erfolgreichen Regierungskoalition. Michelle Bachelet trat ihr Amt als Präsidentin in einer Zeit an, die sich durch einen sichtbaren Verschleiß der Concertación auszeichnet, deren grundlegende Rolle als breite Koalition der Demokraten für die Wiedererlangung und Konsolidierung der Demokratie unbestreitbar war, der es aber zunehmend an Kapazität zu fehlen scheint, neue politische Horizonte zu erschließen.

Darüber hinaus ereigneten sich unter der Regierung Bachelet zwei gesellschaftspolitische Vorfälle von größter Relevanz. Erstens kommt es im Mai 2006 zu der größten Schüler- und Studentenprotestbewegung in der Geschichte Chiles. Mehrere Wochen lang kämpften die Sekundarschüler mit Großdemonstrationen sowie Besetzungen von Schulen um ihre Forderungen – im wesentlichen eine tiefgreifende Reform des Bildungssystems und damit um die Abschaffung des Bildungsverfassungsgesetzes (Ley Orgánica Constitucional de Enseñanza LOCE). Dieses Gesetz, das noch in den letzten Tagen der Pinochetdiktatur verabschiedet wurde, unterwirft das Bildungssystem den Regeln des Marktes. Es fördert auf diesem Wege große Unterschiede im Bildungssystem, bedingt durch die extremen sozialen Ungleichheiten.

Im Februar 2007 verwandelte sich die Einführung eines neuen Nahverkehrsystems in der Millionenstadt Santiago in das größte politische Problem in der Geschichte der Concertación. Obwohl schon das alte System schwerwiegende Probleme aufwies, führten politische und planerische Fehler des neuen Systems zu einem verkehrstechnischen Chaos, unter dem die Nutzer bis heute zu leiden haben. Seit Februar 2006 gehören endlose Schlangen, überfüllte U-Bahnen und Busse sowie hunderttausende von verärgerten Passagieren zum Stadtbild der chilenischen Hauptstadt. Die Situation vermittelte den Eindruck einer handlungsunfähigen Regierung und trug bedeutend zu einem Klima allgemeiner Unzufriedenheit bei.

Außerdem dürfen zahlreiche Fehler und Probleme der Regierungsarbeit nicht übersehen werden. Auch wenn diese nicht so offensichtlich wie die Schülerprotestbewegung und der Transantiago waren, so unterminieren sie doch nach und nach das Ansehen der Regierung. In diesem Kontext, ist vor allem auf das Regierungsteam hinzuweisen, dessen Zusammensetzung von Anfang an stark kritisiert wurde. Trotz Kabinettsveränderungen existieren starke Spannungen zwischen den Ministerien. So kann man weitreichende Unterschiede zwischen der Wirtschafts- und Finanzpolitik sowie Arbeitsmarkt- und vor allem Sozialpolitik, die gerade Michelle Bachelet in das Zentrum ihrer Regierung zu stellen versucht, beobachten. Ein weiteres Beispiel ist die Außenpolitik.

Weiterhin zeichnete sich das erste Kabinett zwar durch zwei innovative Besonderheiten aus: zum einen die paritätische Zusammensetzung in Bezug auf Männer und Frauen, zum anderen "neue Gesichter", die von der Präsidentin angekündigt wurden, um neue Personen in ihre Regierung zu holen. Doch bereits nach drei Monaten kam es zum ersten Wechsel im Kabinett, auf den Ende 2006 ein zweiter folgte. Danach war die Besetzung der Ministerien mit dreizehn Ministern zu neun Ministerinnen nicht mehr paritätisch Zwar sind Expertinnen wie Judith Astelarra der Auffassung, dass ein Verhältnis von 60 zu 40 Prozent dem Kriterium einer flexiblen Parität entspricht, aber aus Sicht der öffentlichen Meinung bedeutete dies den Bruch eines Wahlversprechens. Man fragt sich, ob nicht die Möglichkeit bestanden hätte, die notwendigen Veränderungen im Kabinett unter Beibehaltung des ursprünglichen Geschlechterverhältnisses vorzunehmen. Ebenfalls brach Bachelet ihr Versprechen, nur "neue Gesichter" ins Kabinett zu berufen, indem sie bei den Neubesetzungen auf Persönlichkeiten mit langer politischer Laufbahn aus der politischen Elite der Concertación zurückgriff.

Wiederum muss man sich die Frage stellen, inwiefern die genannten Schwierigkeiten und Fehler der Regierung darauf zurückzuführen sind, dass Michelle Bachelet eine Frau ist. Die Antworten hierfür sind unterschiedlich: Eine jedoch hat damit zu tun, dass man, obwohl dies in Presseerklärungen sicherlich niemand direkt wagen würde, auf den Korridoren und in den Hinterzimmern der Politik immer wieder hören kann: "Nie wieder eine Frau zur Präsidentin", und das nicht nur in Kreisen der Opposition.

Apocalypse now?

Die Schlagzeilen der ersten Tage des Septembers 2007 kündigten die Umfrageergebnisse mit einem gewissen apokalyptischem Ton an: Der letzten Umfrage des Meinungsforschungsinstituts ADIMARK zufolge fiel Bachelet unter 40 Prozent Zustimmung in der Bevölkerung. In den Worten der Presse "überschreitet dies eine psychologische Grenze", was einen Point of no Return der Concertación markieren soll. Der systematische Rückgang der Popularitätswerte ist jedoch nichts Neues in der jüngeren Geschichte und ist ebensowenig ein Hinweis auf einen definitiven Trend. In der empirischen Forschung scheint es keinen Anhaltspunkt dafür zu geben, dass diese Grenze eine besondere Bedeutung hat oder einen besonders bedeutsamen Meilenstein im Meinungsklima darstellt. Ebensowenig gibt es Daten, die darauf hinweisen, dass 40 Prozent eine Schwelle darstellt, von der ab es schwieriger oder gar unmöglich ist, wieder zu besseren Umfrageergebnissen zu gelangen. Die Regierung von Eduardo Frei Ruiz Tagle sank von 34 Prozent im Juni 1996 auf 28 Prozent im Jahr 1999 und stieg im Dezember 2000 wieder auf 49 Prozent an. Sein Nachfolger, Ricardo Lagos, streifte die "40-Punkte-Grenze" in den Jahren 2001 und 2002; in der Folgezeit stiegen seine Zustimmungswerte nur noch, und er beendete seine Amtszeit mit einem Popularitätsrekord von beinahe 70 Prozent.

Das Spiel der Medien

"Im Vergleich zu den anderen drei Präsidenten der Postdiktatur wird Bachelet mit einer größeren Feindseligkeit der Medien konfrontiert", sagt der Journalist Alberto Luengo. Der große Unterschied zu den anderen Regierungen der Concertación sei, so Luengo, dass es sich jetzt um eine Periode am Ende eines Zyklus handle, in der sich die Rechte nicht mehr selbst von der Möglichkeit, an die Regierung zu kommen, ausschließt und Bachelet als "die letzte Präsidentin der Concertación" handelt. Während der Präsidentschaftskampagne sei der aus Sicht der Medien attraktive Konflikt in der von inneren Kämpfen zerstrittenen Rechten angesiedelt gewesen. Nach der Wahl Bachelets schloss die Rechte ihre Reihen, um die Regierung anzugreifen und damit die Präsidentin Bachelet. Für Luengo sind es folglich nicht so sehr die Medien, sondern es ist die Haltung der Rechten, "die sich für eine härtere Opposition und für die operative Instrumentalisierung der Medien entscheidet". So habe die Rechte mit dem geheimen Einverständnis der Medien verschiedene Angriffsmöglichkeiten erwogen und dabei festgestellt, dass es wenig Spielraum gibt, die Regierung mit Themen wie zum Beispiel Korruption oder wirtschaftliches Chaos zu diskreditieren. Dies sind keine effektiv angreifbaren Flanken der Regierung. Als Alternative bot sich jedoch der Angriff auf die Regierungsführung, die sich sehr wohl als verletzliche Flanke erwies und die sich zudem trefflich mit weit verbreiteten Klischees gegenüber Frauen verbinden ließ: Bachelet hätte kein "leadership", keine Führungskompetenz, sie würde Entscheidungen hinausschieben usw.

Diese Angriffe sind weit davon entfernt, rein journalistische Darbietungen ohne politische Intention zu sein. Es ist allzu offensichtlich, dass die Medienindustrie in Chile eindeutig in Opposition zur Regierung steht, insbesondere die Presse, was ihrer Agenda einen deutlich einseitigen Charakter verleiht. Der Kommunikations- und Informationssektor in Chile weist einen extremen Grad an Konzentration auf. Bei der Presse ist insbesondere die Gruppe Edwards zu nennen, Herausgeber der einflussreichen Tageszeitung *El Mercurio* sowie der Zeitungen *Las Últimas Noticias* und *La Segunda* (Mastrini, 2006, S. 164 ff.).

Die traditionell mit den Großunternehmen und den (politisch) konservativsten Sektoren in Chile verbundenen Medien werden logischerweise versuchen, die Präsidentin und ihre Regierung an ihren verwundbaren Stellen anzugreifen (oder diese zu schaffen). Die Tatsache, Frau zu sein, ist nicht unbedingt eine davon, zumindest ist es nicht leicht, diesbezüglich explizite Kommentare oder Kritiken zu finden, wenn man die Inhalte der wichtigsten Tageszeitungen des Landes betrachtet. Jedoch kann eine Analyse der Berichterstattung, die über das Explizite hinausgeht, durchaus Elemente finden, die im Bezug auf die Genderbeziehungen natürlich nicht neutral sind. Wenn die Kapazitäten einer politischen Persönlichkeit, wie der von Frau Bachelet in Frage gestellt werden, sickern Prämissen über die subjektiven und objektiven Verortungen von Mann und Frau in der Gesellschaft durch (Carrera, 2003). Es fällt auf, wie häufig von Seiten diverser politischer und gesellschaftlicher Akteure zu hören ist, "mit [dem Expräsidenten von Chile, Ricardo] Lagos hätten sie das nicht gemacht".

Luengo verweist auf eine Begebenheit, die seines Erachtens in diesem Sinne ausschlaggebend ist. Es geht dabei um den Satz, den mehrere Medien als Titel für einen Bericht über den Transantiago ausgewählt hatten, mit dem die Präsidentin erläuterte, dass die mangelnde Information über den Stand der technologischen Plattform und die Anzahl der erforderlichen und verfügbaren Busse auch ein Grund für die Fehlentscheidung gewesen sei, das Projekt umzusetzen, obwohl die Bedingungen dafür noch nicht gegeben waren. Was die Präsidentin bei der Gelegenheit sagte, war: "Es handelte sich um Informationen, die ich nicht zur Hand hatte, als es um die Entscheidung ging, ich hätte meinem Instinkt folgen sollen, der mir sagte 'warten wir noch, es ist noch nicht alles soweit'. Im Gegenteil, die Information, die man uns gab, besagte, dass alles bereit sein würde." (Die Präsidentin räumt ein..., 2007). Auf dieser Grundlage betonten die Medien in den Schlagzeilen vor allem den intuitiven bzw. instinktiven Faktor. So zum Beispiel die Zeitung *La Segunda*, in der zu lesen war: "Bachelet über den Transantiago: Mein Instinkt sagte mir, halten wir das Projekt noch zurück, es ist noch nicht alles soweit" (Bachelet über den Transantiago, 2007). Die regierungsnahe Zeitung *La Nación* geht ihrerseits in eine ähnliche Richtung: "Die Präsidentin räumt ein, ihr Instinkt habe ihr gesagt, es sei besser den Transantiago noch nicht zu starten" (Die Präsidentin räumt ein …, 2007). Die Zeitung *La Tercera* wählt folgenden Untertitel: "Bachelets Intuition" (Belisario Velasco versichert …., 2007). Auch die Zeitung *El Mercurio* und andere Medien rücken das Thema des Instinkts in den Vordergrund, und dies mit großer Wirkung: In den folgenden Wochen und Monaten multiplizieren die Medien kritische und ironische Kommentare über die Intuition der Präsidentin als Grundlage für Entscheidungsfindungen in für Chile relevanten Themen. Man kann sich nur schwer eine ähnlich intensive Ausschlachtung eines von einem männlichen Staatsoberhaupt ausgesprochenen Satzes vorstellen. Andererseits kann man auch nicht behaupten, dass es sich hierbei um einen direkt mit Genderfragen zusammenhängenden Angriff handelt, sondern einmal mehr wurde eine indirekte Assoziation mit der "berühmten" weiblichen Intuition dazu benutzt, dem Anfang 2007 in Chile auf Grund der Probleme bei der Einführung des Transantiago herrschenden schlechten politischen Klima gezielt freien Lauf zu lassen.

Die wahren Hintergründe des schon so oft bemühten Satzes "mit Lagos hätten sie das nicht gemacht" beleuchtet die Journalistin Manuela Gumucio aus einem anderen Blickwinkel, aber auch ihres Erachtens nach ist das eigentliche Thema ein politisches und kein Genderthema: "Bachelet ist viel progressiver als Ricardo Lagos. Mich ärgert die permanente Anspielung auf ein Genderproblem; ich empfinde es als einen Affront gegen die Frauen, die einen Lebenslauf der Emanzipation und Selbstständigkeit aufweisen, den Schwerpunkt auf ihr Geschlecht zu legen. Lagos wurde nicht in der gleichen Weise angegriffen wie sie, weil er der Rechten nicht an den Karren gefahren ist, wie B. das tut. Sie hat die Lobbyisten nicht in die Regierung hineingelassen, und das ist ihr als großes Verdienst anzurechnen, aber jetzt stellen sie ihr die Rechnung dafür aus". Gumucio unterstreicht, dass die Präsidentin damit eigentlich im Vergleich zu ihren Vorgängern über ausgezeichnete Elemente für Veränderungen in ihrer Regierung verfügt, diese aber mit unnötigen defensiven Elementen wieder aufheben würde, indem sie den Genderfaktor in den Vordergrund stellt.

Über die Nuancen dieser Sichtweisen hinaus kann man allgemein feststellen, dass die Tatsache, Frau zu sein, erst in Verbindung mit anderen Faktoren zu einer Achillesferse wird. Bedeutung haben dafür Bachelets Führungsstil, der stark verwurzelte Autoritarismus in Chile und die Darstellung der Frau in den Medien.

2 Der Stil Bachelet

Ein weiblicher Führungsstil?

Die Kritik an den angeblich fehlenden Führungsqualitäten kam nicht erst seit der neuen Regierung auf, sondern wurde bereits im Wahlkampf geäußert. Allerdings erreichten sie erst nach der Regierungsübernahme ihre ungewöhnliche Intensität, wobei schwer auszumachen ist, inwieweit dieses Image auch durch eine neue Realität ausgelöst wird. Im Falle Michelle Bachelets ist die Frage angebracht, ob es sich hier um einen Mangel an Führungskompetenz oder viel mehr um einen anderen, für Chile ungewöhnlichen Führungsstil handelt. Michelle Bachelet hat dem gegenüber von Anfang an die Bedeutung des Dialogs mit den Bürgern betont. Der Diskurs hat sich in der Einrichtung von Kommissionen zur Ausarbeitung von Lösungskonzepten in einigen der für die Regierung konfliktreichsten Feldern niedergeschlagen: die Reform der Altersvorsorge, die Reform des Bildungssystems, die Erhöhung des Mindestlohns.

Diese Option sowie die Einrichtung von Kommissionen sind nicht notwendigerweise ein Beweis für unzureichende Entscheidungsfähigkeit oder Führungskapazität, doch werden sie von einer an eher autoritäre Führungsstile gewöhnten und von diesen "geschützten" Gesellschaft oft so interpretiert. Kann man nun aber von Merkmalen eines weiblichen Führungsstils sprechen? Es sind hauptsächlich Hypothesen und Annahmen und nicht so sehr zuverlässige Untersuchungen, die die unzähligen Aussagen über die Eigenschaften stützen, die angeblich weibliche Führungskräfte auszeichnen, wie zum Beispiel stärkere Horizontalität, Tendenz zur Teambildung, Herzlichkeit, Verständnis etc. "Bachelet hat diesen bürgernahen, verständnisvollen weiblichen Führungsstil gepflegt. Er hat es ihr ermöglicht, zur ersten Präsidentin Chiles zu werden" (Navia, 2006). Aber worauf stützt sich die Behauptung, der "weibliche" Führungsstil zeichne sich durch diese oder jene Eigenschaft aus? In der Politikwissenschaft gibt es vielleicht gerade deshalb nicht besonders viele Untersuchungen darüber, wie sich das Geschlecht auf die Ausübung der Macht auswirkt, weil im Laufe der Geschichte die Männer die Macht ausgeübt haben. Im Allgemeinen sind die Untersuchungen zum Thema Leadership ohne Berücksichtigung der Gendervariable über Männer geschrieben worden, was verständlich ist, wenn man bedenkt, dass in der Tat die Führungspersönlichkeiten fast durchweg Männer waren. Zwar gibt es einige Untersuchungen zu sehr spezifischen Fällen von Frauen in Regierungsfunktionen, aber es konnte dabei kein kennzeichnender Stil herausgearbeitet werden.

Eines der Elemente, die untersucht wurden, um festzustellen, ob diese Frauen eine sie auszeichnende *Facette* entwickeln, ist die Rolle, die der Genderfaktor in der jeweiligen Gesellschaft während ihrer Amtszeit spielt. Im Allgemeinen ist zu beobachten, dass der Genderfaktor keine relevanten Veränderungen bewirkt hat, da es sich um Frauen handelte, die häufig per Zufall an die Macht kamen, indem sie zum Beispiel an die Stelle ihrer ermordeten Ehemänner oder Brüder traten. Abgesehen davon mussten sie in sehr konservativen Gesellschaften die Regierungsgeschäfte übernehmen. Man kann also nur darüber spekulieren, ob nicht wenige dieser Frauen gerne dazu beigetragen hätten, die Dinge zu verändern, dies jedoch unter den existierenden Kontexten politischer Selbstmord gewesen wäre (Fernández, im persönlichen Gespräch).

Im Allgemeinen weist die vorhandene international vergleichende Forschung eher darauf hin, dass es im Bereich der Haltungen oder der politischen Kultur keine größeren Unterschiede bei der Ausübung einer Führungsrolle gibt (Fernández, 2007, S. 17). Demzufolge gebe es weniger Männer und Frauen unterscheidende Stile als unterschiedliche Situationen, die unterschiedliche Führungsstile erfordern; der erfolgreiche Führer sei der, der diese Situationen erkennt und sich ihnen anpasst (Genovese, 1993). Clarisa Hardy vertritt diesbezüglich in ihrem Buch "Eliterazgo" ("Eliteship" als Unterschied zu "Liderazgo"=Leadership) eine klare Position: "Die Frauen sind genauso talentiert oder inkompetent, intelligent oder dumm, fähig oder unfähig, verantwortungsvoll oder verantwortungslos wie jeder Mann, der sich in Chile aktiv der Politik widmet. Und eben deshalb haben sie dieselben Rechte und verdienen gleiche Chancen" (Hardy, 2005, S. 15).

Wie dem auch sei, die politische Klasse und die Medien sind im Falle Michelle Bachelets weit davon entfernt, die Frage, ob es spezifische Charakteristika im Führungsstil von Frauen gibt oder nicht zu debattieren oder gar zu versuchen, diese zu identifizieren. Stattdessen hat sich eine scheinbar unveränderliche Diagnose durchgesetzt: die mangelnden Führungsqualitäten der Präsidentin. Ihre diesbezügliche Schwäche aufzuzeigen, ist bereits zu einem Gemeinplatz geworden, was sich allerdings keineswegs auf die Medien oder die der rechten politischen Opposition nahestehenden Sektoren beschränkt.

"Die anhaltende Disqualifizierung Michelle Bachelets, ohne überhaupt die Möglichkeit in Aussicht zu stellen, dass sich hier ein anderer Regierungsstil herausbildet – das ist das Ärgerliche. Diese Haltung wird von der gesamten politischen Klasse getragen", sagt Manuela Gumucio und fügt hinzu, dass sich selbst Führungskräfte ihrer eigenen Partei und Minister dieser für die Präsidentin so schädlichen Praxis anschließen, denn indem sie von der Notwendigkeit sprechen, sie zu schützen, projizieren sie ein Bild der Schwäche. Darin sei zudem eine Art subtiler Erpressung enthalten, "es geht darum, die Debatte zu unterdrücken, den Dissens zu vermeiden. Die unterschwellige Botschaft, dass 'man keine Meinungsverschiedenheiten zeigen darf, weil diese Person sonst stürzt', ist im Grunde äußerst disqualifizierend für die Präsidentin" (Gumucio).

Ein Transformationsprozesse fördernder Führungsstil

Handelt es sich nun um mangelnde Führungsqualität oder eher um einen anderen Führungsstil, den die Präsidentin einsetzt? Die immer noch durch autoritäre Verhältnisse geprägte chilenische Gesellschaft widersetzt sich den Konzepten, denen Michelle Bachelet zum Durchbruch verhelfen will, bzw. versteht diese noch nicht. Die Medien schließen sich der Kritik an und potenzieren den Widerstand, obwohl nur schwer zu unterscheiden ist, ob es sich um ein kulturelles Problem handelt oder vielmehr eine bewusste Entscheidung dafür, funktional für die politisch konservativsten Sektoren zu handeln.

"Auch wenn gerade sehr viel über ihren vermeintlichen Mangel an Führungsqualität polemisiert wird, Präsidentin Bachelet projiziert bewusst einen bestimmten Typus von Leadership", sagt die Genderexpertin María de los

Ángeles Fernández und fügt hinzu, dass Bachelet ein Transformationsprozesse förderndes Führungsmodell anwenden könnte, das nur sehr wenige Frauen entwickeln konnten, wie zum Beispiel Gro Harlem Brundtland (drei Amtsperioden hintereinander Premierministerin von Norwegen 1981; 1986–1989; 1990–1996) oder Mary Robinson in Irland (Präsidentin der Republik Irland zwischen 1990 und 1997) (Fernández, 2006). Die Regierungen dieser Frauen zeichneten sich dadurch aus, dass sie den Mut hatten, sich von der Tradition zu distanzieren, um neue Dimensionen zu verteidigen oder zu schaffen und so versucht haben, ihre jeweiligen Gesellschaften und Staaten zu verändern. Nimmt man im Falle Bachelets den Genderfaktor als eine dieser Dimensionen, könnte man durchaus sagen, dass die Präsidentin diesbezüglich einen Unterschied markiert, weil sie das Thema nicht nur äußert oder thematisiert, sondern sich konsequent dafür engagiert, in diesem Bereich Fortschritte zu erzielen. Fernández betont jedoch, dass auch Bachelet eine weitere mit Koalitions- und Konsensfragen verbundene Facette des Leadership nicht umgehen kann. Dies führt dazu, dass der Transformationsaspekt – mehr Bürgerpartizipation, Förderung der Gleichheit – mit dem Verhandlungsaspekt, nämlich der Schließung von Kompromissen, einhergeht (Fernández, 2006).

Chiles autoritäre Tradition

Dieser Stil der Präsidentin stößt mit einer Art autoritärem Muster zusammen, dessen Gültigkeit, wie zahlreiche Sozialwissenschaftler darlegen, unbestreitbar scheint. Es geht dabei nicht nur um die langen Jahre der Diktatur, die Chile unter der Regierung von Augusto Pinochet (1973–1990) zu erleiden hatte. Die Präsidenten der Nachdiktaturzeit, Patricio Aylwin, Eduardo Frei und Ricardo Lagos zeichneten sich durch eher vertikale und wenig konsultierende Führungsstile aus. Der chilenische Übergang zur Demokratie sei durch den Imperativ der Einheit der demokratischen Parteien gegenüber der weiterhin existierenden Machtbasis der vorhergehenden Diktatur gekennzeichnet. Dies zwang zu einer Homogenisierung der verschiedenen politischen und ideologischen Standpunkte, was sich schließlich als Entpolitisierungsprozess zugunsten der demokratischen Normalisierung niederschlug (Richards, 2007).

"Als (guter) Führungsstil wird hierzulande der der Regierungen von Eduardo Frei, von Ricardo Lagos und sogar der von Pinochet verstanden. Wir mögen Präsidenten, die entscheiden, es gefällt uns, von Zeit zu Zeit ausgeschimpft zu werden. Die Präsidentin dagegen bringt uns zum Nachdenken, konsultiert uns und das stört". (Luengo). Der Kontrast zu ihrem direkten Vorgänger, Ricardo Lagos, ist in dieser Hinsicht sehr stark, was zwar für die Präsidentin in der Wahlkampagne ein Vorteil sein konnte, da die Aussicht auf eine Regierung mit einem offeneren Ohr für die Bürger motivierend war. Doch jetzt, in der Regierung, stören die Konsultationen; die Verzögerungen bei der Entscheidungsfindung – kaum vermeidbare Kosten bei Konsultationsprozessen – rufen Ungeduld hervor und werden sofort als fehlende Entscheidungs- und Führungskapazität interpretiert. Dabei erklingt der Ruf nach dem starken Mann, der nicht zögert, der sich durchsetzt. Man spürt eine gewisse Nostalgie nach dem Bild eines Vaters, der die für alle die beste Entscheidung trifft und dem Bürger diese Verantwortung abnimmt. "Die Chilenen wünschen sich Führungspersönlichkeiten, die keine beängstigenden Ungewissheiten aufkommen lassen; Michelle Bachelet dagegen lässt den Konflikten ihre Zeit", sagt Manuela Gumucio.

Unterschiedliche Führungsstile zu akzeptieren, setzt jedoch auch soziokulturelle Veränderungen voraus, die wiederum ihre Zeit brauchen. In diesem Sinne wäre es zumindest kurzsichtig, die vielen Demonstrationen und Proteste, die unter der aktuellen Regierung stattfinden, als bloße Symptome des Chaos und einer Art Rückentwicklung der Gesellschaft zu betrachten. Der derzeitige Regierungssprecher und Minister im Regierungsamt, Ricardo Lagos Weber, sagt diesbezüglich: "...heutzutage haben die Menschen weniger Angst vor der Autorität, deshalb auch dieses Gefühl der Unordnung [...] der Hintergrund ist zweifelsohne ein Kulturwandel, der dem Ausdruck des Dissenses mehr Möglichkeiten eröffnet." (Lagos Weber).

Obwohl Michelle Bachelet "nach außen" einen mehr partizipativen Stil vertritt, scheint diese Option im Gegensatz zu dem Umgang zu stehen, den die Präsidentin mit ihren engsten Mitarbeiterteams und der politischen Elite pflegt. Häufig ist auf die große Verschwiegenheit der Präsidentin hingewiesen worden und ihrer Zurückhaltung bei der Weitergabe von Informationen an ihre Mitarbeiter. Diese verbindet sich mit der Forderung nach Loyalität und Diskretion sowie der Tendenz, sich mit nur wenigen Mitarbeitern ihres engsten Vertrauens zu umgeben und politische Fragen nicht in breiteren Kreisen des Koalitionsspektrums zu konsultieren. Des öfteren haben die

Medien diese Tendenz der Präsidentin mit ihrer mit dem militärischen Umfeld verbundenen Geschichte und ihrem mehrjährigen Exil in der ehemaligen DDR assoziiert.

Die Überschrift und der Kopf eines Artikels der Zeitung *La Tercera* sind nur ein Beispiel für die vielen anderen, die von den Medien veröffentlicht worden sind: "Das fulminante Debut Michelle Bachelets. In der Woche ihrer ersten Kabinettssitzung, nach der Rückkehr aus den Ferien, stellte die gewählte Präsidentin ihre Arbeitsweise vor, an die sich die Politiker allmählich gewöhnen und die sich durch äußerste Zurückhaltung, durch Disziplin, die sie ihren Untergebenen abverlangt und plötzliches autoritäres Auftreten auszeichnet." Einer ihrer engsten Mitarbeiter sagt dazu im nachfolgenden Artikel: "Sie hat einen militärischen Stil. Autorität zu zeigen und Verschwiegenheit gehören zu ihrer Strategie, damit die Dinge funktionieren". (El fulminante debut…, 2007).

Manuela Gumucio vertieft diesen Aspekt mit dem Hinweis, dass Bachelet, statt ihrem Stil treu zu bleiben, diesen mit unpassenden autoritären Gesten begleitet. Gumucio bezieht sich damit konkret auf die Tendenz, die parlamentarische Dissidenz in den eigenen Reihen zu unterdrücken, sowie auf die fehlende Einbeziehung der Parlamentarier bei bestimmten Themen. "Sie zeigt ihre ganze Unsicherheit wenn sie so wenig konsultiert. Auf der anderen Seite lässt sie aber auch Raum für den Konflikt und das ist sehr interessant." In diesem Sinne ist der Schwerpunkt, den Bachelet auf die Bürger legt, angesichts der Tatsache besonders wichtig, dass unter den Regierungen des Übergangs zur Demokratie die privilegierten Akteure hauptsächlich die Unternehmerschaft und das Militär waren und nicht die Zivilgesellschaft. Auf der einen Seite macht sich nach vier Regierungen der Concertación Verschleiß bemerkbar, auf der anderen, hatte die Persönlichkeit von Lagos eine eindeutig patriarchalische und autoritäre Konnotation. Die Schwerpunktverlagerung auf die Gesellschaft öffnet nun Kanäle für die latente Unzufriedenheit der Bevölkerung. "Es ist eindrucksvoll, wie jetzt die Konflikte, die Antagonismen, etc. explodieren [...]." (Richards, 2007).

3 Frauen in der politischen Arena: Bild und Inhalte

Seit langem wird kritisch angemerkt, dass die Medien den Politikerinnen wenig Aufmerksamkeit schenken, und wenn sie es tun, konzentrieren sie sich auf ihr äußeres Erscheinungsbild und nicht auf ihre politische Arbeit. Wenn dem so ist, dann scheint Präsidentin Bachelet der in den Medien vorherrschenden Banalität ein Ende gesetzt zu haben. Bereits als Kandidatin schien Michelle Bachelet völlig frei von dieser ästhetischen Zwangsjacke, hier verstanden im verarmten und beschränkten modischen Konzept von Ästhetik, das vor allem diktiert, ja nicht dick zu sein und eine unendlich vielfältige und teure Garderobe zur Schau zu stellen (Gerber, 2006, S. 47). Diese Charakteristik, die bereits den Wahlkampf geprägt hatte, hat sich auch unter der Regierung von Präsidentin Michelle Bachelet erhalten.

"Ein Frauenbild, wie wir es selten gesehen haben: einwandfrei. Sie hat Präsenz bei ihrem Auftritt mit ihren nicht maßgeschneiderten Kostümen, ihren Kilos, und sie sendet eine konstante Botschaft, eine starke Selbstbestätigung an die Frauen [...] Das Ehrliche an ihr ist die Tatsache, dass sie sich wirklich in ihrer Funktion im Dienst der Allgemeinheit positioniert und nicht um ihre zukünftige Karriere besorgt ist, nicht spekuliert: das ist hervorragend." (Gumucio). Man kann sagen, dass Bachelet als Kandidatin und später als Präsidentin zu einer Wiederherstellung der weiblichen Identität beiträgt, ohne Modelle vorzugeben. Dabei greift sie sogar einige Dimensionen wieder auf, die, in Anspielung auf die relative Kontinuität bestimmter geschlechtsspezifischer Rollen in Gleichheitsgesellschaften (Lipovetsky, 1999), zu dem Bereich des "unveränderbar Weiblichen" gehören. Besonders interessant ist, dass die Eigenschaften der Empathie, Nähe und Herzlichkeit, die viele Untersuchungen als Attribute Bachelets in der Kampagne und als Präsidentin nennen, sich bei ihr ganz ohne Züge der Gefälligkeit oder Eitelkeit äußern. Wenn sich in der kollektiven Vorstellung in gewisser Weise die Idee festgesetzt hat, dass die Klugheit erfolgreicher Frauen eng mit ihrer "weiblichen" Verführungskapazität zusammenhängt, letztere verstanden als eine Konfrontationen umgehende und schmeichelnde Haltung, so widerlegt dies Bachelet mit ihrer nüchternen Haltung. "Michelle Bachelet macht keinerlei Konzessionen an eine Weiblichkeit bzw. eine Vorstellung von Frau, die gewisse beschränkte Bewohner der Welt der Macht üblicherweise haben. Sie macht keine Konzessionen, weder im Ästhetischen, noch in ihrem Umgang mit den Männern: Sie ist ausgesprochen nüchtern, greift weder auf Schmeichelei noch auf Koketterie zurück. In diesem Sinne ist sie tadellos", betont Manuela Gumucio.

Der frivole Ansatz der Ausschlachtung der ästhetischen Aspekte und des Privatlebens, ein wiederkehrendes Mittel der Medien, schlug sich nicht im Image der Präsidentin nieder. Die Schwierigkeiten der Regierung, Themen in den Medien zu positionieren, die die Präsidentin interessieren, scheinen auf anderen Dimensionen zu liegen. Nun darf man allerdings, unabhängig von der Agenda der derzeitigen Regierung sowie der besonderen Eigenart der Präsidentin Bachelet, die allgemeine Dimension der heiklen Beziehung zwischen den Frauen und den Medien nicht übersehen.

Neues Publikum – alte Protagonismen

Im Bereich der Massenmedien ist es eine offensichtliche Tatsache, dass diese – vom Produktionsprozess von Inhalten bis hin zu den Strukturen der leitenden Gremien und Teams der Medienkonzerne – aus Gendersicht in keiner Weise neutral sind. Im Folgenden zeigen einige Daten, wer Mitte der 90er Jahre und zu Anfang dieses Jahrtausends die Protagonisten bzw. autorisierten Stimmen waren, die über die aktuelle politische Lage informieren und sie kommentieren. Wie wir sehen, scheinen sich die Realitäten in dieser Hinsicht nicht weiterentwickelt zu haben.

Tabelle 1: Anteil von Frauen in chilenischen Medien

	1995	**1995**	**2000**	**2000**
Wer erscheint in den Nachrichten	**Frauen** %	**Männer** %	**Frauen** %	**Männer** %
Hauptfiguren der Nachrichten	17	83	18	82
Sprecher/innen	51	49	49	51
Reporter	28	72	31	69

Quelle: Who makes the news report, 2005

Das Verhältnis zwischen den Geschlechtern ist nur in der Spalte "Sprecher/innen" ausgeglichen, wo freilich die ästhetischen Gesichtspunkte gegenüber den professionellen überwiegen; folglich sind diese Zahlen weit davon entfernt, irgendeinen Fortschritt bei der Gendergleichheit nahezulegen. Was die Präsenz von Frauen in der Presse anbelangt, so finden sich nur ganz wenige Journalistinnen in Führungspositionen der bedeutendsten Zeitungen. Der Journalist Alberto Luengo, mit seiner langjährigen Erfahrung in Leitungsgremien der Medien in Chile, sagt dazu: "Mit Ausnahme der Zeitung *La Segunda*, gibt es keine Zeitungsdirektorin und keine stellvertretende Direktorin. In den Fernsehkanälen ist die Situation genauso. Der Machismo ist in den Medien etabliert, nicht nur auf Grund der Anzahl von Männern auf relevanten Posten, sondern auf Grund der existierenden Praktiken".

Die Medien in Chile scheinen den Erwartungen und Interessen ihres Publikums hinterherzuhängen, und das sollte nicht überraschen angesichts eines bereits erwähnten Faktors: Der Besitz der Medien konzentriert sich eindeutig in den konservativsten Sektoren der chilenischen Gesellschaft. Was das Fernsehen und dessen Zuschauer anbelangt, so sprechen neuere Untersuchungen von der Existenz neuer Publikumssegmente in Chile, so wie dies überall auf der Welt der Fall ist. Das heutige Publikum interessiert sich für Themen, die Chile und die Welt betreffen, und will diese folglich auf dem Bildschirm widergespiegelt sehen. Zugleich handelt es sich um ein pluralistischeres Publikum mit einem komplexeren sozialen Bewusstsein, das "gegenüber dem möglichen Ausschluss bestimmter gesellschaftlicher Gruppen oder anders gesagt, der Überrepräsentation gewisser Machtgruppen aufmerksamer geworden ist" (Souza, 2007, S. 129). Die aktuellen Programme scheinen jedoch diese neuen Ansprüche noch nicht aufzugreifen.

Neuere Untersuchungen der chilenischen Regierung besagen, dass das Fernsehen den durch den Amtsantritt der ersten Präsidentin eingeleiteten Kulturwandel kaum oder gar nicht aufgegriffen hat und den Debatten über die von der Regierung vorgeschlagenen gesellschaftlichen Veränderungen praktisch keinen Raum gibt. "Das chilenische Fernsehen in der Ära Bachelet hinkt weiter der Zeit hinterher. Zwar waren soziale Probleme einer der Lieblingsgegenstände der Nachrichtenagenda im Jahr 2006. Intensiver wurden die Themen Gesundheit, Bildung und Wohnungsbau behandelt, aber die vorherrschende Darstellungsweise war die der 'Kasuistik des menschlichen Dramas'" (Moulian, 2007, S. 122). Es werden keine Anstrengungen unternommen, die Fälle in ihrem Kontext darzustellen; es handelt sich um die bloße Präsentation einer Häufung von sozialen Dramen.

4 Die Kommunikationsstrategie: Eine Stürmerin für die Abwehr

"Bachelet steht für die wichtige Rolle der Kommunikation mit dem Bürger in einer Demokratie ohne militärische Fesseln und Tabuthemen. Aber auch unter ihrer Regierung ist die Kommunikation eine auf den Bereich der Presse beschränkte Aktivität, die vor allen Dingen von der zentralstaatlichen Ebene ausgeht" (Weibel). Aus der Sicht einer Kommunikationsstrategie gesehen, ist diese Option kurios, da eine Beschränkung der Kommunikation zu und mit den Bürgern auf die Aktionen der Presse nicht den Anforderungen der heutigen Zeit entspricht. Untersuchungen der Präsidentschaftswahlen, die im Laufe des Jahres 2006 in elf lateinamerikanischen Ländern durchgeführt wurden, weisen auf einen Wandel der Beziehung zwischen den Medien und den Wahlkampagnen hin, insbesondere deshalb, weil die Kandidaten sich von den Massenmedien distanziert und für andere Kanäle entschieden haben. Offenbar haben sie ihre Bedeutung gerade deswegen verloren, weil sie zu umstrittenen politischen Akteuren auf der Grundlage von im wesentlichen kommerziellen Interessen geworden sind (Valencia Mejía, 2007, S. 3). Diese Option, die sich während der Kampagnen als erfolgreich herausstellte, scheint nun unter der Regierung keine Kontinuität zu behalten, da diese ihre Kommunikationsinitiativen hauptsächlich an die Medien richtet.

Parallel dazu ist eine unangemessene Positionierung der Präsidentin festzustellen, was die Kommunikationsfähigkeit der Regierung noch weiter schwächt. Als Subjekt der öffentlichen Kommunikation zeichnet sich die Präsidentin durch ihr natürliches Kommunikationstalent aus. Die Eigenschaften, die in der Wahlkampagne eine entscheidende Rolle spielten, scheinen jetzt in der Regierung nicht in ihrem ganzen Potential genutzt zu werden. "Ihre Kommunikationsstrategie ist ein Fiasko, weil sie ihre wichtigsten Attribute verdeckt: nämlich Empathie, Optimismus und Vitalität. Statt ihre charismatischen Eigenschaften zu nutzen, versteckt man sie, um sie zu schützen." (Luengo) Wieder einmal scheint die vermeintliche Notwendigkeit, die Präsidentin zu schützen, nur das zu vertiefen, was man eigentlich vermeiden möchte, und sie damit noch mehr zu schwächen. "Da die Präsidentin angeblich ein Defizit in bestimmten fachspezifischen Themen wie der Wirtschaft hat, exponiert man sie wenig. Das ist ein großer Fehler", fährt Alberto Luengo fort. Letztendlich seien die Faktoren, die den größten Einfluss auf die Zustimmung durch die Bevölkerung haben, nicht in erster

Linie mit den Fachkompetenzen der Politiker in den verschiedenen Regierungsressorts verbunden.

Auf der anderen Seite traf die Präsidentin auf gelegentliche Probleme bei Ortsbesuchen, bei denen sie von einigen Personen öffentlich beschimpft wurde, was von den Medien intensiv verbreitet wurde. Luengo relativiert jedoch die Folgen solcher Rückschläge, die es seines Erachtens keineswegs rechtfertigen, die Präsidentin etwas aus der öffentlichen Szene zurückzuziehen, und betont: "Ein Kommunikationstalent wie Michelle Bachelet erträgt das und noch viel mehr". Seiner Meinung nach, sei das Wichtigste zu zeigen, dass sie präsent ist, auch um sich der Kritik zu stellen. In dieser Hinsicht stimmt er mit dem Journalisten Mauricio Weibel überein: "Die größte kommunikative Stärke Bachelets ist ihre mediale Empathie; paradoxerweise ist jedoch ihre größte Schwäche die Art und Weise, wie ihre Person von den Medien gehandhabt wird [...]". So wurden zum Beispiel die Erfolge der Regierung im Bereich der Sozialpolitik nicht ausreichend kapitalisiert. Zusammengefasst hängt dies nicht nur mit der klaren Oppositionshaltung der meisten chilenischen Massenmedien zusammen, sondern eben auch mit dem Fehlen einer adäquaten Kommunikationsstrategie. Alberto Luengo greift auf eine Metapher aus dem Fußball zurück um zusammenzufassen, was es seines Erachtens bedeutet, darauf zu beharren, die Präsidentin nicht den Medien auszusetzen: "Das ist, wie wenn man einen Stürmer in der Abwehr einsetzt" (Luengo).

Der Faktor "G"

Die interviewten Journalisten stimmen überein, dass die Tatsache, Frau zu sein, in diesem Kontext ein Faktor unter anderen ist, aber nicht notwendigerweise der, der die Konflikte ihrer Regierung definiert. Die Interpretationen, wie sich der Genderfaktor auswirkt, sind sehr gegensätzlich. "Trotz des Rückgangs ihrer Popularität vermeidet Bachelet vielleicht einen noch größeren Absturz gerade weil sie eine Frau ist und auf Grund der Empathien, die ihr Führungsstil hervorruft". Nicht umsonst ist die Unterstützung, die sie erhält, immer noch doppelt so hoch wie die ihrer Koalition oder der Opposition", sagt Mauricio Weibel. Man kann nicht eindeutig bestimmen, in welchem Maße sie die Tatsache, Frau zu sein, bevor- oder benachteiligt. Manuela Gumucio warnt jedoch vor der Gefahr, das Geschlecht der Präsidentin in den Vordergrund zu stellen und sie nicht als Ebenbürtige im Kreis der Spitzenpolitiker zu sehen. Gumucio zufolge würden sich die Medien dieser Sichtweise anschließen, die paradoxerweise von der Präsidentin selbst und ihrem Umfeld ausgehen: "Die Presse kritisiert sie wegen ihres Stils, den sie in einer nicht expliziten Weise dem Frausein zuschreiben, statt ihn mit politischen und administrativen Fragen zu verbinden. Zur gleichen Zeit sagt sie 'man greift mich an, weil ich eine Frau bin'. Auf diese Weise wird es unmöglich, sie hiervon unabhängig als Spitzenpolitikerin zu sehen, und diese Verschiebung des Fokusses ist verhängnisvoll". Gumucio schließt mit einer deutlichen Empfehlung: "Ich würde umgehend den Diskurs des 'man verfolgt mich, weil ich eine Frau bin' abstellen." (Gumucio).

Man sollte über diese Empfehlung nachdenken, nicht nur im Bezug auf die chilenische Staatspräsidentin, sondern im Hinblick auf jede Politikerin, die Leitlinien für eine Kommunikationsstrategie aufstellen möchte. Im Falle Michelle Bachelets muss jedoch darauf hingewiesen werden, dass eine Durchsicht zahlreicher im letzten Jahr in den wichtigsten Medien veröffentlichter Artikel keine solchen offensichtlichen Anzeichen der Selbstbemitleidung erkennen lässt. Was aber eindeutig unbestreitbar ist, ist die deutliche Genderperspektive, die die Präsidentin bei der Analyse ihrer Regierung zum Ausdruck bringt. So zum Beispiel: "Mich hat der Stellenwert der Genderfrage sehr beeindruckt. Ich bin Ärztin und in meinem Beruf war die Tatsache, Frau zu sein, nie ein Thema. In der Politik dagegen ist dies von Bedeutung. Die Parteien sind machistisch geprägt, es gibt Widerstand dagegen, dass eine Frau eine Führungsrolle übernimmt. Das habe ich selbst erlebt. Aber ich beklage mich nicht. Das ist die patriarchalische Kultur. Es wäre unsinnig, das zu leugnen" (Peña, 2007). Im selben Gespräch und die angeblich fehlende Autonomie der Minister ansprechend, fragt der Journalist, ob sie diesbezüglich Genderprobleme sehe. Michelle Bachelet antwortet: "Vielleicht. Die Klagen über fehlende Autonomie sind nur ein symbolischer Widerstand gegen die Tatsache, dass eine Frau bestimmt [...]". Die Präsidentin räumt jedoch einen eventuellen Klageton beiseite, indem sie fortfährt: "Ich bin realistisch und beklage mich nicht. Man wird schon noch lernen, dass weibliches Leadership nicht mit mangelnder Entscheidungskompetenz zu tun hat, sondern mit dem Stil, dem dabei gefolgt wird [...]" (Peña, 2007).

Die Genderprägung, die Bachelet in der Präsidentschaftskampagne eingeführt hat, blieb während ihrer Regierung erhalten, wie der folgende von der Präsidentin häufig benutzte Satz zeigt: "Wenn eine Frau allein in die

Politik geht, ändert sich die Frau, wenn viele Frauen in die Politik gehen, ändert sich die Politik, und eine der Herausforderungen und Bedürfnisse der Demokratie ist eindeutig die Verbesserung der Qualität der Politik." (Presidenta anuncia ley..., 2007)

Indem sie die Genderfrage in ihrem Diskurs thematisiert, ist Michelle Bachelet eine Ausnahme im Spektrum der führenden Politikerinnen. Dies zu tun, zeigt einen gewissen Grad an Mut, wenn man die schlechte Presse berücksichtigt, die der Feminismus in der politischen Szene üblicherweise hat. In diesem Sinne ist sie das Gegenbild zu der normalerweise in den Medien dargestellten "Erfolgsfrau", die sich von der Bewegung der Frauen und der Feministinnen eher distanziert (Muñoz, 2006). Trotz der Konsequenz der Präsidentin auf diesem Gebiet gibt es doch noch Gelegenheiten, in denen es immer noch notwendig scheint, genderrelevante politische Forderungen abzuschwächen: "In Bezug auf eine mögliche Kritik an ihrem Genderprogramm in Politikfeldern, die Frauen und Männer gleichermaßen betreffen, verteidigte Bachelet ihr Enagement für Frauen und argumentierte, dass 'es sich dabei nicht etwa um eine feministische Anwandlung handle, sondern um einen ethischen und politischen Imperativ'" (Presidenta anuncia ley..., 2007). Auch wenn hier keine Position des Selbstmitleids mitschwingt, so ist doch eine gewisse defensive Haltung festzustellen, die in Bezug auf die Zielsicherheit, mit der die Präsidentin seit der Kampagne in diesem Terrain voranschreitet, kontraproduktiv sein könnte.

5 Schlussfolgerungen

Michelle Bachelet hat sich zum Ziel gesetzt, ihr Land durch wichtige Reformen des sozialen Sicherungssystems solidarischer zu gestalten, und versucht gleichzeitig, Kanäle für eine bessere Berücksichtigung der Anliegen der Bürger zu öffnen. Dieses Konzept und die Anstrengungen der Regierung in dieser Richtung spiegeln sich in der Agenda der Medien nicht wider. "Es gibt keine öffentliche Debatte über die Politik der Regierung", sagt Alberto Luengo. Ein wichtiger Teil der Hindernisse dafür ist auf die aktuelle politische Landschaft und die besonderen Interessen der Medien zurückzuführen. Allerdings muss auch auf ein bedeutendes Defizit der Kommunikationspolitik der Regierung hingewiesen werden. Mauricio Weibel hebt besonders die fehlende Klarheit in Bezug auf eine allgemeine Kommunikationspolitik und deren operative Umsetzung sowie vor allem das Fehlen einer den gesamten Regierungs- und Parteienapparat erfassenden und an die Bürger gerichteten Kommunikationsstrategie hervor. So wie dies in praktisch allen Regierungsstellen der Fall ist, scheinen sich die Aufgaben im Bereich der Kommunikationspolitik auf Presseaktionen zu beschränken. "Dazu kommen noch die Prozesse des *Priming* und *Framing*, die ein Bild vervollständigen, in dem durch die konstante Infragestellung der Handlungen der Regierung ihre eigentliche Politik nicht mehr dargestellt wird", fügt Weibel hinzu.

Über die besonderen Kommunikationsschwierigkeiten, denen die Regierung Bachelet zur Zeit ausgesetzt sein mag, hinaus ist es offensichtlich, dass die Mediatisierung der Politik, vor allem im Bereich des Fernsehens, die Vertiefung der politischen Debatte nicht gerade fördert. Giovanni Sartori hat vor wenigen Jahren angemerkt, dass "die Ära der neuen auf dem Bildschirm vermittelten Politik" (Sartori, 2003) für eines der wesentlichen Ziele der Demokratien, nämlich dem Verständnis der Probleme, nicht positiv ist. Abgesehen von dieser eher universellen Tendenz, ist die politische Debatte in Chile in ihren Beschränkungen deutlich einseitig geprägt. "Die Debatte, die uns interessiert, können wir nicht führen. Ist Chile der Musterschüler mit vollen Kassen, oder müssen wir eine Kehrtwendung machen und ein für alle Mal die sozialen Ungleichheiten angehen?" Die Journalistin spielt auf eine der großen, in Chile noch anhängigen Aufgaben an: die Umverteilung des Reichtums. Im lateinamerikanischen Kontext ist Chile, trotz seiner beneidenswerten makroökonomischen Indikatoren, eines der Länder mit der höchsten Ungleichheit. "Welche Möglichkeiten hat eine Präsidentin, die Debatte über die Sozialreformen zu vertiefen, wenn im Rahmen der Medien, die großen *Issues* an der ökonomischen Effizienz des Landes und den Variationen der Börse gemessen werden, aber das Thema der Gewinnmargen der Unternehmen nicht angesprochen werden darf. Auf diesem Gebiet ist eine Kollusion der Medien zu beobachten: Es gibt verbotene Themen." (Gumucio).

Dieses komplexe Panorama macht es umso schwieriger festzustellen, in welchem Maße der Genderfaktor das Verhältnis der Präsidentin Chiles zu den Medien sowie die Behandlung ihrer Agenda in den Medien erschwert oder erleichtert. Zu beobachten ist nicht so sehr eine klare Angriffshaltung gegenüber der Präsidentin, weil sie Frau ist, sondern Botschaften voller Widersprüche. Auf der einen Seite wird die Notwendigkeit, in Fragen der

Gendergleichheit voranzukommen, als praktisch selbstverständlich gesehen, während gleichzeitig sexistische Stereotypen wiedergegeben und verstärkt werden, die die Diversität ignorieren oder leugnen, aber fast immer zum Nachteil der Frauen ausfallen.

Kommentare wie "Nie wieder eine Frau zur Präsidentin" sind ein klares Indiz für die vorhandenen Vorurteile und Diskriminierung. Es ist überflüssig zu erwähnen, dass die zahlreichen Fehler, die wahrscheinlich von Hunderten männlichen Politikern begangen wurden, keine Kommentare wie "Niemals wieder ein männlicher Präsident" ausgelöst haben.

Wenn die Frage also ist, warum die Medien Präsidentin Bachelet und über ihre Position hinaus die Politikerinnen im Allgemeinen immer noch diskriminierend behandeln, so springt die Antwort ins Auge: Weil die jeweilige Gesellschaft diesen Umgangston aufweist, und die Medien sind nun einmal keine von dieser unabhängige Anhängsel. Dies bedeutet nicht, dass man darauf verzichten soll, Gesellschaften und damit auch Medien anzustreben, die im Sinne der Gendergleichheit respektvoller und konstruktiver wären. Michelle Bachelet fasst dies selbst wie folgt zusammen: "Mir ist klar, dass ich damit einen gewaltigen Kulturwandel symbolisiere, einen unumkehrbaren Wandel. Ich weiss nicht, ob es in der Zukunft wieder eine Präsidentin geben wird oder nicht. Hoffentlich ja. Aber von etwas bin ich überzeugt: Wenn mir die Mädchen früher sagten, sie wollten Ärztin werden, so sagen sie mir jetzt, dass sie Präsidentin werden wollen. Das wird dem Land guttun [...]." (Peña, 2007)

Literatur

Bachelet sobre Transantiago. (2007, 11. April). *La Segunda.*

Belisario Velasco afirma que Bachelet también conoció informe del Metro que advertía colapso del Transantiago (2007, 30. Juli). *La Tercera.* http://www.latercera.cl/medio/articulo/imprimir/0,0,3255_5664_285592518,00.html

Carrera, C. (2003, 28. April). Interview, *El Periodista.*

El fulminante debut de Michelle Bachelet. (2007, 26. Februar) *La Tercera.* Abgerufen am 28. August 2007 von www.latercera.cl/medio/articulo/imprimir/0,0,3255_66602343_190738084,00.html

Femicidio Político. (10. –23. August, 2007). *Punto Final.*

Fernández, M. de los Ángeles (2006, 24. Januar). La primera presidenta de Chile: los desafíos de Michelle Bachelet. *El Mercurio.*

Fernández, M. de los Ángeles (2007). *Bienvenida Paridad.* Santiago de Chile: Cuarto Propio.

Genovese, M. A. (Hrsg.) (1993). *Women as national leaders.* Thousand Oaks, CA: Sage.

Gerber, E. (2006). *Comunicación y política. La campaña presidencial de Michelle Bachelet.* Santiago de Chile: Kompetenzzentrum für Kommunikation, Friedrich-Ebert-Stiftung.

Hardy, C. (2005). *Eliterazgo. Liderazgos femeninos en Chile.* Santiago de Chile: Catalonia.

Lagos Weber, R. (2007, 9. September). Im Rahmen des Programms *Estado Nacional* [Fernsehprogramm] abgegebene Erklärungen. Santiago de Chile: Kanal Televisión Nacional

Mastrini, G., & Becerra, M. (2006). *Periodistas y magnates. Estructura y concentración de las industrias culturales en América Latina.* Buenos Aires: Prometeo libros.

Moulian, D. (2007). Conflictividad social en la agenda informativa 2006. La excepcionalidad estudiantil. In Secretaría de Comunicaciones (Hrsg.), *La función política de la Televisión. Tendencias, contenidos y desafíos en el Chile de hoy* (S. 111–124). Santiago de Chile: Ministerio Secretaría General de Gobierno de Chile.

Muñoz Castillo, C. (2006). *Al margen: la representación de las mujeres en los medios de comunicación.* Untersuchung für die Arbeitsgruppe Agenda Pro-Gender, organisiert von der Stiftung Chile 21 und der Friedrich- Ebert-Stiftung in Chile, November 2006-Mai 2007, Santiago de Chile.

Navia Patricio. (23. Juni 2006). A ver quién lleva la batuta. *La Tercera.*

Peña, C. (2007, 19. August). Los que digan que no han sido empoderados, mienten. *El Mercurio.*

Presidenta anuncia ley de cuotas y la vincula con aporte a candidatas. (2007, 7. August). *La Nación.*

Presidenta admite que su instinto le decía que no pusiera en marcha el Transantiago. (2007, 11. April). *La Nación.*

Richards, N. (2007, 17. August). Estrategias para mirar. *Página 12.* Abgerufen von http://www.pagina12.com.ar/diario/suplementos/las12/13-3541-2007-08-17.html

Sartori, G. (2005). *Homo Videns. La sociedad teledirigida.* Buenos Aires: Ed. Taurus.

Secretaría de Comunicaciones (SECOM) (Hrsg.) (2007). *La función política de la Televisión. Tendencias, contenidos y desafíos en el Chile de hoy.* Santiago de Chile: Ministerio Secretaría General de Gobierno de Chile.

Souza, María Dolores (2007). Retrospectiva sobre audiencia televisiva. In Secretaría de Comunicaciones (Hrsg.), *La función política de la Televisión. Tendencias, contenidos y desafíos en el Chile de hoy* (S. 125–131). Santiago de Chile: Ministerio Secretaría General de Gobierno de Chile.

Valencia Mejía, Marina (Hrsg.) (2007). Se nos rompió el amor. Elecciones y medios de comunicación – América Latina – 2007, Kompetenzzentrum für Kommunikation, Friedrich-Ebert-Stiftung, Bogotá.

Vidal Francisco. (2007, 7. September). Para la mala memoria, la historia, *La Segunda.*

Who makes the news report (2005). http://www.whomakesthenews.info/who_makes_the_news/report_2005

"Lieber Hillary als Evita?" Cristina Kirchner und der argentinische Präsidentschaftswahlkampf in der argentinischen und deutschen Presse

Malvina Rodríguez

Cristina Fernández de Kirchner war nicht "die Erste", als sie in den Wahlkampf um das Präsidentenamt ging. Schon 1974 bis 1976 stand eine Frau in Argentinien an der Spitze des Staates. María Estela Martínez de Perón, bekannt als Isabel oder Isabelita, war damit nicht nur die erste Frau als Präsidentin Argentiniens, sondern eines lateinamerikanischen Landes überhaupt. Isabel Perón war allerdings nicht durch eine Wahl an die Macht gekommen. Ihr Mann, Juan Perón, war im Oktober 1973 nach langen Jahren im spanischen Exil, zum dritten Mal Präsident von Argentinien geworden. Er machte seine Frau zur Vizepräsidentin, die allerdings im Schatten von Peróns zweiter Frau "Evita" stand. Diese hatte als "Engel der Armen" Mitte der vierziger Jahre den Präsidentschaftswahlkampf ihres Mannes erfolgreich unterstützt und als First Lady erhebliche Popularität in der Bevölkerung erlangt, die ihrem Mann zugute kam.

Als Juan Perón im Juli 1974 starb, wurde Isabel Perón Staatspräsidentin von Argentinien. Ebenso wie Indira Gandhi (Premierministerin Indiens 1966 bis 1977 und 1980 bis 1984), Corazón Aquino (Präsidentin der Philippinen 1986 bis 1992), Benazir Bhutto (Premierministerin von Pakistan 1988 bis 1990 und 1993 bis 1996) kam Isabel Perón zu ihrem Amt als "Frau bzw. Tochter von" (vgl. dazu auch Holtz-Bacha, Frauen… in diesem Band). Tatsächlich galt sie als schwache Präsidentin, die den Interessen der Peronisten ausgeliefert war. Sie wurde 1976 vom Militär abgesetzt, die das Land bis 1983 regierten.

Auch Cristina Kirchner ist eine "Frau von". Ihr Mann, Néstor Kirchner, war seit Mai 2003 argentinischer Staatspräsident. Allerdings hatte Cristina Kirchner bereits eine eigene politische Karriere hinter sich, so dass sie sich als Präsidentschaftskandidatin nicht nur als Frau des Präsidenten und aus ihrer Rolle als First Lady heraus empfohlen hat. Seit 2005 war sie Senatorin von Buenos Aires, ein Amt, das traditionell als einflussreich gilt. Ob sie eine Nachfolgerin der mythischen Evita darstellt, bleibt immer noch fraglich. Die argentinische Presse scheint ihr diese Stelle nicht zuzusprechen, während die internationale Presse die Parallele zwischen Cristina und Evita offenbar durch den Bezug zu Hillary Clinton ersetzt hat, die ebenfalls Frau eines Präsidenten ist und sich nun selbst um die Präsidentschaftskandidatur bemüht. Ein Beispiel dafür ist ein Artikel in der *Süddeutschen Zeitung*, der mit "Lieber Hillary als Evita" (Oswald, 2007) überschrieben war; darauf verweist auch der Titel dieses Beitrages.

Eine Frau, die in Argentinien eine politische Karriere anstrebt und erst recht, wenn sie sich um ein höheres Amt in der Politik bewirbt, begibt sich in eine beinahe paradoxe Situation: Auf der einen Seite sind Frauen an der Spitze der politischen Hierarchie in Argentinien – ebenso wie mittlerweile auch in anderen lateinamerikanischen Staaten – nicht ganz fremd; auf der anderen Seite kämpfen sie mit dem "machismo" und der damit verbundenen Dominanz von Männern in der Gesellschaft.

Im argentinischen Parlament sitzen derzeit über 33 Prozent weibliche Abgeordnete und 40 Prozent Senatorinnen. Aus dem Parlament kam nicht nur die Ex-Senatorin und am 28. Oktober 2007 gewählte Präsidentin Argentiniens Cristina Kirchner, sondern auch ihre erfolgreichste Kontrahentin, die Abgeordnete Elisa Carrió. Diese hat mit 22.95 Prozent den zweiten Platz[1] bei der Wahl erreicht. Carriós Wahlergebnis war allerdings für eine Stichwahl nicht genug, denn Cristina Kirchner hatte sich mit 44.92 Prozent und über zehn Punkten Differenz zur zweiten Kandidatin nach dem argentinischen Wahlgesetz den Sieg bereits gesichert. Mit der Kandidatur von Cristina Kirchner und von Carrió wurde die Präsidentschaftswahl 2007 auch als "Duell zwischen Frauen" ausgerufen. Trotzdem trat ein dritter Kandidat auf, der ernsthafte Chancen hatte, die Wahl zu gewinnen. Der Ex-Wirtschaftsminister Roberto Lavagna erhielt 16.88 Prozent der Stimmen. Ob seine Kandidatur dazu beigetragen hat, dass die Wahl in den Medien als Geschlechterduell galt, soll durch eine quantitative Inhaltsanalyse der Berichterstattung der argentinischen Presse überprüft werden. Darüber hinaus wird die selbstverständlich geringere, aber signifikante Berichterstattung über die argentinischen Wahlen in der deutschen Presse untersucht. Der unterschied-

[1] Alle Wahlergebnisse entsprechen der offiziellen Information des argentinischen Innenministeriums. http://www.resultados2007.gov.ar/paginas/f_top.htm [30.12.2007]

liche Umfang der Berichterstattung in den beiden Ländern ist bei einem Vergleich der Ergebnisse zu berücksichtigen.

Die Frage "Wie gehen die Medien in Argentinien mit Politikerinnen um?" besitzt hohe Aktualität. Diese gründet sich nicht nur im Ergebnis der letzten Präsidentschaftswahl in einem der größten Länder Lateinamerikas, sondern erklärt sich auch aus der spannenden Tatsache, dass sich in den letzten Jahren eine ganze Reihe von Politikerinnen um Spitzenpositionen in Deutschland, Frankreich, Chile und kürzlich der Vereinigten Staaten bemüht und qualifiziert hat. Die argentinische Forschung hat das Thema bislang nur am Rande berücksichtigt, da in Lateinamerika eine nur geringe Kooperation zwischen Geschlechterforschung und politischer Kommunikation besteht. Nach der genannten politischen Entwicklung ist jedoch ein wachsendes Interesse am Thema zu erwarten. Die Forschung über die politische Partizipation von Frauen hat sich mit der Rückkehr der Demokratie ab den 80er Jahren intensiviert. Die Implementierung eines Quotengesetzes Anfang der 90er Jahre hat ein Jahrzehnt später eine Evaluierung der Fortschritte animiert (vgl. z. B. Vázquez, 2002; Lubertino, 2003). Eine genaue Betrachtung der Rolle der Medien bei diesem Prozess steht noch aus.

1 Frauen in der argentinischen Politik: Vom Gesetz favorisiert, wegen "Machokultur" gescheitert

Die Verfassungsänderung 1994 schließt eine Garantie ein, die eine gleichgewichtige Teilnahme von Frauen am öffentlichen Dienst begünstigt[2]. Die reale Chancengleichheit zwischen Männern und Frauen sollte dementsprechend durch positive Diskriminierung in den Parteiregulierungen sowie im Wahlrecht gewährleistet werden.

Das Gesetz Nr. 24.012 (Quotengesetz genannt), verabschiedet 1991, fordert eine Berücksichtigung von Frauen auf den Wahllisten mit einem Anteil von mindestens 30 Prozent. Diese Quote gilt zunächst für die Legislative, die Übertragung auf den Bereich der Gerichtsbarkeiten ist noch in der Diskussion. Im internationalen Vergleich befindet sich Argentinien mittler-

[2] Argentinische Verfassung, Kap. II, Art. 3, letzter Absatz: "La igualdad real de oportunidades entre varones y mujeres para el acceso a cargos electivos y partidarios se garantizará por acciones positivas en la regulación de los partidos políticos y en el régimen electoral."

weile auf dem neunten Platz bezüglich der Repräsentanz von Frauen im Parlament[3]. Die Zahl der weiblichen Abgeordneten überschreitet bereits die erforderlichen 30 Prozent. Die Präsenz der Frauen in der Politik ist seit der Verabschiedung des genannten Gesetzes stetig gestiegen und hat auch zu entsprechenden Forderungen von Frauen in anderen Bereichen geführt[4]. Die beiden Kandidatinnen bei der Wahl 2007, Cristina Kirchner und Elisa Carrió, kamen aus der Legislative.

Von 257 Abgeordneten des argentinischen Parlaments entfielen vor den Wahlen 2007 85 Sitze (etwa 33%) auf Frauen. Patricia Vaca Narvaja, die Fraktionsmitglied der Regierungspartei ist, hatte sogar die Vizepräsidentschaft des Abgeordnetenhauses inne. Im Senat, der konservativsten Kammer des Parlaments, besetzten Frauen 30 von insgesamt 72 Sitzen. Trotzdem bleiben diese Zahlen im Vergleich mit der Bevölkerungsverteilung unausgeglichen, denn die Frauen stellen rund 51 Prozent der gesamten Bevölkerung.[5] Immerhin ist aber Argentinien damit Vorreiter im lateinamerikanischen Raum. Chile diskutiert ähnliche rechtliche Maßnahmen, um die effektive Teilnahme von Frauen in öffentlichen Ämtern zu begünstigen. Ein neues Quoten-Gesetz soll demzufolge absichern, dass mindestens 30 Prozent der Kandidaturen von den verschiedenen Parteien auf Frauen entfallen[6].

Hinsichtlich der Beteiligung von Frauen an der Politik steht Argentinien neben Costa Rica an der Spitze der lateinamerikanischen Länder. Laut ECLAC/CEPAL entwickelt sich die Frauenpartizipation allerdings noch sehr langsam, da die Teilnahme der Frauen auf den wichtigsten Positionen der Regierungen noch nicht ausreichend erscheint. Durchschnittlich besetzen die lateinamerikanischen Frauen zwischen zehn und zwölf Prozent der

---

[3] Inter-Parliamentary Union (IPU) (2007). Women in National Parliaments. World Classification. Stand: 30. September 2007. http://www.ipu.org/wmn-e/arc/classif300907.htm [26.11.2007]

[4] Infobae: Impulsan el "cupo femenino" en las empresas privadas. (2007, 18. November). http://www.infobae.com/notas/nota.php?Idx=349374&IdxSeccion=0 [26.11.2007]

[5] INDEC (Staatliches Institut für Statistiken und Zensus). Die 2001 Volkszählung kam auf eine Bevölkerungszahl von 36.260.130, darunter 18.601.058 Frauen. Aktuellere Daten weisen eine Bevölkerungszahl von rd. 37.1 Mio aus. http://www.indec.mecon.ar/ [1.2.2008]

[6] Diario Crónica: Bachelet firmó proyecto de ley. Incentivan participación de mujeres en la política. (2007, 30. Oktober). Concepción, Chile. http://www.cronica.cl/edicion_cronica/seccion/articulo.php?id=40456&dia=1193713200 [22.11.2007]

politischen Ämter. In Costa Rica sitzen 35 Frauen im Parlament. In Paraguay sind nur drei Prozent der Abgeordneten Frauen, obwohl sie 18 Prozent der Sitze in der ersten Kammer erreichten.[7]

Trotz der guten Indikatoren im Lateinamerika-Vergleich lässt die Gleichberechtigung in Argentinien noch zu wünschen übrig. Die vom Gesetz geforderte Gleichstellung der Geschlechter erweist sich als lediglich formell. Die wirtschaftlichen Krisen haben insbesondere die weibliche Bevölkerung aus den ärmsten Sektoren der Gesellschaft betroffen (vgl. Giacometti, 2005). Solche Frauen dienten als sekundäre Arbeitskraft, die von vielen Unternehmen unter niedrigeren Löhnen eingestellt wurden. Aus der Erhöhung der Arbeitslosigkeit folgte so ein rasches Wachstum von alleinigen Familienernährerinnen. Politischen Fortschritten stehen demzufolge noch wirtschaftliche Ungleichheiten gegenüber. Obwohl Argentinien in dieser Hinsicht noch von anderen Ländern übertroffen wird, bezeichnen es Intellektuelle immer noch als ein von der Machokultur geprägtes Land (Kliksberg, 2006; Pisani, 2007; Tokatlian, 2000). Die Frauen werden nicht vollständig als autonome Menschen anerkannt und die Manipulation ihrer Rolle betrifft alle Schichten der Gesellschaft. Laut Tokatlian (2000) verbreiten Fernsehen und Werbung in Argentinien ein passives, manipulierbares, schwaches und abhängiges Bild der Frauen.

2 Women on top? Der Wahlkampf 2007

Der Wahlkampf 2007 versprach ein Duell zwischen Frauen. In diesem Zusammenhang stellen sich mehrere Fragen: Was bedeutet das für die Emanzipation der Frauen in Argentinien? Welche politischen und gesellschaftlichen Gruppierungen vertraten die beiden Kandidatinnen? Warum entschied sich Präsident Kirchner, seiner Frau den Vortritt bei der Kandidatur zu lassen. Die Beantwortung dieser Fragen erfordert zunächst einen Blick auf die Situation des Landes vor den Wahlen.

Das Urteil über Néstor Kirchner in Argentinien ist ambivalent. Der Staatschef genoss bis zu den Wahlen ein hohes Ansehen bei einem erheblichen Teil der argentinischen Bevölkerung. Das konnten frühere argentinische Präsidenten nicht unbedingt von sich behaupten. Kirchner hätte trotz-

[7] Women's contribution to equality in Latin America and the Caribbean. August 2007. Publikation ECLAC/CEPAL. http://www.eclac.org/ [26.11.2007].

dem Schwierigkeiten gehabt, eine zweite Amtszeit ohne Stichwahl zu gewinnen. Mehrere Gründe sprachen gegen seine Kandidatur 2007. Erstens hätte er während der letzten Monate seiner Amtszeit nur schwer einen Wahlkampf bewältigen können. Schwierige Umstände wie die Energiekrise, die sich im Wahljahr verschäefte, sowie die wachsende Inflation und andere Probleme wie Unsicherheit und Kriminalität vor allem in den dicht bevölkerten und einflussreichen Metropolen waren mehr als genug, um ihn zu beschäftigen. Zweitens hatte die Eskalation von Korruptionsfällen in der Regierung seit Anfang 2007 das Image des Peronisten Kirchner beschädigt, so dass ein Sieg in der ersten Runde nicht nur ungewiss war, sondern obendrein eine komplizierte Lage für die Stichwahl vorherzusehen war. Drittens, obwohl das nicht leicht zu überprüfen ist, scheint sich dahinter die Strategie Kirchners abzuzeichnen, unter seinem Namen eine Dynastie zu begründen und in der Regierung zu verewigen. So kam seine Gattin – Cristina Fernández de Kirchner – schon im Frühjahr als potentielle Kandidatin in die Diskussion.

Cristina Kirchner kandidierte erst, nachdem ihr Mann Umfragen hatte durchführen lassen, die zu positiven Ergebnissen führten. Die offizielle Präsentation zur Kandidatur erfolgte am 19. Juli 2007 durch einen Auftritt vor einer begrenzten Öffentlichkeit in Cristinas Heimat und Hauptstadt der größten Provinz Buenos Aires, La Plata. Den Medien wurde die Kandidatur durch die staatliche Nachrichtenagentur TELAM schon eine Woche vorher angekündigt. Bis dato hatte Elisa Carrió, Abgeordnete der Opposition, ihre Kandidatur angemeldet. Zwei Tage nach Kirchner ging mit Roberto Lavagna der dritte Kandidat, der ernsthafte Möglichkeiten hatte, gewählt zu werden, mit der Ankündigung seiner Kandidatur in die Öffentlichkeit. Nach der Finanzkrise 2001 war der Ökonom Lavagna Wirtschaftsminister unter dem damaligen Präsidenten Eduardo Duhalde. Er schaffte den Aufschwung der argentinischen Wirtschaft. Lavagna war auch Wirtschaftsminister unter Kirchner, wurde allerdings nach politischen Auseinandersetzungen mit der Regierung entlassen. Die anderen Kandidaten warteten mit der Anmeldung ihrer Kandidaturen fast bis zum Ende der Meldefrist. Insgesamt traten schließlich 14 Kandidaten zur Wahl an.

Die Wahlen 2007 ließen ein zersplittertes Parteisystem erkennen. "Keiner der 'starken' Kandidaten hatte wirklich eine parteipolitisch und demokratisch erlangte Legitimation vorzuweisen. Der Verfall der Parteisystems kam bei dieser Wahl besonders drastisch zum Vorschein." (Korneli, 2007).

Zum ersten Mal in 50 Jahren waren die großen Parteien – die Massenpartei *Justicialista* (PJ) und die liberale *Unión Cívica Radical* (UCR/Radikale Bürgerunion) – nicht selbständig vertreten. Der Umbruch der Parteien war insbesondere durch die Bürgerdemonstrationen im Dezember 2001 ausgelöst worden, nachdem der aus der *Radical* Partei stammende Präsident Fernando De La Rúa sein Amt niedergelegt hatte. Die Demonstranten forderten den Abgang aller Politiker (*Que se vayan todos*). Politik- und Parteienverdrossenheit haben seitdem die Personalisierung der Kampagne gefördert. Die Parteien sind keine Orientierungspunkte mehr, denn die Kandidaten verschiedener Parteien bilden Bündnisse, sogar mit ehemaligen Kontrahenten, um einen größeren Teil der Wählerschaft für sich zu gewinnen.

Die UCR trat in den Wahlen 2007 im Rahmen einer Parteienkoalition auf, die den Ex-Minister Lavagna unterstützte. Die christlich-sozialistische Kandidatin Carrió gehörte früher zu den Radikalen, bildete danach aber ihr eigenes Wahlbündnis. Zur Partei von Perón gehörten zumindest drei der Kandidaten: Cristina Kirchner, die für die "Front für den Sieg" – einem Wahlverein des Kirchner-Flügels der *peronista* Partei – antrat; der *antikirchner peronista* Alberto Rodríguez Saa und Lavagna selbst, der sich gern als unabhängig bezeichnet, jedoch Wirtschaftsminister in zwei peronistischen Regierungen war. Die Kandidaten für die Vizepräsidentschaft steigerten noch die Komplexität der politischen Landschaft Argentiniens: Mit Cristina Kirchner stellte sich der *radical* Julio Cobos zur Wahl, der aus seiner Partei wegen dieser Aktion ausgeschlossen wurde. Lavagna wurde von einem anderen *radical* begleitet, dem Parteivorsitzenden Gerardo Morales.

Neben der vorliegenden Studie über den Umgang der Medien mit Politikerinnen im Wahlkampf verweist das Wahlergebnis auf einige bedeutsame Veränderungen in diesem südamerikanischen Land. Cristina Kirchner ist nicht die "erste" Frau in der argentinischen Politik, die so weit aufgestiegen ist. Dennoch waren diese Wahl und der Sieg der Kandidatin ein Markstein:

- Sie ist die erste Frau, die in demokratischen Wahlen zur Präsidentin Argentiniens gewählt wurde.
- Sie erzielte in der ersten Runde ein Ergebnis mit einem so großen Abstand zum zweiten Wahlbündnis wie kein anderer Kandidat seit der Rückkehr zur Demokratie im Jahr 1983.

- Die Wahlbeteiligung war die niedrigste der Geschichte Argentiniens. Obwohl 71.81 Prozent[8] der wahlberechtigten Bürgerinnen und Bürger an der Wahl teilnahmen, gilt diese Quote in Anbetracht der in Argentinien geltenden Wahlpflicht als sehr gering.
- Die Wahl 2007 setzte die längste Periode der Demokratie in der Geschichte Argentiniens fort.

3 Ziele der Untersuchung und methodisches Vorgehen

Ziel dieser Untersuchung war zu analysieren, wie die argentinische und die deutsche Presse über Politikerinnen im Wahlkampf im Vergleich zu ihren männlichen Konkurrenten berichtet. Insbesondere galt es zu prüfen, inwieweit sich in der Kampagnenberichterstattung genderspezifische Klischees und Stereotypen zeigten. Interkulturellen Unterschieden lässt sich außerdem durch einen Vergleich der argentinischen mit der deutschen Berichterstattung über den Wahlkampf auf die Spur kommen.

Analysiert wurden die auflagenstärksten Blätter der argentinischen Qualitätspresse: *Clarín, La Nación, Ámbito Financiero* und *Página 12*. Die Inhaltsanalyse berücksichtigte außerdem das Boulevardblatt *Crónica* und das Nachrichtenmagazin *Noticias*. All Zeitungen erscheinen in Buenos Aires, werden aber überregional verbreitet. Tabelle 1 bietet einen Überblick über Merkmale und den politischen Standort der ausgewählten Medien[9].

Für die Untersuchung der deutschen Berichterstattung wurden *Süddeutsche Zeitung, Frankfurter Allgemeine Zeitung, Frankfurter Rundschau, Die Welt, Tageszeitung (taz)* und *Bild* herangezogen. Ein der argentinischen Zeitschrift *Noticias* entsprechendes deutsches Nachrichtenmagazin fehlt hier, da *Spiegel* und *Focus* im Untersuchungszeitraum kaum nennenswert über die Wahl in Argentinien berichtet haben. Der Zeitraum erstreckte sich auf die 60 Tage vor der Wahl am 28. Oktober bis zum 4. November 2007, das heißt eine Woche nach der Wahl. Aufgreifkriterium war die Nennung von mindestens einem der drei Kandidaten Kirchner, Lavagna oder Carrió. Die Analyse

---

[8] Offizielle Website des argentinischen Innenministeriums für die 2007 Wahlen. http://www.resultados2007.gov.ar/paginas/f_top.htm [30.12.2007]

[9] Eigene Aufstellung anhand folgender Quellen: IVC (Instituto Verificador de Circulaciones – Statistisches Institut für Auflagemessungen); Meinecke, 1992; O'Donnell, 2007.

berücksichtigte ausschließlich die redaktionellen Beiträge. Codiert wurden jeder sechste Artikel der argentinischen Tagespresse und alle Beiträge der Boulevardzeitung sowie des Nachrichtenmagazins. Daraus ergaben sich 698 Artikel. Die deutsche Berichterstattung beschränkte sich auf 40 Beiträge, die alle in die Analyse eingingen. Diese geringe Anzahl von Artikeln ist im Kontext der allgemeinen Berichterstattung über Argentinien zu sehen: Das Land gehört zu einer Region der Welt, die traditionell schwache Resonanz in der deutschen Presse findet (vgl. z. B. Wilke & Quandt, 1987). Insofern entspricht die Berichterstattung über die Wahl 2007 durchaus der durchschnittlichen Beachtung, die dieses südamerikanische Land in den deutschen Medien findet.

Tabelle 1: Die Medien der Untersuchung

Medium	Gründung	Auflage	Erscheinungsweise	Politische Orientierung	Tenor der Berichterstattung über die Regierung Néstor Kirchners
Clarín	1945	380.307 (1) 751.445 (2)	täglich	Links-liberal	eher positiv
La Nación	1870	162.199 (1) 253.696 (2)	täglich	konservativ	kritisch
Àmbito Financiero	1976	88.750 (3)	Montag bis Freitag	Rechts-liberal	kritisch / eher negativ
Página 12	1987	80.000 160.000 (4)	täglich	Links	kritisch / eher positiv
Crónica	1963	374.800 (5)	täglich	sensationalistisch-populär	eher positiv
Noticias	1976	48.600 (6)	wöchentlich	Mitte-links	negativ

(1) Stand 2007: Durchschnitt der verbreiteten Exemplare von Montag bis Freitag. IVC.
(2) Stand 2007: Durchschnitt der verbreiteten Exemplare der Sonntagsausgabe. IVC.
(3) Durchschnitt der Montagsauflage: http://www.ambitoweb.com/informacion/tirada.asp [20.01.2008]
(4) Stand 2005: Schätzungen für jeweils Montag bis Freitag bzw. Sonntagausgabe (O'Donnell, 2007, S. 116).
(5) Stand 1988. Morgen- und Abendausgabe zusammen gerechnet.
(6): Stand 2007: IVC.

4 Ergebnisse

Die Mehrheit der Artikel der argentinischen Presse stammt aus den beiden großen Tageszeitungen *Clarín* und *La Nación*. In Deutschland erschien im selben Zeitraum eine erhebliche Anzahl der Beiträge in den überregionalen Zeitungen *SZ*, *Welt* und *FAZ*. Bei der Analyse der deutschen Berichterstattung hinsichtlich ihrer Verteilung auf den Gesamtzeitraum fällt eine Konzentration (90% der Beiträge) in den letzten vier Wochen vor der Wahl auf. Sowohl in Argentinien als auch in Deutschland gab es die meisten Artikel im Ressort "Politik", wobei die Konzentration jedoch in der argentinischen Presse (70%) stärker war als in der deutschen (40%). Die übrigen deutschen Artikel verteilen sich auf die "Meinungsseiten" (18%), "Ausland/International/Die Welt" (15%), "Wirtschaft" (10%) und "Sonstiges" (18%). 70 Prozent der argentinischen und 65 Prozent der deutschen Beiträge entfielen auf Meldungen und Berichte. Auffällig ist, dass in Argentinien zu Cristina Kirchner relativ viele Reportagen (15%) und Kommentare (8%) zu finden waren. In der deutschen Presse gab es nur eine einzige Reportage über Kirchner, aber immerhin 20 Prozent Kommentare bzw. Leitartikel. Die Mehrheit der namentlich gezeichneten Artikel sowohl in Argentinien (47%) als auch in Deutschland (63%) stammte von einem männlichen Autor. In Deutschland ebenso wie in Argentinien verfassten Journalistinnen nur rund zehn Prozent der Artikel Diese Ergebnisse demonstrieren, dass der Journalismus nach wie vor ein Männerberuf ist, oder zumindest, dass die Redaktionen in den "harten" Ressorts wie Politik immer noch Journalisten bevorzugen (vgl. dazu Fröhlich, 2007).

Den überwiegenden Teil der analysierten Berichterstattung in Deutschland (55%) bilden die reinen Wahlthemen (Wahl, Wahlkampf, Umfrage- und Wahlergebnisse), gefolgt vom Thema "Innenpolitik/Korruption", das 15 Prozent der deutschen Beiträge prägte. Die Berichterstattung in Argentinien wies eine breitere Themenpalette auf. Neben einer klaren Dominanz des Wahlkampfes (33%) waren "Parteien" (9%), "Wirtschaft" (7%) und "Innenpolitik/Korruption" (6%) die Hauptthemen der Beiträge. Die Kandidaten selbst tauchten vergleichsweise selten als Hauptthema auf: Cristina Kirchner war in sieben Prozent der Artikel das zentrale Thema, während ihre Kontrahenten lediglich in drei Prozent (Carrió) und einem Prozent (Lavagna) als Hauptthema vorkamen.

Präsenz der Kandidaten

Die Tendenz der Themenauswahl spiegelt sich in der allgemeinen Verteilung der Berichterstattung nach Kandidaten wider. Für beide Länder ergibt sich ein ähnliches Bild, denn hier wie dort stand Cristina Kirchner im Mittelpunkt der Berichterstattung. 78 Prozent der argentinischen Beiträge gingen auf die damalige First Lady ein, und sie war in allen deutschen Artikeln über die Wahl vertreten. 30 Prozent der Artikel aus Argentinien erwähnten die Abgeordnete Carrió, gefolgt von Lavagna mit 25 Prozent. In Deutschland war Ex-Minister Lavagna Akteur in 25 Prozent und Carrió Akteurin in 38 Prozent der Artikel.

Diese Befunde wurden durch die Untersuchung der Zentralität des Bezugs anhand einer fünfstufigen Skala vertieft. Damit bestätigt sich nicht nur die dominierende Präsenz Kirchners in der Berichterstattung, sondern auch die eindeutige zentrale Behandlung ihrer Person. In 23 Prozent der argentinischen Artikel war Cristina Kirchner durchgehend Gegenstand der Berichterstattung, für Lavagna galt das nur in vier und für Carrió in sechs Prozent der Fälle. Von den deutschen Beiträgen konzentrierten sich 30 Prozent ganz auf Kirchner. Kein einziger Artikel behandelte durchgehend Lavagna, gerade einmal fünf Prozent räumten ihm etwa die Hälfte des Beitrags ein, und 20 Prozent erwähnten ihn äußerst peripher. Für Carrió sah es ganz ähnlich aus wie für Lavagna: Fünf Prozent der Artikel gingen etwa zur Hälfte auf die Kandidatin ein, und 33 Prozent bezogen sich nur am Rande auf Carrió.

Diese Befunde zu Häufigkeit und Zentralität der Berichterstattung über die Kandidaten stimmen in der Reihenfolge mit dem tatsächlichen Wahlergebnis überein. Die Berichterstattung über Kirchner lag allerdings deutlich über ihrem Wahlergebnis. Auch die Umfragen im Vorfeld der Wahl lagen mit ihren Prognosen richtig. Die Zeitung *Clarín* zum Beispiel sagte schon vor Beginn der heißen Wahlkampfphase anhand von Umfrageergebnissen voraus, dass Kirchner problemlos 45 Prozent der Stimmen bekommen würde, und das auch mit dem benötigten Abstand von ihren Herausforderern, um eine Stichwahl auszuschließen.[10]

Auf den ersten Blick sieht es so aus, als ob diese Ergebnisse früherer Forschung über Frauen und Politik widersprechen. Es ist allerdings zu be-

[10] "La oposición aún no descuenta la distancia que lleva Cristina": *Clarin.com,* 19. August 2007. Die publizierten Ergebnisse stammten von den Umfrageinstituten *CEOP* und *Equis.*

rücksichtigen, dass Cristina Kirchner schließlich die Gattin des amtierenden Präsidenten war. Darüber hinaus hat der absehbare Sieg der von der Regierung unterstützten Kandidatin ihr einen Extra-Bonus eingebracht, der zu dieser imponierenden Medienpräsenz geführt hat.

Tenor der Berichterstattung

Die Bewertung der Kandidaten in der medialen Berichterstattung gehört zu den heikelsten Themen jedes Wahlkampfs. Die vorliegende Analyse untersuchte dafür die Bewertung der Kompetenz der Kandidaten, ihrer Person sowie der Gesamtdarstellung. Die politische Kompetenz Kirchners war in 34 Prozent der argentinischen Beiträge Anlass der Berichterstattung, bei Carrió galt das nur für zwölf Prozent der Artikel. Lavagnas politische Kompetenz erwähnten lediglich neun Prozent. Die deutsche Presse bezog sich in 28 Prozent der Fälle auf Kirchners politische Kompetenz. Bezüge zu Carriós politischer Kompetenz tauchten hingegen in acht Prozent und zu Lavagnas Kompetenz in fünf Prozent der Artikel auf.

Hinsichtlich der Bewertung der jeweiligen politischen Kompetenz fiel auf, dass die Kompetenz Kirchners in Argentinien positiver war als in Deutschland. Die (geringe) Berichterstattung über die Kompetenz des Ex-Ministers war in der deutschen Presse dagegen einstimmig positiv. Ähnlich sah es hier auch für Carrió aus: Ihre politische Kompetenz war zwar kaum Gegenstand der Berichterstattung in Argentinien, erhielt aber positive Bewertung. Der einzige Artikel in der deutschen Presse, der die politische Kompetenz der Kandidatin diskutierte, bewertete diese sehr negativ.

Was die Bewertung der Person Kirchners anbelangt, war die Behandlung durch die argentinische Presse milder als die der deutschen Medien. Die deutsche Presse stellte Kirchner häufiger negativ (18%) als positiv (13%) dar. In Argentinien ging es in 16 Prozent der Beiträge um Cristina Kirchner als Person, neun Prozent fielen eher positiv aus. Die anderen Kandidaten wurden in der deutschen Presse überhaupt nicht in ihrer Person bewertet. Carrió erhielt in Argentinien eine geringe, aber tendenziell positive Bewertung, Lavagna wurde ebenfalls selten und dann eher mittelmäßige bewertet.

Der Tenor der Berichterstattung über Cristina Kirchner war in der argentinischen Presse insgesamt positiver als in der deutschen Presse. Von 57

Prozent der argentinischen Beiträge, die eine allgemeine Darstellung von Kirchner enthielten, fielen die Bewertungen in 24 Prozent der Artikel eher positiv aus und waren in 15 Prozent der Fälle eher neutral. Im Gegensatz dazu wies die untersuchte deutsche Presse in 45 Prozent der Beiträge eine negative Gesamtdarstellung von Kirchner auf. Zu der positiven Bewertung von Kirchner in der argentinischen Presse hat vor allem die regierungsfreundliche Einstellung der auflagenstärksten Zeitung *Clarín* beigetragen, in der die Gesamtdarstellung Kirchners häufiger als sehr positiv (22 Artikel) sowie leicht positiv (45 Artikel) ausfiel.

Die Gesamtdarstellung Lavagnas hatte in fünf Prozent der deutschen Beiträge einen leicht positiven und in weiteren drei Prozent einen leicht negativen Tenor. In Argentinien zeigte sich eine vergleichbare Gesamtdarstellung des Ex-Ministers, denn die Bewertungen verliefen von eher positiv (5%) über neutral (8%) bis eher negativ (2%). Demzufolge lässt sich hier sagen, dass Lavagna in beiden Ländern insgesamt tendenziell positiv dargestellt wurde. Die ebenso geringe Gesamtdarstellung von Carrió in deutschen Medien verteilt sich gleichmäßig zwischen sehr positiv (3%), neutral (3%) und leicht negativ (3%). In der argentinischen Berichterstattung fand sich häufiger eine Gesamtdarstellung Carriós. Hierbei erwiesen sich sechs Prozent der Beiträge als eher positiv, acht Prozent als neutral und drei Prozent als negativ.

Privatleben der Kandidaten

"'Die Politik zählt nichts ohne die Familie', sagte die frisch gekürte Präsidentin am Abend nach der Wahl [...] Cristina Fernández ist am 19. Februar 1953 in der Provinzhauptstadt La Plata geboren, wo sie aufwuchs und beim Jurastudium den drei Jahre älteren Néstor Kirchner kennen lernte. 1975 heirateten sie. 1977 kam Sohn Máximo zur Welt, 1990 folgte Tochter Florencia. Cristina und Néstor Kirchner sind nicht nur Ehepartner, sondern auch politisch ein Team." (Vogt, 2007b) So hieß es in der *taz* zum persönlichen Hintergrund von Cristina Kirchner. Die bisherige Forschung hat gezeigt, dass das Privatleben von Politikerinnen in den Medien mehr Beachtung findet als das ihrer männlichen Kollegen, was auch als ein Indikator dafür gilt, dass Frauen in der Politik weniger ernst genommen werden (vgl. dazu Holtz-Bacha, 2007b; Pantti, 2007).

Die argentinische Berichterstattung ging kaum auf das Alter der drei Kandidaten ein. In Deutschland erwähnten hingegen 30 Prozent der Beiträge das Alter von Cristina Kirchner. Die Herkunft der drei Kandidaten spielte bei der argentinischen Presse ebenfalls keine Rolle, während die deutsche Berichterstattung in fünf Prozent der Artikel die Herkunft Kirchners erwähnte. Die Ausbildung der argentinischen First Lady tauchte in 18 Prozent der deutschen Beiträge auf, während das Thema bei der Berichterstattung über die anderen beiden Kandidaten fast keine Aufmerksamkeit fand. Über die Konfession der Kandidaten wurde in dem konservativen Argentinien etwas mehr, aber dennoch nicht sehr umfangreich berichtet (Kirchner 6%, Carrió 2%, Lavagna 1%). Darüber hinaus thematisierten fünf Prozent der Artikel die Konfession von zwei oder allen drei Kandidaten. In Deutschland tauchte dieses Thema an keiner Stelle auf. In der deutschen Presse erwähnten immerhin 18 Prozent der Beiträge die Ausbildung von Cristina Kirchner, diese wurde bei den anderen Kandidaten jedoch nicht berücksichtigt. Die argentinische Presse fand diese Information offenbar nicht erwähnenswert.

Was die Bezüge zu den Familien der Kandidaten in beiden Ländern anbelangt, erhielt Cristina Kirchner mit Abstand eine ausführlichere Berichterstattung als ihre Konkurrenten. Dafür spielte zweifellos das Interesse an ihrem Mann eine Rolle, der beim Wahlkampf noch Präsident Argentiniens war. Néstor Kirchner tauchte in 52 Prozent der argentinischen und in 95 Prozent der deutschen Beiträge auf. Allerdings ergab sich ein Unterschied zwischen beiden Ländern. Während Präsident Kirchner in der argentinischen Berichterstattung über den Wahlkampf öfter lediglich erwähnt wurde (46%), berichteten die deutschen Zeitungen umfassender über ihn (55%). Anders als im Heimatland dienen Wahlen im Ausland als Anlass für eine allgemeine Berichterstattung über das Land oder erfordern mehr Kontext- bzw. Hintergrundinformation. Zur Bestätigung dieser Argumente trägt die Untersuchung der Funktion bei, in der insbesondere Kirchners Partner erwähnt wurde. Hierbei stellte sich heraus, dass der Ehemann Cristina Kirchners sowohl in Argentinien (34%) als auch in Deutschland (58%) überwiegend im Rahmen seiner Funktion als Präsident Berücksichtigung fand. In der argentinischen Presse erwähnten lediglich vier Artikel die Ehefrau von Lavagna und drei Artikel Carriós Familienstand. Für die deutsche Presse war das hingegen gar kein Thema.

Eine Bewertung des Familienlebens von Kirchner gab es in Argentinien kaum, fiel sonst aber eher positiv aus. Die deutsche Presse befasste sich deutlich mehr mit diesem Thema (15%), und die Bewertung fiel ebenfalls positiv aus. Über das Familienleben der anderen Kandidaten wurde gar nicht berichtet. Obwohl alle drei Kandidaten Kinder haben, fanden diese weder in der argentinischen, noch in der deutschen Presse viel Beachtung.

Äußere Erscheinung und Performance

"Trotz der gefährlich hohen Bleistiftabsätze erklimmt sie mit sicherem Schritt die improvisierte Holzbühne, lächelt, winkt nach allen Seiten, setzt sich hin und streicht mit einer koketten Handbewegung eine Strähne ihrer schulterlangen Haare aus dem Gesicht" (Schmid, 2007). So beschrieb *Die Zeit* den letzten Auftritt Cristina Kirchners vor der Präsidentschaftswahl, der im wichtigsten Wahlbezirk Argentiniens vor Tausenden Anhängern stattfand. Solche Bewertungen der äußeren Erscheinung – egal ob positiv oder negativ – wirken im Bereich der Politik trivialisierend und damit diskriminierend. Die bisherige Forschung hat fast durchgängig gezeigt, dass die Medien sich bei Politikerinnen besonders für ihr Aussehen interessieren (vgl. dazu Pantti, 2007).

"So schön ist die Politik in Argentinien", lautete die Überschrift zu einem Interview mit der kürzlich gewählten Präsidentin in *Bild am Sonntag*. "Sie ist attraktiv, hochgestylt, trägt teuren Schmuck, ist herrisch, aufbrausend", hieß es weiter. Und als sie zum Gespräch erschien: "'Königin Cristina' zeigt sich mir in einem eleganten, hell gemusterten Chanel-Kostüm – liebenswürdig und charmant." (alle Zitate: Lambeck, 2007). Auch in der *FAZ* tauchen äußere Erscheinung und Politisches nebeneinander auf: "Sorgfältig auf jeden Auftritt abgestimmte Kleidung und Gesten erscheinen bei Argentiniens Primera Dama wichtiger als das, was sie als Programm zu verkünden hat" (Oehrlein, 2007).

Als Indikatoren der äußeren Erscheinung dienten in der vorliegenden Studie verschiedene Kategorien wie Kleidung, Schmuck, Frisur, Make-Up. Die Berichterstattung über die äußere Erscheinung Kirchners war in Deutschland signifikant häufiger (28%) als in Argentinien (6%). Die geringe Berichterstattung in der argentinischen Presse war eher positiv oder neutral. Die deutsche Presse berichtete gleichermaßen positiv und negativ. Bei den anderen Kandidaten war die Berichterstattung über die äußere Erscheinung in beiden Ländern sehr gering. Mit einem kleinen Abstand kam das Thema öfter bei der Kandidatin Carrió vor als beim Kandidaten Lavagna. Insofern bestätigt sich die Erwartung, dass die äußere Erscheinung häufiger bei Frauen als bei Männern Aufmerksamkeit findet.

Abbildung 1: Kirchner bei einem Wahlkampfauftritt

"Sie schreit mit herrischer, schriller Stimme ins Mikrofon, gestikuliert heftig mit dem Armen. Sie redet viel von sozialer Gerechtigkeit. Und wenn Cristina Fernández de Kirchner sagt, dass Argentiniens Politik künftig wieder im Präsidentenpalast gemacht werde und nicht mehr vom raffgierigen Internationalen Währungsfond, brandet heftiger Applaus auf." (Stausberg, 2007) Mit dieser Beschreibung leitete die langjährige Südamerika-Korrespondentin der *Welt* ihren Beitrag über den Schlussauftritt von Cristina Kirchner ein und gibt damit ein Beispiel für die Kommentierung von rhetorischen Fähigkeiten und Wahlkampfauftritten der Kandidatin. Die Performance von Cristina Kirchner war allerdings häufiger ein Thema in der argentinischen (35%) als in der deutschen (13%) Presse, dabei wurde die Performance Kirchners in Argentinien mit Abstand positiver bewertet als in Deutschland. Die Performance der anderen Kandidaten spielte dagegen in der Berichterstattung beider Länder nur eine sehr geringe Rolle.

Genderspezifische Aspekte der Berichterstattung

Die Analyse der Berichterstattung spricht nicht für ein generelles Gender-Framing. Im Einzelnen betrachtet, ergaben sich bei den Gender-Bezügen einige Unterschiede zwischen den verwendeten Frames in Argentinien und Deutschland. Zwölf Prozent der Beiträge in der argentinischen Presse brachten die Fähigkeiten der Kandidaten auf irgendeine Art und Weise mit dem Geschlecht in Zusammenhang. Ein nennenswerter Teil der deutschen Artikel (38%) erwähnte, dass mit Cristina Kirchner eine Frau reelle Chancen hatte, in Argentinien Präsidentin zu werden bzw. dass mit ihr zum ersten Mal eine Frau Präsidentin würde. Diese Feststellung tauchte in den argentinischen Medien lediglich in neun Prozent der Fälle auf. Dass das Ergebnis der Wahlen oder das Verhalten der Wähler (teilweise) vom Geschlecht der Kandidaten abhängen könnte, diskutierten weder die argentinische (5%) noch die deutsche Presse (3%) in größerem Umfang. Lediglich vier Prozent der argentinischen und fünf Prozent der deutschen Beiträge nahmen die Wahl zum Anlass, allgemein die Rolle der Frauen in Argentinien anzusprechen. Obwohl Kirchners Aussehen durchaus thematisiert wurde, befanden dennoch nur drei Prozent der deutschen und fünf Prozent der argentinischen Beiträge, dass die Kandidatin "als Frau" in den Wahlkampf gegangen wäre und ihre Weiblichkeit gezielt für ihre Kampagne einsetzte bzw. instrumentalisierte.

Einige frühere Analysen zur Darstellung von Politikerinnen in den Medien hatten festgestellt, dass Frauen bevorzugt in den Kontext "weicher" Themen – wie Kultur oder Soziales – gestellt werden und seltener im Zusammenhang mit "harten" Themen – wie Außenpolitik oder Wirtschaft – vorkommen (vgl. dazu Holtz-Bacha, 2007a, S. 82–83; 2007b, S. 11–12). Hinsichtlich des Themenkontextes nach Kandidaten hat diese Untersuchung keinen Hinweis auf eine geschlechterspezifische Berichterstattung bzw. eine deutliche Unterrepräsentanz der Kandidatinnen in bestimmten Sparten erbracht. Über die drei Kandidaten wird in der argentinischen ebenso wie in der deutschen Presse vor allem hinsichtlich der Wahl und über Umfrageergebnisse informiert.

Die Verwendung des Vornamens oder der Anrede "Frau" und die damit verbundene Hervorhebung des Geschlechts einer Kandidatin gilt ebenfalls als ein Indikator für eine spezifische Berichterstattung über Politikerinnen. Obwohl für Argentinien dazu bislang keine Untersuchungen vorliegen, scheint dort in dieser Hinsicht eine besondere Situation zu bestehen. Die männlichen

Politiker werden seltener als Frauen mit ihrem Vornamen, aber öfter mit Spitznamen genannt. Diese Tendenz wird sich bei solchen Politikern verstärken, die ihr Privatleben in die Öffentlichkeit tragen und für ihr politisches Image instrumentalisieren. Ein Beispiel dafür bietet der frühere argentinische Präsident Menem, für den der Spitzname "Türke" gebräuchlich war.

Die Anrede "Cristina" fand sich in 33 Prozent der Artikel aus der argentinischen Presse. Weitere Bezeichnungen, die oft auftauchten, waren: "Cristina Kirchner" (42%) und "Cristina Fernández de Kirchner"[11] (38%). Eine förmliche Anrede, die ziemlich untypisch für die argentinische Politik ist, wie "Sra. [Frau] Kirchner" kam dann auch kaum vor. Die Bezeichnung "Cristina" lag mit Abstand an der Spitze, was allerdings die Kandidatin auch dadurch förderte, dass sie ihren Vornamen als Wahlkampfstrategie benutzte ("Cristina Presidenta"). Diese Strategie diente dazu, die Person Cristina zu individualisieren und die Kandidatin von ihrem Mann zu unterscheiden. Außerdem wollte die Kandidatin durch die Verwendung des Vornamens die Bürgerinnen und die jüngeren Wähler direkt ansprechen und Vertrautheit demonstrieren. Der Vize-Präsidentschaftskandidat Julio Cobos hingegen behielt die förmliche Nennung des Nachnamens in der Wahlwerbung bei. Das zeigt auch einer von Kirchners Kampagneslogans, der "Cristina, Cobos und du" lautete.

Abbildung 2: Wahlkampfplakat Kirchners

[11] In Argentinien wird die Verbindung "de" (von) zwischen dem Geburtsnamen der Frau und dem Namen ihres Mannes noch häufig verwendet, obwohl jüngere Frauen immer mehr darauf verzichten.

In der deutschen Presse fand sich der Vorname "Cristina" in 43 Prozent der Beiträge. Der volle Name "Cristina Fernández de Kirchner" kam in 80 Prozent der Beiträge und damit erheblich häufiger vor als in der argentinischer Presse. Auch die kürzere Version "Cristina Kirchner" tauchte in 53 Prozent der Artikel und somit öfter als in Argentinien auf. Bemerkenswert ist, dass die nüchterne Anrede "Kirchner" in 48 Prozent der deutschen Berichterstattung benutzt wurde, während sie in Argentinien nie vorkam. Vermutlich hat die argentinische Presse damit die Person Cristina von der ihres Mannes unterscheiden wollen. Ihre Rolle als "First Lady" erwähnten 16 Prozent der argentinischen und 80 Prozent der deutschen Beiträge. Die offizielle Position Cristina Kirchners, ihr Amt als Senatorin, fand in den deutschen (43%) öfter als in den argentinischen Medien (25%) Erwähnung. Sogar ihren Beruf (Rechtsanwältin) erwähnten 13 Prozent der deutschen Artikel, während das in Argentinien kaum der Fall war. Dafür genügt die offensichtliche Erklärung, dass die deutsche Presse mehr Hintergrundinformation mit einbeziehen musste, da die Bekanntheit Kirchners in Deutschland als geringer gelten konnte.

Anders als Cristina wurde der Kandidat Roberto Lavagna nur in einem Prozent der argentinischen Beiträge mit seinem Vornamen genannt, während sechs Prozent der Beiträge die Anrede "Lilita" (Verniedlichung von "Elisa") für die Kandidatin Carrió wählten. Mit vollem Namen erschien Elisa Carrió in einem Viertel der argentinischen und in 38 Prozent der deutschen Beiträge und einfach als "Carrió" in 13 Prozent der deutschen und 21 Prozent der argentinischen Artikel. Die stärkste Herausforderin Cristinas wurde in ihrem Amt als Abgeordnete allerdings kaum angesprochen. Im Gegensatz dazu schenkte die deutsche Presse der politischen Karriere Lavagnas mehr Aufmerksamkeit. Als Ex-(Wirtschafts-)Minister tauchte er in 25 Prozent der Beiträge auf. Die argentinischen Medien erwähnten hingegen den ehemaligen Posten Lavagnas viel seltener (6%), was wiederum an seinem höheren Bekanntheitsgrad dort liegen dürfte. Bemerkenswert bleibt trotzdem die unterschiedliche Erwähnung von Lavagna gegenüber Carrió hinsichtlich ihrer Erfahrungen in ihren politischen Ämtern.

Bezüge zu anderen prominenten Politikerinnen

"Argentiniens First Lady Cristina Kirchner will ihren Mann als Präsidenten ablösen. Im Wahlkampf setzt sie auf Glamour, Prominenz und Hillary Clinton – nicht auf Eva Perón, die alte Ikone des Landes", hieß es in der *Süddeutschen Zeitung* (Oswald, 2007). Ganz ähnlich berichtete auch die *Welt*: "So schön wie die platinblond gefärbte Eva Duarte de Perón ist sie nicht: Evitas Charme bleibt unübertroffen. Aber Jugendphotos von Cristina Fernández beweisen, dass das dunkelhaarige, glutäugige Mädchen durchaus echten Liebreiz hatte" (Stausberg, 2007). Solche Bezüge zu anderen bekannten Politikerinnen waren in der deutschen Presse häufiger als in der argentinischen. Dabei wurde Cristina Kirchner eher mit Eva Perón und Hillary Clinton als mit Angela Merkel verglichen. Während die argentinische Presse in nur zwei Prozent der Beiträge einen Bezug zwischen Cristina Kirchner und Evita herstellte, kam das in beinahe jedem vierten deutschen Artikel vor. 15 Prozent der deutschen Beiträge nahmen Bezug zu Hillary Clinton. Nur gerade einmal zwei Prozent der argentinischen Artikel brachte Kirchner mit Angela Merkel in Verbindung, für die deutsche Presse schien dieser Bezug etwas näherliegend (8%).

Die Bezüge zu Angela Merkel haben eine andere Bedeutung als diejenigen zu Hillary Clinton. Cristina Kirchner wurde in ihrem Heimatland während des Wahlkampfes viel wegen ihrer Reisen ins Ausland kritisiert[12]. Ihre Visite in Berlin hatte der argentinischen First Lady besonders gefallen, und nach ihrem Wahlsieg bekräftigte Cristina Kirchner, dass Deutschland Argentinien ein Vorbild sein sollte[13]. Hierzulande beobachtete sogar die regionale Presse Kirchner bei ihrem Deutschland-Besuch. So hieß es in der *Stuttgarter Zeitung:* "Noch ist sie nur die Kandidatin. Doch mit ihrem staatsmännischen Auftreten lässt sie keine Zweifel, dass sie bald argentinische Präsidentin sein will. Cristina Fernández de Kirchner fühlt sich auf diplomatischen Parkett sichtlich wohl." (Pichler, 2007)

Kirchner und Merkel fehlen allerdings die Gemeinsamkeiten, die hingegen Kirchner mit Evita oder Hillary verbinden. Kirchner ist wie Merkel eine

[12] Die Zeitschrift *Noticias*, die sich durch investigativen Journalismus auszeichnet, stellte Nachforschungen z. B. zu den Kosten des Wahlkampfs von Kirchner an. Das Nachrichtenmagazin fand heraus, dass die Wahlkampftouren der First Lady ins Ausland teilweise durch staatliche Mittel finanziert wurden (La campaña ..., 2007; O'Donnell, 2007).

[13] Siehe: "Me gustaría..., 2007.

Politikerin, die in ihrer Partei aufgestiegen ist, aber die Argentinierin ist außerdem First Lady gewesen. Insofern kommt es zu den Bezügen zwischen Kirchner und Merkel eher durch ihr Zusammentreffen und diese sind nicht so sehr ein Zeichen für eine beginnende internationale Frauensolidarität.

Erstaunlicherweise spielte der Bezug Cristinas zu ihrer wichtigsten Gegnerin Elisa Carrió in Argentinien ebenso wie in Deutschland nur eine sehr geringe Rolle. Carrió gilt als eine Art Gegenmodell zu Cristina Kirchner. Sie unterscheiden sich allerdings mehr im persönlichem Bereich (Kirchner = Ehefrau; Carrió = alleinstehend) und in ihrer äußeren Erscheinung (Kirchner legt offensichtlich mehr Wert auf das Äußere als Carrió) als in der politischen Orientierung, da die beiden Politikerinnen sich mehr oder weniger dem Mitte-Links-Flügel ihrer ursprünglichen Parteien zuordnen lassen.

Privates als Hintergrund und Ähnlichkeiten des Äußeren bringen anscheinend die Politikerinnen in der Berichterstattung stärker zusammen als ideologische oder programmatische Anknüpfungen. Daher spielte die Parteizugehörigkeit beim Vergleich zwischen Kirchner und Eva Perón eine zweitrangige Rolle bzw. wurde kontrovers dargestellt. So schrieb zum Beispiel die *Frankfurter Rundschau*: "Cristina, die Peronistin, wird Präsidentin – das wirft unweigerlich die Frage auf, was sie mit der legendären Evita Perón gemein hat, die in Argentinien bis heute als Schutzheilige der Geknechteten verehrt wird. Die Antwort ist einfach: Nichts." (Kunath, 2007) Überdies erweist sich der Bezug zu Evita für Cristina geradezu als erdrückend; die Berichterstattung vermittelte teilweise das negative Bild einer "unzureichenden" Nachfolgerin Evitas. Dafür bietet die *Bild am Sonntag* ein gutes Beispiel: "Cristina scheint zu wissen, dass die Schönheit und Charme ihres Vorbildes Evita ohne Hilfsmittel nicht erreichen kann." (Lambeck, 2007)

Bezug zu den Machtgruppen

Die politischen, wirtschaftlichen und gesellschaftlichen Machtgruppen spielen eine bedeutsame Rolle in der argentinischen Politik, und die Kandidaten müssen dem Rechnung tragen. Diese Analyse erhob daher auch, wie die Presse die Beziehungen zwischen den Kandidaten und den wichtigsten Gruppen Argentiniens bewertete. Dementsprechend wurden die von den Kandidaten vertretenden Parteien bzw. Koalitionen, die katholische Kirche, die Armee, die Medien, die Unternehmen und Verbände sowie die Gewerkschaften berücksichtigt.

Im Fall Kirchner stellte die argentinische Presse vor allem Beziehungen zwischen der Kandidatin und Unternehmen bzw. Verbänden (23%), der peronistischen Partei (18%) und den Medien (16%) her. Im Gegensatz dazu gab es bei den anderen Kandidaten kaum Bezüge zu den gesellschaftlichen Machtgruppen. In der deutschen Presse war dieser Aspekt kaum ein Thema. Erwähnenswert ist hier lediglich der Bezug Kirchners zu den argentinischen Medien (10%).

Was die Beziehungen zwischen Kirchner und der peronistischen Partei anbelangt, ergab sich eine tendenziell positivere Berichterstattung in der argentinischen Presse. Die Beziehung Kirchners zu Unternehmen und Verbänden bewerteten rund 15 Prozent der Beiträge positiv. Für ihr Verhältnis zu den Medien ergibt sich kein übereinstimmendes Bild für die argentinische und die deutsche Berichterstattung. Während die argentinische Presse diese Beziehung meist gemischt positiv und negativ beurteilte, skizzierten die deutschen Zeitungen das Verhältnis zwischen der First Lady und den Medien eher als ein problematisches. Ein Beispiel aus der *Tageszeitung* zeigt, wie skeptisch deren Redakteur das Verhältnis Kirchners zu den Medien sah: "Wie sich bereits vor der Wahl Argentiniens Medien auf die zukünftige Präsidentin einstellen, zeigte sich Mittwochabend im Fernsehen. Die Kandidatinnen und Kandidaten durften nacheinander live um die Stimmen der Bevölkerung werben. Da saßen sie brav im Studio und warteten auf ihren Aufruf. Nicht so die First Lady. Ihre Fragerunde wurde aufgezeichnet: in der Präsidentenresidenz Quinta de Olivos. Welche Vorzeichen das für den Umgang mit den Medien einer künftigen Präsidentin Cristina erkennen lässt, bleibt offen: Ihr Mann Néstor jedenfalls hat in seiner vierjährigen Amtszeit nicht ein einziges Interview und keine Pressekonferenz gegeben." (Vogt, 2007a)

5 Fazit: Hat der Wandel erst begonnen?

Cristina Fernández de Kirchner hat ihren Wahlkampf mit dem selbstbewussten Slogan "El cambio recién empieza" ("Der Wandel hat erst begonnen") geführt. Auch wenn sie nicht an der Spitze stand, hat sie dennoch eine weltweite Tendenz verstärkt: den Einstieg von Politikerinnen in das höchste Amt ihres Landes.

Was die Medien angeht, scheint die Frage, ob diese reif sind für eine Frau im höchsten Regierungsamt (vgl. dazu Holtz-Bacha, 2007b; Schausten, 2007), in diesem Fall anders zu formulieren sein: Waren die internationalen Medien reif für eine argentinische Präsidentin? Diese Frage richtet sich hier an die deutschen Medien. Anders als die deutsche hat die argentinische Presse die Kandidatin Kirchner weniger als "Frau" betrachtet. Die argentinische Berichterstattung über die Kandidatur von Frauen in Argentinien – und das betrifft nicht nur Cristina Kirchner, sondern auch die Oppositionspolitikerin Elisa Carrió – bezog sich kaum auf die Rolle der Frauen in der Gesellschaft und gängige weibliche Stereotypen. Von einem dominanten und durchgängigen Gender Frame der Information über die argentinischen Wahlen kann kaum die Rede sein.

Allerdings hat die Analyse einige Hinweise darauf erbracht, dass die Medien nach wie vor einen Unterschied zwischen Politikern und Politikerinnen machen. Wie aufgrund früherer Forschung zu erwarten war, ging die Berichterstattung in beiden Ländern häufiger auf die äußere Erscheinung der zwei Kandidatinnen als des Kandidaten ein. Im Allgemeinen spielte diese jedoch eine eher geringe Rolle. Je nachdem, wie dabei die Bewertung ausfällt, bliebe auch zu diskutieren, ob die Beachtung des Äußeren einen Vorteil oder einen Nachteil für die Betroffene bedeutet.

Das Privatleben der Kandidaten hat ebenfalls keine wichtige Rolle gespielt. Lediglich bei Cristina Kirchner hat sich die Berichterstattung mehr auf ihren Partner konzentriert. Das erklärt sich prinzipiell durch die Funktion ihres Ehemannes Néstor Kirchner, der während des Wahlkampfes immer noch argentinischer Präsident war. Daher konnte Frau Kirchner die Karte der First Lady ausspielen. Den Konkurrenten Roberto Lavagna, der selbst ein angesehener Ex-Wirtschaftsminister ist, und Elisa Carrió, die wegen ihrer fleißigen parlamentarischen Arbeit bekannt ist, gelang es daneben nicht so gut, ihre politischen Erfahrungen in die Medien zu bringen.

Das Geschlecht der Kandidaten spielte offenbar auch keine Rolle für den Umfang der Berichterstattung, sondern hier wirkten sich andere Faktoren aus. Der Umfang der Berichterstattung entsprach letztlich der Reihenfolge in den Prognosen und später des Wahlergebnisses. Der Anteil der Berichterstattung über Cristina Kirchner hat jedoch alle Erwartungen deutlich übertroffen. Über sie wurde in allen argentinischen und deutschen Zeitungen und Zeitschriften mit Abstand am meisten berichtet. Hierbei spielten die Umstände ihrer Kandidatur eine wesentliche Rolle. Frau Kirchner ist seit langem eine bekannte Politikerin in ihrem Heimatland. Allerdings war sie während der Wahlen für die Argentinier und für die internationalen Berichterstatter hauptsächlich die Ehefrau des amtierenden Präsidenten.

Abbildung 3: Christina Kirchner an der Seite ihres Mannes Nestor

Ihr Nachrichtenwert erhöht sich darüber hinaus durch die vor allem international verbreitete Neigung, Kirchner mit einer Ikone der argentinischen Geschichte – der legendären Evita – und einer Figur der aktuellen Weltpolitik – Hillary Clinton – zu vergleichen. Der Vergleich mit prominenten Politikerinnen war in der deutschen Presse ausgeprägter als in der argentinischen. Dabei traten häufiger Bezüge zu Eva Perón und Hillary Clinton auf als zu Angela Merkel. Ein frappierender Befund war der extrem geringe Bezug Kirchners zu ihren Herausforderin Elisa Carrió.

Die Nähe, die die Berichterstattung über Kirchner zu Evita und Hillary herstellte, und die Distanz, die sie zu Carrió und Merkel aufwies, suggeriert das Vorliegen eines Schemas, das sich aus der Kombination verschiedener Variablen ergibt. Auf der einen Seite gab es häufiger Bezüge zwischen Cristina Kirchner und Politikerinnen, die offenbar wegen ihrer persönlichen Merkmale ("Frauen von") und weiblicher Klischees (Aufmerksamkeit für ihre äußeren Erscheinung) als vergleichbar angesehen wurden. Auf der anderen Seite spielte der Vergleich im Bezug zu politischen Themen eine weniger wichtige Rolle. Es bleibt der weiteren Forschung überlassen zu ermitteln, ob dieses ein gängiges Muster für Bezüge zwischen Politikerinnen ist, wie sie die Medien herstellen. Erkennbar ist hier jedenfalls, dass solche Bezüge die deutsche Presse stärker prägten als die argentinische.

Cristina Fernández de Kirchner konnte von der argentinischen Berichterstattung, die ihr politische Fähigkeiten bescheinigte, deutlich profitieren. Die Performance der damaligen Senatorin war in der argentinischen Presse häufiger ein Thema als in Deutschland, und sie bekam dort eine positive Bewertung. Auch ihre politische Kompetenz wurde in Argentinien besser als in der deutschen Presse bewertet. Die Gesamtdarstellung erfolgte in ihrem Heimatland zugunsten von Kirchner aus. Dafür trug vor allem die regierungsfreundliche Einstellung der auflagenstärksten Zeitung *Clarín* bei. Im Gegensatz dazu berichteten die deutschen Medien über Cristina Kirchner vergleichsweise kritisch. Die anderen Kandidaten erfuhren zwar im Allgemeinen keine schlechte, aber doch eine nur geringe mediale Aufmerksamkeit für ihre Performance, ihre politische Kompetenz und in der Gesamtdarstellung. Somit konnten sich ihre Fähigkeiten gegenüber Frau Kirchner in der Berichterstattung kaum durchsetzen.

Das "Frauenduell" ersetzte nicht das "Geschlechterduell". Was die erhebliche Beachtung von Cristina Kirchners im Vergleich zu dem geringen Interesse an ihren dahinter stehenden Konkurrenten im Wahlkampf zeigte, ist vor allem das Fehlen eines "Duells" überhaupt. Kirchner dominierte nicht nur die heimische, sondern auch die internationale Presse, für die hier die deutschen Zeitungen standen. Ihre damit gewonnene Bekanntheit hat sich schon an den Wahlurnen bewiesen. Abzuwarten ist, ob die politischen Handlungen Kirchners weitere Fortschritte für die Demokratie und die Stabilität ihres Landes bringen. Damit wird sich zeigen, ob mit Cristina "der Wandel erst begonnen hat".

Literatur

Bachelet firmó proyecto de ley. Incentivan participación de mujeres en la política (2007, 30. Oktober). *Diario Crónica*. Concepción, Chile. Abgerufen am 22. November 2007 von http://www.cronica.cl/edicion_cronica/seccion/articulo.php?id=40456&dia=1193713200

Bossi, J. (2007, 13. Oktober). La campaña de los 130 millones (Die Kampagne der 130 Millionen). *Noticias*, S. 26–31.

ECLAC (Economic Commisssion for Latin America and the Caribbean)/CEPAL (Comisión Económica para América Latina y el Caribe) (2007). *Women's contribution to equality in Latin America and the Caribbean.* Abgerufen am 26. November 2007 von http://www.eclac.org/

Fröhlich, R. (2007). Ist der Journalismus (noch) ein männliches Geschäft? In C. Holtz-Bacha & N. König-Reiling (Hrsg.), *Warum nicht gleich? Wie die Medien mit Frauen in der Politik umgehen* (S. 66–78). Wiesbaden: VS Verlag für Sozialwissenschaften.

Giacometti, C. (2005, August). *Las metas del Milenio y la igualdad de género. El caso de Argentina* (Serie Mujer y Desarrollo, Series CEPAL. N° 72). Santiago, Chile: CEPAL.

Holtz-Bacha, C. (2007a). Mit den Waffen einer Frau? Politikerinnen im Wahlkampf. In C. Holtz-Bacha & N. König-Reiling (Hrsg.), *Warum nicht gleich? Wie die Medien mit Frauen in der Politik umgehen* (S. 79–104). Wiesbaden: VS Verlag für Sozialwissenschaften.

Holtz-Bacha, C. (2007b). Zur Einführung: Politikerinnen in den Medien. In Holtz-Bacha, C. & N. König-Reiling (Hrsg.), *Warum nicht gleich? Wie die Medien mit Frauen in der Politik umgehen* (S. 7–16). Wiesbaden: VS Verlag für Sozialwissenschaften.

Holtz-Bacha, C., & N. König-Reiling (Hrsg.) (2007). *Warum nicht gleich? Wie die Medien mit Frauen in der Politik umgehen.* Wiesbaden: VS Verlag für Sozialwissenschaften.

Impulsan el "cupo femenino" en las empresas privadas. (2007, 18. November). *Infobae.com* (Buenos Aires) Abgerufen am 26. November 2007 von http://www.infobae.com/notas/nota.php?Idx=349374&IdxSeccion=0

INDEC (Instituto Nacional de Estadísticas y Censos de la República Argentina). (2001). *Censo 2001.* Abgerufen am 1. Februar 2008 von http://www.indec.mecon.ar/

Inter-Parliamentary Union (IPU) (2007). *Women in National Parliaments. World Classification.* Abgerufen am 26. November 2007 von http://www.ipu.org/wmn-e/arc/classif-300907.htm

IVC. (Instituto Verificador de Circulaciones) (2007). Datos sin cargo. *IVC Online.* Abgerufen am 1. Februar 2008 von http://www.ivc.com.ar/

Kliksberg, B. (2006, 4. November 2006). Basta de machismo. El cuadro es grave en América Latina. *El Periódico de Guatemala* (Guatemala, Guatemala).

Koch, T. (2007). Immer nur die Frisur? Angela Merkel in den Medien. In C. Holtz-Bacha & N. König-Reiling (Hrsg.), *Warum nicht gleich? Wie die Medien mit Frauen in der Politik umgehen* (S. 146–166). Wiesbaden: VS Verlag für Sozialwissenschaften.

Korneli, K. (2007, 30. Oktober). *Wahl 2007 in Argentinien: Cristina Fernández gewinnt knapp 45 Prozent und wird erste Präsidentin in der Geschichte des Landes.* Buenos Aires: Konrad Adenauer Stiftung.

Kunath, W. (2007, 27. Oktober). Sie ist keine Evita. Am Sonntag wählt Argentinien/Sieg Cristina de Kirchners in erster Runde erwartet/Inflation und Energiekrise drücken. *Frankfurter Rundschau,* S. 9.

Lambeck, M. (2007, 25. November). So schön ist die Politik in Argentinien. *Bild am Sonntag.* Abgerufen am 1. Februar 2008 von http://www.bild.de/BTO/news/2007/11/25/kirchner-cristina/praesidentin-argentinien.html

La oposición aún no descuenta la distancia que lleva Cristina. (2007, 19. August). *Clarin.com* (Buenos Aires) Abgerufen am 1. Februar 2008 von http://www.clarin.com/diario/2007/08/19/elpais/p-00803.htm

Lubertino, M. J. (2003). *Pioneering quotas: The Argentine experience and beyond.* Paper presented at International IDEA Workshop: The Implementation of Quotas: Latin American Experiences. Lima, Peru. 23. –24. Februar.

Me gustaría un país como Alemania. (2007, 30. Oktober). *La Nación* (Buenos Aires), S. 5.

Meinecke, S. (1992). Massenmedien in Argentinien. In J. Wilke (Hrsg.), *Massenmedien in Lateinamerika. Erster Band: Argentinien, Brasilien, Guatemala, Kolumbien, Mexiko* (S. 19–82). Frankfurt am Main: Vervuert.

O'Donnell, M. (2007). *Propaganda K. Una maquinaria de promoción con dinero del Estrado.* (Propaganda K. Eine Werbungsmaschinerie mit dem Geld des Staates). Buenos Aires: Planeta.

Oehrlein, J. (2007, 10. September). Die Primera Dama glänzt. *Frankfurter Allgemeine Zeitung,* S. 6.

Oswald, B. (2007, 31. Juli). Argentinien: Vorteil Cristina Kirchner. Lieber Hillary als Evita. *Süddeutsche Zeitung Online.* Abgerufen am 1. Februar 2008 von http://www.sueddeutsche.de/ausland/artikel/82/125890/

Pantti, M. (2007). Portraying Politics: Gender, Politik und Medien. In C. Holtz-Bacha & N. König-Reiling (Hrsg.), *Warum nicht gleich? Wie die Medien mit Frauen in der Politik umgehen* (S. 17–51). Wiesbaden: VS Verlag für Sozialwissenschaften.

Pichler, R. (2007, 12. September). Vorzeitige Staatsvisite: Frau Kirchner auf Auslandstour. *Stuttgarter Zeitung,* S. 4.

Pisani, S. (2007, 25. April). En la Argentina son muy machistas y no se dan cuenta (Der bedeutsame Machismo in Argentinien wird nicht anerkannt). *La Nación* (Buenos Aires), S. 1.

Präsidenten-Gattinnen. Drei Frauen, die die Welt provozieren. (2007, 1. September). *Bild am Sonntag.* Abgerufen am 1. Februar 2008 von http://www.bild.de/BTO/news/2007/09/02/frauen-provokation/praesidenten-gattinnen,geo=2423974.html

República Argentina – Elecciones 2007. Dirección Nacional Electoral. Ministerio del Interior (2007). *Resultados: Total País.* Abgerufen am 1. Februar 2008 von http://www.resultados2007.gov.ar/paginas/f_top.htm

Schausten, B. (2007). Sind die Politkerinnen reif für die Medien – sind die Medien reif für die Frauen? In C. Holtz-Bacha & N. König-Reiling (Hrsg.), *Warum nicht gleich? Wie die Medien mit Frauen in der Politik umgehen* (S. 204–212). Wiesbaden: VS Verlag für Sozialwissenschaften.

Schmid, T. (2007, 25. Oktober). Die Dynastie K. *Die Zeit,* S. 21.

Sonnabend, L. (2007, 11. September). Latino-Hillary auf PR-Tour in Deutschland. *Spiegel Online.* Abgerufen am 1. Februar 2008 von http://www.spiegel.de/politik/ausland/0,1518,505160,00.html

Stausberg, H. (2007, 28. Oktober). Eine neue Evita für Argentinien. *Welt am Sonntag,* S. 7.

Tokatlian, J. G. (2000, 12. Dezember 2000). Género y geopolítica. *La Nación* (Buenos Aires). Abgerufen am 1. Februar 2008 von http://buscador.lanacion.com.ar/Nota.asp?nota_id =44596&high=g%E9nero

Vázquez, S. (Hrsg.) (2002). *Hombres públicos, mujeres públicas (Öffentliche Männer – Öffentliche Frauen).* Buenos Aires: Fundación Sergio Kahakachoff, Friedrich Ebert Stiftung.

Vogt, J. (2007a, 27. Oktober). K.-o.Sieg in ersten Runde erwartet. *Die Tageszeitung,* S. 10.

Vogt, J. (2007b, 29. Oktober). Portrait Argentiniens Wahlsiegerin: "In der Politik zählt nichts ohne Familie". *Die Tageszeitung,* S. 9.

Wilke, J., & Quandt, S. (Hrsg.) (1987). *Deutschland und Lateinamerika. Imagebildung und Informationslage.* Frankfurt am Main: Vervuert.

Television and gender in Finnish presidential elections[1]

Tom Moring

In three sequential presidential elections in Finland – all presidential elections since 1994 – a female candidate and a male candidate have run against each other in the second and decisive round of the election. In two of these races, the female candidate won the election. This, indeed, marks a shift not only in the balance of gender in politics, but in the composition of political leadership in a larger sense. Such shifts are not uncommon elsewhere, either. This chapter applies a gender perspective to the development in voter behaviour in response to campaign media in Finland in two recent races for the presidency.

The two campaigns studied are the ones that led up to elections in 1994 and in 2006. The election in 1994 was the first in which a female candidate made it to the final round and, to the astonishment of established political elites, almost won the election. In the election in 2006, the incumbent female president was challenged by a male candidate who, again to the astonishment of political analysts, almost threw the incumbent, quite popular president out of power. In these two races, the gender difference and political difference form mirror images. In the first race, the female candidate represented the political right and the male candidate was a Social Democrat. In the second, the female candidate was a Social Democrat and the male candidate came from the political right.

A further dynamic that should be kept in mind while reading the following pages stems from the differences in context between the campaign in 1994 and 2006. In 1994, Finland was still suffering from a dramatic recession that had turned the economy down and unemployment up to levels not known previously in modern Finnish history. This politicised the election

[1] The author recognizes that research for this chapter has been financed by the Academy of Finland (project 118622, the Finnish segment of the project Political Communication Culture in Western Europe, 2007-2008).

from the point of view of whether to preserve the social welfare system, or to accept cuts as a price for adaptation to more open economic competition. In analyses of the campaign, the left-wing male candidate has been combined with 'softer' policies that allegedly represent traditionally female policy interests, and the right-wing female candidate was combined with 'harder' liberalist policies that allegedly represent male policy interests. In the campaign in 2006, these roles were reversed. This campaign was underpinned by the challenges of globalization; now the left-wing female candidate represented the 'softer' policies that were of a more preserving nature, and policies leaning on global solidarity. The right-wing male candidate represented the 'harder' policies based on market dynamics and adaptation to change. In both races, the candidates made particular efforts to gain credibility outside their conventionally determined gender-roles, as well; the male candidates did so by stressing social issues more than would be expected in a race with only male candidates running, the female candidates by raising their profile in typically male-dominated areas such as defence or macro economy.

Both in 1994 and in 2006 the female candidates represented the government in power. In 1994, she was a Minister of Defence in a bourgeois government, whereas he was running for a movement rooted in the Social Democratic party and the left-wing opposition. In 2006, she was the incumbent president whereas he came from the conservative party that was the leading the opposition.

If we look upon the political constellations before both elections from the point of view of adaptation and credibility traits – assumptions that have, since Lazarsfeld, Berelson and Gaudet's (1944) studies in the 40s and 50s, been largely accepted – we may single out two different types of adaptation policies. Policies of 'mastering everyday life' – often considered to be characteristically a female trait and a feature of left-wing politics – were confronted with perspectives of 'market reality' and 'economic rationality' – often expected to be characteristic of male politicians and right-wing politics (Aalberg & Jenssen, 2007, p. 19). However, the two campaigns represented different juxtapositions of issue and gender positions.

On gender and electoral politics

There is not a lack of studies approaching gendered political communication, quite the opposite. Gender belongs to those themes that have in recent decades been frequently analysed and discussed within political as well as communication research (Inglehart & Norris, 2000; Lovenduski & Norris, 1993; van Zoonen, 2005; in a Nordic context: Aalberg & Jenssen, 2007; Karvonen & Selle, 1995; in Finland: Holli & Kantola, 2005, just to mention a few examples). The research tends to show that unfavourable gender distinctions towards women in political discourse to some extent have become less blunt. This development is undoubtedly to a great extent affected by active work of feminist groups informed by research. But, in spite of this development, gender distinctions still remain. Gender-based distinctions in the media appear, however, to have become more subtle. Furthermore, both in the media and among voters, gender-based differences are clearly overshadowed by the similarities of political discourse (Krogstad & Gomard, 2001, pp. 188, 196–197).

Research has indicated that candidates themselves maintain discursive differences (for example in a female preference for 'we'-forms and male preferences for 'I'-forms, cf., Nylund, 2001); also voters maintain differences in their understanding of (authoritarian) masculinity and (team player) femininity as leadership traits (Kuusipalo, 2007, p. 114). There is contradicting evidence of the existence of differences in the treatment of female candidates and male candidates by journalists or panel leaders in electoral debates. On the one hand, female journalists were found not to address female or male candidates differently (Esaiasson & Moring, 1994), whereas on the other hand, the behaviour of female leaders in discussion panels was found to differ in that women trend to give more room to participants of different sexes (Krogstad & Gomard, 2001). In an experimental study, identical speeches performed by a male and a female actor were found to give a popularity advantage to the presentation by the male. Particularly the male audience found presentations made by a person of their own gender more knowledgeable, trustworthy and convincing (Aalberg & Jenssen, 2007, 28–30).

Why is a further contribution needed in this already quite well-researched area? One reply is in the changing – and indeed increasing – role of women in politics and the changes in the traits of 'the political' that this change holds, and how this interacts with modern forms of campaign media (van Zoonen, 2005, chapter 6; van Zoonen, 2006). In addition to the 32 female prime ministers and 18 female presidents so far registered by Jalalzai, (2004; see also Kuusipalo, 2007), recently India also elected its first female president. Prime Minister Gro Harlem Brundtland in Norway, and Margret Thatcher in the UK were path-breakers, and the female Federal Chancellor, Angela Merkel, marked a shift in German politics in this respect.

Finland, as the other Nordic countries, has a reputation of strong female representation in politics – though apparently only partly deserved. Finland was the first country in the modern world to elect female members of parliament in 1906. In the Finnish parliamentary elections in 2007 a considerable proportion of female members were elected (42%), and the Finnish government cabinet has a majority of female members. But women in the highest political offices have earlier been rare in Finnish politics, and are still quite rare in the highest ranks in business life. Only in 2000 did Finland get its first female President, the Social Democrat Tarja Halonen. As noted above, in 1994, a female candidate from the small bourgeois Swedish People's Party, Elisabeth Rehn, was elected as one of the two front-runner candidates.

Research focusing on gender equality has pointed out several differences between the campaigns in 1994, 2000 and 2006. First and foremost, researchers have pointed to the particular challenge to elect a first female president. This challenge is supposed to have inspired many (especially female) voters in the campaigns in 1994 and 2000. Earlier research has also discussed the different constellations of right-left and female-male competitions in the election in 1994 and the elections in 2000 and 2006 (e.g., Hellsten, Holli & Wass, 2006; Nuolijärvi, 1994; Ronkainen, 1994). A background to this discussion is an observed change in women's voting preferences in many western countries. In the 1980s, an earlier tendency among female voters to vote conservative changed into a leaning towards democrat or leftist voting preferences (Hellsten, Holli & Wass, 2007, p. 181). However, as shall later be demonstrated in more detail, in a Finnish context this general expectation appears unfounded. The gender differences in how voters placed themselves on the left and on the right were almost non-existent both in 1994 and in 2006. As the two finalists in the elections in 1994 and in 1996 were markedly of opposite political leanings, this finding further increases the possibility to trace differences in voting behaviour to gender-based behaviour.

The Finnish experience from recent presidential elections with prominent front-runner female candidates of opposite political leanings allows for comparisons of how voters relate to the gender issue in opposite political constellations. In addition, the setting allows us to look at how journalists, entertainment media, and competing male candidates relate to the female presidential candidates during a campaign. This may shed further light on the issue of how journalism frames politics that Gomard and Krogstad (2001) leave partly open in their analysis of the gender aspect of campaign language in the Nordic countries.

This study

The analysis presented in this study is greatly assisted by earlier research on gender aspects in political campaigns in the Nordic countries. From this perspective, this study can be considered as a secondary or meta-analysis. Our analysis, however, also leans on data from two election panel studies in 1994 and 2006[2], from a qualitative analysis of two television programmes during the campaign in 1994 and five television programmes from the campaign in 2006. The focus is on programmes broadcast on television after the first round of the election in 2006, featuring either of the two candidates or both candidates together[3]. We selected the two candidate debates that were broadcast on the main channel of public service television, one quiz show (*Uutisvuoto*) made according to the formula of *Have I got news for you*, developed by the BBC, and two intimate discussion programmes (*Punainen lanka*), where the candidates were interviewed separately by a female talk show host. The panel studies included questions about whether the respondents had watched these programmes. We may thus analyse the programmes in the light of how voters

---

[2] The studies were carried out by TNS-Gallup Finland on an electronic platform immediately after the first round of the elections and again immediately after the second round (16 January and 6 February, 1994; 15 January and 29 January, 2006). The number of cases was 1.610 and 1.582 in 1994; and 1.049 in both rounds in 2006. As the data from the 1994 elections is not available at an individual level, the two studies in the panel are treated as aggregate data. This puts limits on the level of detail in which results can be studied.

[3] We do not have access to individual level data from the panel study in 1994, and are thus in our voter analysis in this regard confined to an earlier study that was made at the time of that election (Moring, 1997). We have, however, included two programmes from that campaign in order to, on a general level, validate our findings regarding gendered discourse in the election debates.

who viewed the programmes changed their voting behaviour compared to viewers who did not watch the programmes.

We have to admit that this kind of analysis does not give any definite answers regarding media effects. Voting decisions are complex processes that do not lend themselves to simple measurement. Many different processes lead up to the decision to vote. Also, the media context of elections in Finland is rich, with coverage on TV, radio, in the press and on-line, allowing for commercial advertising in all types of media without quantity limits (Moring, 2006; see also table 5). Furthermore, audiences self-select, and the choice to view or not view a programme does not happen at random. We do know that in 2006, particularly conservative voters, and voters who had already in the first round voted for the conservative male candidate, were over-represented in the audience of the television debates and the intimate interview programme with this candidate. Women and older voters were over-represented in the audience of the intimate interview programmes. The quiz show and the debates reached a bigger audience (according to the survey, more than 50 percent of the audience) than the two intimate interview programmes (around 20 percent of the audience each).[4]

On presidential elections in Finland

The position of the President in Finland is not one of a formal figurehead. Particularly in the post-World War II years, during the cold war, the President was a key player in the Finnish political system and clearly the most influential person in Finnish political life. The President was the indisputable leader of Finnish foreign policy, which put the Foreign Minister mainly

[4] The programmes from 2006 that were analysed were two debates broadcast by the Finnish Broadcasting Company YLE TV1 on prime time 18.1.2006 and 26.1.2006 (one hour each); the quiz show *Uutisvuoto* broadcast by YLE TV1 on the 21.1.2006 (45 minutes), the intimate discussion programme *Punainen Lanka* broadcast on YLE TV2 on 24.1.2006 (45 minutes, featuring the female candidate Tarja Halonen) and 27.1.2006 (45 minutes, featuring the male candidate Sauli Niinistö). In addition to these programmes, after the first election round, three further candidate debates on television were held between the two finalists (one by YLE, one by the commercial MTV3, and one by the commercial TV channel Nelonen together with the newspaper *Helsingin Sanomat*). In addition to the above mentioned television programmes, there were also television programmes in Swedish featuring the candidates, as well as radio debates and candidate interviews in many newspapers. From 1994, the effects of a family show, *Tuttu juttu*, broadcast by YLE TV2 on 3.2.1994 (50 minutes) featuring the two candidates together with their spouses has been analysed in an earlier study (Moring, 1997).

in the position of a qualified assistant. The formal powers of the President extended to forming and dismissing governments, dissolving the Parliament, and appointing key holders of positions in the administration. In a multi-party system that was often paralysed by a requirement to achieve qualified (2/3) majority in many of its decisions (for example, taxation laws), the President was able to play Finnish politics much to his (sic!) preference.

During constitutional reforms in the 1980s and 1990s, the powers of the President were dramatically reduced. As a result of these changes, the main field of power for the President is today in foreign policy, which is a shared responsibility between the President and the government. The foreign policy of Finland is directed by the President of the Republic in co-operation with the Government (excluding EU policies, which are the responsibility of the government, led by the Prime Minister). The President's role in government formation and dissolving of the Parliament is mainly formal, and decisions in Parliament are today predominantly taken through simple majority. During their presidencies, however, both Martti Ahtisaari and Tarja Halonen have taken standpoints in domestic issues, and independently used their remaining powers to appoint civil servants. Both presidents have also made efforts to establish a position of 'moral leadership' above petty party politicking. This effort has been boosted by a change in the election system, from an indirect election (through electors) to a direct popular election of the President. The change to direct elections proved to be popular among the voters. Since the early 1980s, the turnout in presidential elections has consistently been about 10 percentage points higher than in parliamentary elections (Paloheimo, 2007, p. 224).

The presidential elections in Finland are arranged in two rounds. If no candidate gets more than half of the votes cast in the first round, a second round is arranged between those two candidates who got the highest amount of votes. Interestingly, (as in France where a similar election system is applied) participation in the second round tends to be higher than participation in the first round, irrespectively of the fact that many voters lose the candidate of their first choice in the first round.

The elections 1994

The elections in 1994 were the first elections carried out entirely by a two-round popular vote as described above. The phase of candidate nomination reflected the new ideas of giving people more power in the nomination process, and the Social Democrats nominated their candidate in an open process that allowed people who were not members of the party to vote also. In this open primary election a popular diplomat, Martti Ahtisaari, with rather loose connections to the party, gained a victory over more established party leaders.

Most other front-runner candidates were long established party leaders or figureheads. Smaller parties, however, also nominated candidates. Among these was the Swedish People's Party, with around 5 percent of the seats in parliament. This party nominated the Minister of Defence, Elisabeth Rehn, much against the conventional wisdom of the party leadership. Also Elisabeth Rehn enjoyed great personal popularity, and when opinion polls showed that she was the candidate on the right-wing side with best possible prospects to run against Martti Ahtisaari, her campaign got a boost.

Much effort in Mrs. Rehn's campaign was about how to level the gender issue in this difficult situation, where the candidate suddenly became a ground-breaking figurehead for a feminist movement, and at the same time had to guard her credibility among conservative male voters. This tension was clearly reflected in a debate among gender researchers that was carried out as part of the presidential election campaign (Ronkainen, 1994). The importance of the personal experience of being a woman was countered against the softer and more socially embedded political values that were combined with the image of Ahtisaari. The same juxtaposition appeared in television debates between the candidates, where Ahtisaari directly confronted Rehn on issues relating to cuts in the budgets for social welfare, which put Rehn – as a minister of the government in power – in the position of defence on this key issue (Nuolijärvi, 1994, pp. 64–65).

Unlike in many earlier elections in Finland, women voted more actively than men in the presidential elections in 1994, and Elisabeth Rehn came out as a favourite in the first round in which she got almost as big a share of the votes (22%) as Martti Ahtisaari (25.9%). During the second part of the campaign, after the first election, there was a clear shift in opinions towards Martti Ahtisaari. Elisabeth Rehn came out as the leader after the first round, but lost support particularly among male voters; Ahtisaari, in turn, gained support particularly among female voters. Finally, Ahtisaari won the election with 53.9% of the vote against 46.1% for Elisabeth Rehn. Whilst the gendered vote had decreased in the final phase of the campaign, the gender difference was still quite clear in the results. According to a post election study, among women Rehn won over Ahtisaari by 7 percentage points, whereas among men Ahtisaari won over Rehn by 9 percentage points. (TNS-Gallup 1994/2)

The elections 2006

During most of her first period in office, before the 2006 campaign started, the incumbent Tarja Halonen appeared to be invincible, if she only decided to run. She had won the presidency with a small margin in 2006. Her popularity figures in opinion polls[5] were extraordinarily high, both regarding performance and in polls comparing her with other presumed candidates for the 2006 race. As late as in 2003, her support was 70%. This appeared to be way beyond reach of her major combatant, former Minister of Finance Sauli Niinistö of the conservative National Coalition Party (15%). By December 2005, some weeks before the first round of the election, Halonen's support had shrunk to 55%. Compared to the 20% support of the frontrunner challenger, Sauli Niinistö, her leading position still appeared to be convincing. Also, in the media commentaries, her victory was considered certain, and the issue was rather whether she would be elected already in the first round, or if two rounds would be required (Isotalus, 2007, 19).

The election campaign had evolved between President Halonen and the challenger from the right Niinistö. From the right, critique was levelled against Halonen for not leading foreign policy well, for being too much of an utopian do-gooder on global issues, and for forgetting Finnish interests (in the West) (Isotalus, 2007, p. 11). Niinistö was more careful in his critique, which however reflected the same doubts. An impudent move of the challenger from the right was to declare himself as the 'worker's president', a theme that evoked indignant criticism from the left.

[5] The opinion polls referred to in this section were conducted by TNS-Gallup and published in the newspaper *Helsingin Sanomat*.

On the surface, the campaign in 2006 revolved less around gender issues than the two previous presidential campaigns (Isotalus, 2007, p. 27). But, gender did play a role. In the debates, a major line of division between Halonen and Niinistö emerged in the visions of how the Finnish economy and welfare should be developed. Halonen, with a past as a Minister of Social Affairs and a Labour Union lawyer, defended a social security-based model, whilst Niinistö defended liberalist ideas based on economic competitiveness (Kuusipalo, 2007, pp. 101, 106–107). The gendered debate was also reflected in quite contradicting images that were imposed upon Tarja Halonen, as a caring "Moominmama" (a motherly figure from a series of books and a comic strip by Finnish writer Tove Jansson), and as a shrew, bitchy, power-oriented leader who bullies her subordinates (Kuusipalo, 2007, p. 104; Tiittula, Nuolijärvi & Isotalus, 2007, p. 176). From outside the Finnish context, Halonen's campaign was boosted by a prank developed by the American television comedian Conan O'Brien who joked about similarities in physical appearance between himself and Halonen. Jokes on this theme were repeatedly included in O'Brien's shows that were broadcast on cable networks also in Finland, and they were immediately repeated in the Finnish tabloid press. The 'carnivalistic' features that this created in Halonen's campaign (van Zoonen, 2006, p. 293) appears to have helped her to maintain support among young voters and women, whilst it backfired among older voters and men (TNS-Gallup, 2006/2).

Also in the presidential elections in 2006, women voted more actively than men. According to the TNS-Gallup election study, the difference was 2 percentage points in the first round and 5 percentage points in the second round. Halonen came out of the first election with a clear margin over the other candidates (46.3% for Halonen, compared to 24.1% for Niinistö). But, in the opinion polls immediately after the first round she had only a slight lead over Niinistö (41% for Halonen against 39% for Niinistö, with 16% undecided and 4% decided non-voters. Niinistö continued to close the gap with Halonen during the two remaining weeks of the campaign, and in the final election Halonen won by only a slight margin (51.8% for Halonen, 48.2% for Niinistö). However, as in 1994, the gender difference in voter preferences for the two finalists was clear. Among female voters, Halonen won with a margin of 14 percentage points, among men Niinistö won with a margin of 15 percentage points. (TNS-Gallup, 2006/2)

Voter reactions to opposite politics-gender settings

As was already indicated above, differences in political leanings between women and men are insignificant in Finland. Quite to the contrary, the similarity between the genders in this respect is remarkable (Table 1). The main difference appears to be that a slightly higher proportion of women find it difficult to position themselves on this scale.

Table 1: Political leanings on a left-right scale in Finland in 1994 and 2006

	1994		2006	
	Women	**Men**	**Women**	**Men**
Leaning clearly left	5	7	6	9
Leaning somewhat left	21	21	24	22
Leaning somewhat right	35	35	28	32
Leaning clearly right	15	16	13	12
Cannot say	22	17	29	25

Source: TNS-Gallup, 1994/2 and 2006/2

If we analyse the voting behaviour in 2006 (see table 2; as mentioned earlier, the data from 1994 do not allow us to carry out analyses on an individual level), we find that among voters with a clear position on the right-left axis the political positions clearly guided voting behaviour more than gender. From both sexes, more than 90% of those leaning clearly to the left voted for Halonen, also more than 90 percent of the men leaning clearly to the right voted for Niinistö. Interestingly, a smaller proportion of women leaning clearly to the right voted for Niinistö. Thus this would indicate a bigger flight among right-wing women towards a female candidate, compared to a smaller shift among left-wing men towards a male candidate.

The pattern is more complicated in the less strongly politically decided groups. Also in these groups, however, the women more often gave gender priority over political leaning compared to the men. Halonen kept 80% of the votes among women leaning somewhat to the left, and gleaned a third of the votes among women leaning somewhat to the right. Niinistö kept 77% of the votes among men leaning somewhat to the right and gained only 23% of the votes among men leaning somewhat to the left.

Table 2: Voting according to right-left preference among men and women in the second round of the presidential elections in 2006

	Women		Men	
	Voted Halonen	**Voted Niinistö**	**Voted Halonen**	**Voted Niinistö**
Leaning left	93	3	94	2
Leaning somewhat left	80	14	69	23
Leaning somewhat right	34	56	17	77
Leaning right	11	79	5	93

Source: TNS-Gallup, 2006/2

A main conclusion from this observation is that voters of both sexes with clear positions on a right-left axis still in Finland give this preference weight over the gender dimension. Countering conclusions from earlier research (Hellsten, Holli & Wass, 2006, p. 193), we find that women deviate from this pattern more than men. The differences in research results could be explained by the fact that more than 25 percent of the voters have difficulties in placing themselves on a right-left axis. However, also in this group Halonen was more clearly a winner among women than Niinistö among men.

The age dimension

According to previous research on gender behaviour in elections, young women – and young people in general – are supposed to vote proportionally more for gender equality (in this case: female candidates) and older people, particularly older men are supposed to vote proportionally more for male candidates (Hellsten, Holli & Wass, 2007, p. 182). This assumption was found only partly true in the election in 2006, and indirect inference indicates that it was not true in the election in 1994. Comparing the second round in 2006, we found that Halonen and Niinistö collected almost exactly the same proportions of their votes among female voters in all age groups except for middle-aged women, who voted more for Halonen, and older women, who voted more for Niinistö. Niinistö was, however, a clear winner in the higher age group, particularly among the male voters but also a slight majority of female voters over 50 supported Niinistö. Thus, the hypothesis is correct in predicting behaviour among older voters in 2006, but it does not predict the behaviour among young voters correctly. (TNS-Gallup, 2006/2)

The social welfare issue in a gender perspective

In the panel surveys voters were asked about the importance of welfare-related issues. Quite as expected, the responses indicate that women in both elections gave this issue more prominence than men; but voters for the Social Democratic candidates gave the welfare issue even more prominence. Data clearly show the benefit of this issue to Ahtisaari in 1994. Almost 4 out of 5 voters for Ahtisaari gave prominence to the social welfare issue, whilst less than half of Rehn's voters gave prominence to this issue. Thus, the social welfare issue appears to have formed a barrier to a large group of female voters to vote according to gender.

In the 2006 election, this issue rather boosted gender-based voting for Halonen. A more detailed study of how this issue played into the election in 2006 shows that the social welfare issue loads particularly strong among male voters who voted for the (Social Democratic) female candidate. In this election, the social welfare issue was a block against men's voting for Niinistö (Table 3).

Table 3: The importance to voters of the social welfare issue in 1994 and 2006 (% of voters rendering very much or quite much attention to this issue)

	Women voting for Halonen	**Men voting for Halonen**	**Women voting for Niinistö**	**Men voting for Niinistö**
Securing social welfare*	61	62	47	37

*Question: How much did the candidate's position on securing social welfare affect your voting decision in the second round of the election?

Source: TNS-Gallup 2006/2

Apparently, the social welfare issue is still a politically salient issue among Finnish voters, to the degree that it in many cases overrides gender-based voting. However, in the different settings in 1994 and 2006, this issue played a diametrically opposite role, due to the different issue positions of the pair of candidates in these two elections. The importance of the right-left dimension gives support to Krogstad and Gomard's (2001) claim that other issues override gender issues in elections.

The gender-issue and voting in the 2006 election

As earlier research has shown (e.g., Hellsten, Holli & Wass, 2007), the gender issue is of more salience to female voters than to male voters. We have also shown that this reflected on the voting in the two elections we have studied. A more detailed analysis shows that the relations between issue preference, gender, and voting for a male or female candidate are consistent when controlling for the respondent's gender. In table 4 we have arranged attitudinal questions hierarchically, according to how strongly the attitudes express a gender-voting relation. As can be expected, when controlling for gender, we found almost no deviance between attitude and behaviour at the end of this scale that indicates stronger commitment. Voters who expressed that voting for their own gender is important also did so, and those who thought it to be important that their gender becomes represented also voted for candidates of their own gender. Whilst these issues generally were less important to men, also men who expressed these opinions predominantly followed through in their voting behaviour.

This was, however, less evident regarding the two lesser committing proposals. One out of four women who considered it important that candidates can promote issues of importance to their own gender voted for Niinistö. One out of five men who thought this important voted for Halonen. One out of four women who considered it important that candidates promote gender equality voted Niinistö. One out of three men who thought this important voted for Halonen. Thus, clearly, a greater proportion of women than men gave gender-related issues preference, and behaved accordingly; but a significant share of both men and women considered gender issues to be of importance whilst they were not willing to let this issue guide their voting behaviour, at least not in this election.

Table 4: Preference regarding the candidate's gender and voting in the presidential elections in 2006

	Of the same opinion	
	Women %	**Men** %
It was important to vote for a person of your own gender even if the person did not have a chance to be elected	14	8
It is important for me that my own gender becomes well represented in decision making	25	8
It is important for me that the candidate can promote issues of importance to the candidate's own gender	39	11
It was important for me that the candidate is active in questions related to gender equality	60	40

Source: TNS-Gallup 2006/2

The role of television in the elections 1994 and 2006

The role of television will here be discussed from the point of view of a triangular relation formed among candidates, the journalists and the audience. This particular form of analysis requires the researcher to look at the relations formed among the different actors in the studio, and to assess the outcomes of the programme in the electoral arena. This perspective has earlier been developed in analyses of Finnish presidential election programmes by Moring (1989, pp. 132–154) on the basis of a variant of conversational analysis (turn-taking analysis) and an aggregate analysis of voter behaviour. Esaiasson and Moring (1994) applied the method in an analysis of television programmes before presidential elections and parliamentary elections in Sweden and Finland in 1988 and 1991, but this analysis did not include an effect assessment. A panel survey analysis of the impact of single television programmes was used in an election study of the presidential election in 1994 (Moring, 1997), but this study did not include a programme analysis. Tiittula, Nuolijärvi & Isotalus (2007) applied conversational analysis to the candidate debates in 2006, again without relating the analysis to a method of outcome assessment. In this study, the effort is to yield an informed assessment of impacts of some television programmes leading up to the presidential elections in 1994 and 2006. As mentioned before, the role of the media in the second round election in 2006 will be in focus, with some observations on the election in 1994 seconding our observations from 2006.

According to voter surveys and opinion polls both in 1994 and in 2006, the last phases of the campaign turned against the female candidate. A detailed analysis of the 2006 election shows that the preferences taken among voters immediately after the first round generally held. 97% of the voters who expressed a preference for Halonen after the first round also said they voted Halonen in the second round. The same figure for Niinistö was even higher. Whilst we must account for exaggeration of consistency, typical to voter surveys, it is apparent that the candidates collected their additional last-minute support among voters who were undecided after the first round. Among those voters who came out undecided or changed their preference after the first round (ca. 10 percent of all voters), Sauli Niinistö collected two thirds of the votes. Interestingly, as in the 1994 election, the last-minute swing was clearly in favour of the male candidate. Our analysis of the 2006 data shows that the swing was stronger among men (by 70% for Niinistö against 30% for Halonen), but Niinistö got a majority also in the swing vote among the women (in the proportion 57% against 43%).

We will here apply results from a panel survey, allowing us to observe changes in voting behaviour among voters who viewed certain television programmes, while controlling for effects by looking at the behaviour of voters who did not view the same programmes. This method, as has been noted above, is not without logical problems as the causal chain is not certifiable. The results are also highly tentative due to a small number of cases in the relevant group of moving voters. Therefore, it is here presented mainly as a methodological experiment with indicative value and potential for future research. The urgency of this type of analysis is, however, evident. Earlier research, confirmed by the voter study conducted in 2007, shows that television programmes and particularly television debates matter more in presidential elections than in other types of elections in Finland (see Table 5).

According to the voter survey in 1994 (TNS-Gallup 1994/2), the final part of Martti Ahtisaari's campaign was considered better by a majority of both sexes in most aspects: ability to understand people's needs; effectivity; durability; endurance; professionalism, factuality. Men considered it better in proximity to voters and credibility. Rehn's campaign was considered better by a majority of women in its proximity to voters and its credibility; Rehn's campaign was considered better by both sexes in its ability to enthuse voters. Irrespective of gender, the voters considered that the campaigns had been given almost equal media visibility.

Table 5: Importance of different media for the voting decision of young voters (18–34 years old): Percent "somewhat" or "very much" importance

	Local 92	Pres 94/1	Pres 94/2	Parl 95	EU/ local 96	Parl 99	Par l03	EU 04	Local 04	Pres 06/1	Pres 06/2	Parl 07
TV news, CA	22	37	33	22	31	25	23	32	8	30	25	21
Newspapers	18	24	23	25	33	30	24	26	13	20	20	23
TV-ads	5	6	6	7	12	11	6	3	2	5	7	5
Newspaper ads	15	4	5	11	21	26	19	11	18	5	4	8
TV election programmes	13	42		17	24	20	15	11	*	29	29	18
TV entertain-ment	*	*	*	*	3	6	3	4	3	7	12	4
Internet	*	*	*	*	*	9	31	31	40	14	*	36
Campaign meetings	5	4	3	3	4	5	4	4	6	3	13	4
Friends, relatives	21	11	12	15	13	16	17	14	23	11	11	15

* = missing observation; the variable was not included in the survey covering the election

(Source: TNS-Gallup)

Also the voter survey in 2006 shows that the final stages of the campaign worked to the advantage of the male candidate. This issue was covered by asking voters whether their opinion about the candidate changed during the election campaign. Already during the campaign leading up to the first election, opinions about the two finalists changed almost identically among women and men, in both cases to Halonen's disadvantage. This change continued after the first round. In the second round the figures were even more to Niinistö's advantage (Table 6).

These findings are bolstered by the further findings that Ahtisaari's campaign was generally considered more favourably than Rehn's campaign in the 1994 election and that the opinion of Halonen changed to her disadvantage among voters of both sexes in 2006. Whilst these changes were somewhat less dramatic among women than among men, the shift against the female candidate was clear. This leaves us with the question why this happened.

Table 6: Changes in opinions among voters during the campaign before the second round of the presidential election 2006 (% of voters)

	Opinion about Halonen		Opinion about Niinistö	
	More positive	More negative	More positive	More negative
Women	8	23	28	15
Men	9	30	34	14

Source: TNS-Gallup 2006/2

From an earlier study of the effects of some election programmes in the 1994 election referred to above (Moring, 1997), we may conclude that Rehn's campaign in the last phase turned negative and that this backfired among the voters. Also, a popular entertainment programme (*Tuttu juttu*), broadcast only days before the election, clearly went to the advantage of Ahtisaari. This programme featured the two candidates and their spouses in a competition on how well the spouses know each other. Apparently not only the role of the female candidate, but particularly the role of the male spouse of the female presidential candidate came out badly. A detailed analysis of panel data suggests that this programme had clear and independently negative effects on Rehn's campaign.

In 2006, the voter panel survey followed up on a series of separate programmes allowing for an assessment of their impact on the popularity of the candidate. The programmes that were included were election debates, two intimate discussion programmes run by the female host Maarit Tastula (*Punainen lanka*) separately featuring the two candidates, a quiz show (*Uutisvuoto*) featuring the candidates together and the afore-mentioned programmes by the American talk show host Conan O'Brien, featuring resemblances between himself and Tarja Halonen, which were shown on cable television in Finland and given much attention in the tabloid press as well. As noted above (note 3) two election debates, the quiz show and the discussion programmes were viewed for this analysis. We may also lean on the conversation analysis of the election debates in 2006, made by Tiittula, Nuolijärvi & Isotalus (2007). The perspective employed in the analysis of the five programmes is inspired by framing analysis. We wish to see how the screen frames the candidates (formal/informal, type of background, eventual differences in camera work); how the journalists frame the candidates by choice of themes, and by way of addressing the candidates; how the candidates frame themselves by choice of themes; and how the candidates frame each other in terms of inclusive (we-) discourses and supportive comments versus exclusive (you-) discourses and negative or attacking comments.

In an effort to establish a media effect pattern, we looked specifically at the undecided vote and the 'swing vote', i.e., those voters that did not express a preference after the first round, and those who came out of the first election with a preference that differed from their final voting decision.[6] We analysed how these voters were exposed to different programmes, and how they voted in the second round. This way of analysing the data gives priority to change in attitudes and behaviour towards the candidate rather than expressed opinions about the effect of media.[7]

The number of cases is too low to establish a valid pattern on the basis of the data presented in table 7. But some features anyway stand out to the extent that they earn attention. It appears as if those voters that watched the two talk shows, hosted by a female journalist, turned less towards Niinistö than the swing voters did on average. The programme featuring Niinistö actually appears to have backfired against him. In comparison to the observations related to other programmes, Halonen also appears to have had a relative, though small, benefit from the Conan O'Brien show. But these are small changes among small audiences.

---

[6] A profiling of this group, 94 respondents (ca. 10% of all respondents) shows that they were distributed equally among men and women, but that their age profile was skewed towards middle-aged or older voters. One out of four were voters for the Centre Party candidate who had to find a new choice; one out of five had voted for Halonen, but only less than one out of ten had voted for Niinistö in the first round. Two thirds of this group voted for Niinistö, one third for Halonen. After the first election round, a majority of voters of both sexes in this group had changed their opinions to more favourable towards Niinistö, and less favourable towards Halonen. The share of late deciders in this group was remarkably high, two-thirds decided whom to vote for during the last few days before they cast their votes.

[7] This way of selecting cases for analysis excludes voters who might have changed behaviour but were reconvinced in their earlier choice by media. In the light of data referred to in the early part of this chapter (see also note 7), this group is, however, probably so small that it would not be possible to analyse in the light of the voter studies available.

Table 7: Percent of undecided and swing voters in the presidential election 2006 who watched campaign programmes by voting decision in the second round (N=94)

	% who viewed the programme	% who voted for Halonen	% who voted for Niinistö	Ratio*
Watched talk show with Halonen	13	5	7	0.7
Watched talk show with Niinistö	12	6	5	1.2
Watched quiz programme with both candidates	66	25	42	0.6
Watched the Conan O'Brien show	20	10	11	0.9
Watched one or several candidate debates	63	22	40	0.6
Share of undecided and swing votes total	*	37	63	0.6

* The ratio is calculated by dividing voters for Halonen with voters for Niinistö. If it is less than 1 the effect was pro Niinistö; if it is over 1, the effect was pro Halonen.

Source: TNS-Gallup 2006/2

In comparison with the small changes to Halonen's advantage among the small audiences that viewed the talk shows, the change to Niinistö's advantage among the considerably bigger audiences who viewed the quiz show or watched election programmes is overwhelming. However, the share of viewers of these programmes that turned towards Niinistö is not higher than the average turn into his advantage. Thus we cannot point to an independent extra effect of the quiz show or the election programmes. However, considering their large audiences (around 2/3 of the voters), they apparently contributed to the victory of Niinistö.[8]

[8] This observation is further supported by the response to a question posed in the study 2006 (TNS-Gallup 2006/2), whether the respondent's appreciation of the two finalist candidates changed to more or less favourable after the first election. Whilst only 9% of the respondents reported a positive change with respect to Halonen, 31% were more positive to Niinistö. And reversely: whilst 26% became more negative towards Halonen, only 14% became more negative against Niinistö. The late deciders were particularly numerous among respondents who became more positive towards Niinistö and more negative towards Halonen.

Looking at the television election programmes

Our analysis of the programmes in the 2006 campaign offers some explanations to the observations above. In the election programmes, the camera, studio background, dress-code and formal treatment of candidates by the journalists were rather neutral (both candidates were dressed up, Halonen a little less formal in the first debate, both fully formal in the latter). There was, however, a clear difference in how the journalists thematically framed the candidates. The female candidate, representing the Social Democratic party, was asked to respond to matters relating to her personality (allegedly aggressive), to earlier activities in organizations for sexual equality, welfare problems, social shopping and earlier (alleged) positions on Finnish-Soviet unification.[9] The male conservative candidate was challenged by the journalists on questions relating to family, nation and religion, on relations between business and politics and on the risk of American influence over Finnish foreign policy. These frames may be seen as reflecting not only political differences, but also differences that have a gendered dimension in the traditional sense discussed above: Women are expected to represent soft values and feelings, whereas men are expected to represent hard values and economic rationality.

The candidates themselves further strengthened the same types of differences in their own discourses. Halonen talked more than Niinistö about welfare and education, and also when talking about foreign policy issues used more time on discussing Finland's nearby neighbours Russia and Estonia. Niinistö talked significantly more about economic life, economic growth and emphasized national (egoistic) strategies of economic survival. In addressing each other, Halonen was less formal and clearly found it difficult to maintain the formal Finnish form of address (corresponding to the German "Sie" or the French "vous") and from time to time fell into using the first name and a personal form of address. Niinistö, again, consistently maintained a formal distance in his way of addressing Halonen. Both candidates attacked each other and both also used consensual formulations, but the balance, particularly in the second debate, was towards Halonen using

[8] Rumour was raised in some media that Halonen had raised this issue in a speech several decades ealier. This defamation was proven totally untruthful, the President was not even at the place where her speech was supposed to have been delivered. Anyway, the rumour lived as part of the campaign even within serious journalism, often in the form of questions about how this had affected her campaign.

more consensual formulations than Niinistö and Niinistö attacking Halonen more. Also these differences accord with traditional perceptions about gender roles, as presented in the outset of this article.

The observations from the programme analysis presented in the paragraphs above, to a certain extent, coincide with the conversation analysis made by Tiittula, Nuolijärvi, and Isotalus (2007). In their analysis, the focus was on communicative style. While they found that Halonen was faster in taking the floor, they found that Niinistö was actively challenging Halonen's (alleged) dominance; also, Halonen, more often than Niinistö agreed with the other candidate, and also used inclusive we-forms. Interestingly, Halonen rather than Niinistö was found to be concrete and systematic in argumentation, whereas the argumentation of Niinistö was more relative and diffuse. The authors note that, in spite of this, newspaper comments characterized Niinistö as convincing. This may be a result (as the authors argue) of the body language of Niinistö. But it may also be a result of the phenomenon found in the experimental study by Aalberg and Jenssen (2007) referred to above, showing that, *ceteris paribus*, male presenters are found more convincing than female presenters, particularly by other men. We would have to add, however, that the differences in attitudinal changes to the benefit of Niinistö and the disadvantage of Halonen in the late phase of the 2006 campaign was not dramatically bigger among men than among women (see Table 6). Tiittula, Nuolijärvi & Isotalus (2007) also present Niinistö as more insinuating, they note that his humoristic statements have an ironical edge, and they also observe (as we did above) that Niinistö's use of language (including addressing the other candidate) is more formal than Halonen's. Many of the traits of the debates thus coincide with a reading of the discourse as gendered, obviously to the disadvantage of the female candidate. These traits would create a perception of the male candidate as more active in challenging, more involved in "hard" subjects and more convincing, whereas the female candidate was found to be more consensual, more into "soft" issues and details, and less formal.

Turning to the intimate discussion programmes (*Punainen Lanka* 24.1.2006 and 27.1.2007), the difference from the election debate programmes is partly striking. Interestingly, the biggest difference is in how the different programme formats support the personality and gender traits of the candidates. It should not be forgotten that these programmes are one-on-one interviews with one candidate at a time. Also in these two programmes, the camera work, the studio and the clothing of the candidates show little difference. Halonen is dressed in a semi-formal green dress, Niinistö is dressed in a leisurely styled dark jacket, pullover and tie. Also the interviewer (or discussion partner) makes a point of addressing the same questions to both candidates. But in this programme, the inclusive "we" favoured by Halonen contributes to a common and inclusive atmosphere, including the interviewer, who also uses this form in the interview; whereas the formal "you" is used by interviewer and interviewee throughout the interview with Niinistö. This apparently creates a distance in the latter interview, further emphasized by the different sexes of the interviewer and the candidate.

Irrespective of the fact that many questions were identical for the two candidates, the themes in the programmes differed along the same lines as in the candidate debates. Niinistö was asked about events that he had experienced being caught in the Tsunami in Thailand 2004, also partly in a critical tone. But much of this interview evolved around matters relating to economy and economic egoism. Niinistö regularly, through what is known as topic transformation, turned this theme into defending the country and economic growth. In the interview with Halonen, the value backgrounds of the questions apparently were closer to the interviewed, as topic transformations by the candidate appeared less frequently. Again, the programme evolved more around soft values, with rather long parts concentrating on gender equality and international and human rights. The atmosphere in the interview programme with Niinistö was more conflictual whereas the atmosphere in the interview with Halonen was more consensual. In the intimate discussion programme format this apparently worked in favour of the female candidate.

Compared to the other programmes studied, the quiz show proved to be quite different. The format ("*Have I got news for you*") is based on a quiz leader and two professional media personalities guiding the show. The guests (in this case, the two presidential candidates) appear as team partners to these media personalities. In this programme, all but Halonen were males. Niinistö was teamed up with the more dominant of the two media personalities, whereas Halonen was teamed up with a team partner known also as a poet, and with a more soft approach. This set-up suited Halonen well; she was able to capture the floor frequently and with less challenges as compared to Niinistö. Also hugging and celebrating right answers appeared more spontaneous between Halonen and her team partner than between Niinistö and his team partner at the other end of the table.

Both candidates were, however, able to let loose, joking their way through the programme. After the show, media comments did not find either candidate to be the winner. Thus, in this case neither the programme analysis nor the public reactions after the programme can explain why a higher proportion of viewers of this programme turned to Niinistö, compared to the change among voters who did not watch the programme. Possible explanations could be found in the self-selection of audiences. It is obvious that these kind of popular programmes attract people who are generally not interested in politics. Niinistö appears to have won a great share of the moving vote. The viewers may have made up their mind irrespective of the programme. Another explanation would be the earlier mentioned credibility factor favouring male presentations, demonstrated by Aalberg and Jenssen (2007).

Conclusions

This study is a case study based on only two elections. In combination with the scarcity of responses from our main group of interest, the swing voters, this calls for a humble attitude towards drawing far-reaching conclusions. One main conclusion, however, comes out rather strongly. Gender continues to matter in Finnish elections in spite of the fact that voters with clear positions on a right-left axis tend to vote according to their political leanings. Not surprisingly, in light of earlier research, this issue continues to carry more weight among women than men. However, many women, as well as men, consider the gender issue important irrespective of their decision to vote for a candidate of the other sex.

Countering conclusions from earlier research on Finnish elections, we found that more women than men deviate from expressed party preferences in favour of a gender-based choice. We also found that expectations of typical age-related voting patterns that would benefit equality (among young voters) and male candidates (among older voters) are only partly, and quite inconsistently, supported. Only in the behaviour of older male voters in 2006 this assumption gets indisputable support.

Our analysis of how social welfare issues and gender interacted in the elections showed that there is no fundament for assuming that women generally are more 'leftist' in their leanings than men and that social policy issues were particularly relevant for those male voters who voted for a left wing female candidate.

Turning to the eventual media impact in the campaigns, we found a somewhat surprising parallelism between the two elections. In both elections, the last intensive moments of the campaign clearly went against the female candidate. The male candidate appears to have gained more from traditional election programming and from entertainment programmes, whereas the female candidate in the 2006 election appears to have gained more from a talk show that was run by a female host.

It turned out that, whilst the formal treatment of male and female candidates were quite similar in traditional debate programmes and in more intimate candidate interviews, the contextual framing of the candidates turned out quite differently in these two types of programmes. Apparently, the format of the debates was more beneficial to the male candidate. This may be explained by a credibility factor growing out of differences in how the candidates were framed with respect to activity, level of formality, consensus versus criticism, and hard versus soft issues – features that have been frequently addressed in earlier research about gender and the media. It may also be explained in line with an earlier finding that political presentations by males are perceived as more convincing than similar presentations by females.

The results of our analysis were, however, reversed when we studied the impact of another type of programmes. The female candidate had a relative benefit from more softly styled interview programmes. This could to be due to a clash between the underlying values of the programme format and the appearance of the male candidate. In this case, this would reveal further gender-related aspects of the effect of different programme formats on candidate credibility.

No clear results could be drawn from our analysis of an entertainment quiz programme, also broadcast in 2006. In the light of voting behaviour, the audience apparently turned against the female candidate. However, the analysis of the programme and the public reactions it evoked did not support a conclusion that this programme would have had an independently negative effect on the female candidate. On the other hand, an earlier study has shown a negative effect for the female candidate from a remotely similar popular entertainment programme in 1994.

While these findings are based on an insufficient number of cases to allow for a statistically convincing analysis, the consistency in our findings from the two elections adds to the indicative value of our results. It deserves to be pointed out that with two candidates being only some few percentage points from the decisive 50 percent mark also very small changes may be crucial to the outcome of an election.

References

Aalberg, T., & Jenssen, A. T. (2007). Gender stereotyping of political candidates. An experimental study of political communication. *Nordicom Review, 28(1)*, 17–32.

Esaiasson, P., & Moring, T. (1994). Codes of professionalism: Journalism versus politicians in Finland and Sweden. *European Journal of Communication, 9,* 271–289.

Gomard, K., & Krogstad, A. (Eds.) (2001). *Instead of the ideal debate. Doing politics and doing gender in Nordic political campaign discourse.* Aarhus: Aarhus University Press.

Hellsten, V., Holli, A. M. & Wass, H. (2007). Sukupuolen mukainen äänestäminen. In P. Isotalus & S. Borg (Eds.). *Presidentinvaalit 2006* (pp. 178–206). Helsinki: WSOY.

Holli, A. M., & Kantola, J. (2005). A politics for presence: State feminism, women's movements and political representation in Finland. In J. Lovenduski, with C. Baudino, M. Guadagnini, P. Meier & D. Sainsbury (Eds.), *State Feminism and Political Representation* (pp. 62–84). Cambridge: Cambridge University Press.

Jalalzai, F. (2004). Women political leaders: Past and present. *Women & Politics, 26(3–4)*, 85–108.

Inglehart, R., & Norris, P. (2000). The developmental theory of the gender gap: women's and men's voting behavior in global perspective. *International Political Science Review, 21*, 441–463.

Isotalus, P. (2007). Presidentinvaalien 2006 juonenkäänteet ja kampanjan ominaispiirteet. In P. Isotalus & S. Borg (Eds.), *Presidentinvaalit 2006* (pp. 10–31). Helsinki: WSOY.

Isotalus, P., & Borg, S. (Eds.) (2007). *Presidentinvaalit 2006.* Helsinki: WSOY.

Karvonen, L., & Selle, P. (Eds.) (1995). *Women in Nordic politics: closing the gap.* Aldershot: Dartmouth.

Krogstad, A., & Gomard, K. (2001). A debate on the debates. In K. Gomard & A. Krogstad (Eds.), *Instead of the ideal debate. Doing politics and doing gender in Nordic political campaign discourse* (185–200). Aarhus: Aarhus University Press.

Kuusipalo, J. (2007). Presidenttipelin sukupuolittuminen. In P. Isotalus & S. Borg (Eds.), *Presidentinvaalit 2006* (pp. 98–114). Helsinki: WSOY.

Lammi-Taskula, J. (ed.) (1994). *Sukupuoli, media ja presidentinvaalit. Tasa-arvojulkaisuja, 1994(1).* Helsinki: Sosiaali-ja terveysministeriö.

Lazarsfeld, P. F., Berelson, B., & Gaudet, H. (1944). *The people's choice: How the voter makes up his mind in a presidential campaign.* New York: Columbia University Press.

Lovenduski, J., & Norris, P. (1993). *Gender and party politics.* London: Sage.

Moring, T. (1989). *Political Elite Action: Strategy and Outcomes.* SSF Commentat. Scient. Soc. 41. Helsinki: The Finnish Society of Sciences and Letters.

Moring, T. (1997). "Amerikaniseras" politiken? Medieförändring, väljarmobilitet och nya former för val i samverkan. In S. Lindberg & Y. Molin (Eds.), *Festskrift till Sten Berglund* (pp. 77–114). Vasa: Pro Facultate Nr 2.

Moring, T. (2006). Political advertising on television in the Nordic and Baltic States. In L. L. Kaid & C. Holtz-Bacha (Eds.), *The Sage Handbook of Political Advertising* (pp. 181–209). Thousand Oaks, CA: Sage.

Mäki, E. (2007). Halosen ja Niinistön perustelutaito – puheiden argumentaation analyysia. In P. Isotalus & S. Borg (Eds.). *Presidentinvaalit 2006* (pp. 137–154). Helsinki: WSOY.

Nuolijärvi, P. (1994). Vierekkäinen vuorovaikutus – Martti Ahtisaari ja Elisabeth Rehn televisiohastattelussa. In J. Lammi-Taskula (Ed.), *Sukupuoli, media ja presidentinvaalit. Tasa-arvojulkaisuja 1/1994* (pp. 57–72). Helsinki: Sosiaali-ja terveysministeriö.

Nylund, M. (2001). Projecting unity: strategic use of *we* in televised debates. In K. Gomard & A. Krogstad (Eds.), *Instead of the ideal debate. Doing politics an doing gender in Nordic political campaign discourse* (pp. 97–128). Aarhus: Aarhus University Press.

Paloheimo, H. (2007). Kansalaisten johtajuusodotukset. In P. Isotalus & S. Borg (Eds.), *Presidentinvaalit 2006* (pp. 207–224). Helsinki: WSOY.

Ronkainen, S. (1994). Sukupuoli, solidaarisuus ja presidentinvaalit. In J. Lammi-Taskula (ed.), *Sukupuoli, media ja presidentinvaalit. Tasa-arvojulkaisuja 1/1994* (pp. 15–30). Helsinki: Sosiaali-ja terveysministeriö.

Tiittula, L., Nuolijärvi, P., & Isotalus, P. (2007). Halosen ja Niinistön esiintymistyyliy television valikeskustelussa. In P. Isotalus & S. Borg (Eds.), *Presidentinvaalit 2006* (pp. 195–177). Helsinki: WSOY.

van Zoonen, L. (2005). *Entertaining the citizen: when politics and popular culture converge.* Boulder, CO: Rowman and Littlefield.

van Zoonen, L. (2006). The personal, the political and the popular. A woman's guide to celebrity politics. *European Journal of Cultural Studies, 9,* 287–301.

Zielgruppe Frauen – ob und wie die großen Parteien um Frauen werben

Annette Keil & Christina Holtz-Bacha

"Beckstein weiß, was Frauen wünschen", so stellt die *Frankfurter Allgemeine Sonntagszeitung* überrascht fest, als der neue bayerische Ministerpräsident eine Frau zur Generalsekretärin der CSU macht, die damit in die vorderen Ränge der Partei einbricht, wo bislang die "männlichen Alphatiere" herrschten (Schäffer, 2007). Es sieht so aus, als ob nun auch diejenige Bundestagspartei, die mit etwa 18 Prozent den geringsten Frauenanteil unter ihren Mitgliedern aufweist, erkannt hat, dass sie hinsichtlich der Partizipation von Frauen Nachholbedarf hat und sich damit auch gegenüber den bayerischen Wählerinnen besser positionieren könnte. Der Zug der Zeit hat die CSU in dieser Hinsicht schon fast hinter sich gelassen. Das hat Becksteins Vorgänger Edmund Stoiber, der "doch zu Beginn seiner Ministerpräsidentenzeit in der Geschlechterpolitik ein eindeutiges Signal setzte, als er 1993 keine Frau als Ministerin berief" (Schäffer, 2007), bitter erfahren müssen, als er zur Bundestagswahl 2002 gegen Gerhard Schröder in die Konkurrenz ums Kanzleramt eintrat. Nach der Wahl hieß es, Schröder habe gerade wegen der Frauen gewonnen, oder umgekehrt, Stoiber habe wegen der Frauen verloren.

Frauen auf den höheren Parteiposten – das könnte ein Signal dafür sein, dass die CSU etwas dafür tun will, um in Zukunft die weibliche Wählerschaft besser zu erreichen. Sie würde damit einer Herausforderung begegnen, die sich für alle Parteien aufgrund des gesellschaftlichen Wandels ergeben hat. Das viel bemühte Stichwort dazu lautet Professionalisierung der politischen Kommunikation, hier verstanden als eine Anpassung an die Bedingungen, die Modernisierung und die Veränderungen des Mediensystems mit sich gebracht haben (vgl. Holtz-Bacha, 2007). Für die Politik haben diese Entwicklungen insofern Folgen gehabt, als sie mit einer neuen Unberechenbarkeit der Wählerinnen und Wähler zu tun hat. Wahlkämpfe sind wichtiger geworden, zugleich erweist es sich jedoch als schwieriger, die Wählerschaft anzusprechen und zur Stimmabgabe zu motivieren.

Aus der Modernisierung in dem Sinne, wie die Soziologie den Begriff belegt hat, ergibt sich, dass Parteien heute nicht mehr so sehr auf eine Stammwählerschaft und feste Parteibindungen aufgrund von gesellschaftlichen Klassen oder Schichten vertrauen können. Lebensläufe sind variabel geworden, damit ändern sich auch die individuellen Interessen, die Gruppen, in denen sich der Einzelne bewegt, und der Lebensstil. Diese Veränderungen bereiten vor allem SPD und CDU/CSU, die Volksparteien sein wollen, Schwierigkeiten, denn es ist nicht so einfach, in Wahlkämpfen Probleme zu thematisieren und Versprechungen für ihre Lösung zu machen, die bei allen Wählerinnen und Wählern einer Partei gleichermaßen ankommen. Ein Thema, ein Lösungsvorschlag droht immer eine Gruppe zu verärgern, da haben es die kleinen Parteien mit homogenerer Wählerschaft etwas leichter. Ein Weg, diesem Problem zu begegnen, ist der Rückzug auf allgemeine Sympathiewerbung mit unverbindlichen Themen oder mit Kandidaten, die sich so inszenieren, dass sie nicht für konkrete Politik stehen. Alternativ – oder ergänzend – empfiehlt sich die Ansprache von Zielgruppen, um auch spezifische Interessen berücksichtigen zu können; dies gilt dann auch als ein Merkmal (post-)moderner Wahlkämpfe. Das wiederum setzt den Einsatz solcher Kampagnenkanäle voraus, die eine zielgerichtete Ansprache erlauben.

Die Wahlforschung hat verschiedentlich gezeigt, dass Frauen sich bei ihrer Wahlentscheidung nicht immer so verhalten wie Männer. Außerdem wissen wir, dass Frauen eine andere Einstellung zur und ein anderes Verständnis von Politik haben. Es wäre daher naheliegend, im Wahlkampf Wählerinnen gesondert und anders anzusprechen als Wähler. Inwieweit das in Deutschland bereits geschieht und wie die spezifische Ansprache von Frauen aussieht, soll anhand der Kampagnen von SPD und CDU/CSU zu den Bundestagswahlen 2002 und 2005 untersucht werden[1]. Zuvor präsentiert dieser Beitrag Daten zu Wahlbeteiligung, Wahlverhalten und politischer Partizipation von Frauen und Männern im Vergleich, um zu prüfen, ob überhaupt von unterschiedlichen Zielgruppen zu sprechen ist.

[1] Dieser Bericht basiert auf der Diplomarbeit der Erstautorin (Keil, 2007).

Wahlbeteiligung, Wahlverhalten und politische Partizipation

Frauen stellen in Deutschland 52 Prozent der wahlberechtigten Bevölkerung. Ihre Wahlbeteiligung lag 2002 bei 79.4 und 2005 bei 78.1 Prozent und damit jeweils 0.4 Prozentpunkte unter der Wahlbeteiligung von Männern. Auch über die verschiedenen Altersgruppen hinweg gibt es nur wenige Unterschiede: Lediglich in der Altersgruppe 70 Jahre und älter weisen Frauen eine deutlich geringere prozentuale Wahlbeteiligung auf. Dagegen geben Frauen im Alter zwischen 30 und 45 Jahren häufiger ihre Stimme ab als Männer gleichen Alters. Die dahinterstehenden absoluten Zahlen zeigen viel deutlicher, wie bedeutsam die Wählerinnen wirklich sind: Bei der Bundestagswahl 2005 beteiligten sich fast zwei Millionen mehr Frauen an der Wahl als Männer, und diese Differenz geht zu einem großen Teil auf die älteren Wählerinnen zurück. Allein in der ältesten Gruppe (70 Jahre und älter) gingen 2005 rund 1.5 Millionen mehr Frauen an die Wahlurnen als Männer. (Alle Zahlenangaben aus: Namislo et al., 2006[2], S. 225)

Abbildungen 1 und 2 zeigen den für Frauen und Männer aufgesplitteten Zweitstimmenanteil der Parteien bei den Bundestagswahlen 2002 und 2005. In beiden Jahren erhielten die Sozialdemokraten bei Frauen einen höheren Stimmenanteil als bei Männern. Da auch die Grünen deutlich mehr Stimmen von weiblichen als von männlichen Wählern bekamen, kann in der Tat davon gesprochen werden, dass die rot-grüne Koalition 2002 ihren Sieg den Wählerinnen zu verdanken hatte. 2005 erhielten SPD und Union exakt den selben Stimmenanteil bei Frauen (35.5%), während die CDU/CSU bei Männern einen um zwei Prozentpunkte höheren Zweitstimmenanteil erzielte als die SPD. Wie schon bei der Bundestagswahl 2002 erreichte die SPD ihr bestes Ergebnisse bei den jungen Wählerinnen bis 24 Jahre (38.5%), die Unionsparteien dagegen holten ihr bestes Zeitstimmenergebnis bei den Frauen ab 60 Jahre. Unter den drei kleineren Parteien weisen nur die Grünen eine Dominanz weiblicher Stimmen auf; FDP und Linke punkten besser bei Männern als bei Frauen. (Vgl. Namislo et al., 2006, S. 229; Roth & Jung, 2002, S. 15)

[2] Es handelt sich dabei um Zahlen aus der repräsentativen Wahlstatistik des Statistischen Bundesamtes. Diese Zahlen liegen geringfügig höher als die tatsächliche Wahlbeteiligung, weil angenommen wird, dass sämtliche Wahlscheininhaber die Briefwahl genutzt haben (vgl. auch Werner, 2003).

Abbildung 1: Zweitstimmenanteile der Parteien bei Frauen und Männern 2002

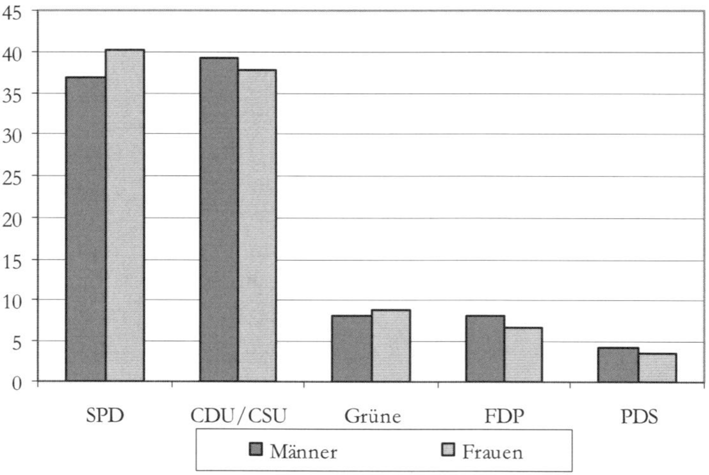

(Vgl. Werner, 2003)

Abbildung 2: Zweitstimmenanteile der Parteien bei Frauen und Männern 2005

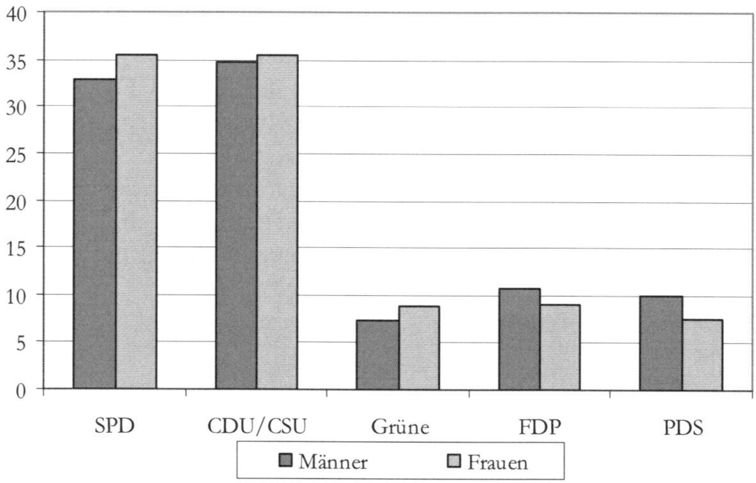

(Vgl. Namislo et al., 2006, S. 227)

Interessant ist der Vergleich von Gewinnen und Verlusten bei der Bundestagswahl 2005 gegenüber 2002. Beide großen Parteien mussten Verluste bei den Zweitstimmen einstecken, und zwar sowohl bei Frauen wie auch bei Männern. Allerdings hatte die SPD besonders große Verluste bei Wählerinnen, sie erzielte 2005 4.7 Prozent weniger als 2002. Offensichtlich hatte Gerhard Schröder 2002 gegenüber Edmund Stoiber einen Frauenbonus, den er aber in der Kampagne 2005 gegen Angela Merkel nicht verteidigen konnte. Die Unionsparteien verloren indessen bei männlichen Wählern erheblich im Vergleich zu 2002, sie erhielten 2005 4.4 Prozent weniger als drei Jahre zuvor. Dass womöglich die Kanzlerkandidatin etwas mit dem Stimmenzuwachs der Union unter Frauen und dem Stimmenverlust bei Männern zu tun hatte, bleibt Spekulation. (Vgl. Namislo et al., 2006, S. 227)

Die Bundestagswahl 2002 gilt als Zäsur hinsichtlich des geschlechtsspezifischen Wahlverhaltens, da sich Frauen und Männer erstmals seit 1972 in ihrer Stimmabgabe für die beiden Volksparteien unterscheiden (vgl. Hartenstein & Müller-Hilmer, 2002, S. 22). Bei der Wahl 2005 gaben Männer deutlich öfter als Frauen den kleineren Parteien ihre Stimme und wechselten von 2002 zu 2005 stärker von einer Partei zu einer anderen. Die Stimmabweichungen der Frauen waren beim Vergleich der beiden letzten Bundestagswahlen mit 13.3 Prozent weniger groß als die der Männer (17.7%).

Im Langzeitvergleich ab 1953 zeigt sich, dass die SPD bis 1972 zu einem deutlich größeren Anteil von Männern als von Frauen gewählt wurde. 1972, als Willy Brandt für die SPD als Kanzlerkandidat antrat, gab es eine "ruckartige Angleichung" (Hartenstein & Müller-Hilmer, 2002, S. 22) im Geschlechterverhältnis von SPD und Unionsparteien. 1980, als Helmut Schmidt zur Wiederwahl anstand, wählten zum ersten Mal mehr Frauen als Männer die SPD. Frauen bevorzugten dagegen bis 1969 eindeutig die CDU/CSU, der Stimmenanteil von Männern lag klar unter demjenigen der Frauen. 1980 und 2002, als Kanzlerkandidaten aus der CSU antraten, erhielt die Union jeweils weniger Frauen- als Männerstimmen. (Vgl. Bundeswahlleiter, 2005, S. 64–66)

Während sich also die Wahlbeteiligung von Frauen und Männern nicht nennenswert unterscheidet, ergeben sich große Unterschiede, wenn pauschal nach dem Interesse für Politik gefragt wird (vgl. im folgenden Heß-Meining, 2005, S. 385, nach ALLBUS-Daten). Nur 24 Prozent der Frauen, aber 42 Prozent der Männer bezeichnen ihr politisches Interesse als "sehr stark" oder "stark". Besonders gering ist das Interesse für Politik bei jungen

Frauen im Alter zwischen 18 und 29 Jahre: 40 Prozent geben an, sich "wenig" oder "gar nicht" für Politik zu interessieren, bei Männern der gleichen Altersgruppe sind es nur 23 Prozent. Ähnliche Ergebnisse zeigen sich seit Jahren, ebenso lange gibt es auch Kritik an dieser Frageformulierung, weil hier Politik mit der "großen" und institutionalisierten Politik assoziiert wird, in der Frauen sich kaum wiederfinden. Frauen setzen in der Politik zudem andere thematische Schwerpunkte, wie sich auch an den Unterschieden ablesen lässt, die sich für Frauen und Männer bei den Themen ergeben, wenn sie danach gefragt werden, was für ihre Wahlentscheidung ausschlaggebend war (vgl. Abbildungen 3 und 4).

Abbildung 3: Wahlentscheidende Themen für Frauen und Männer 2002

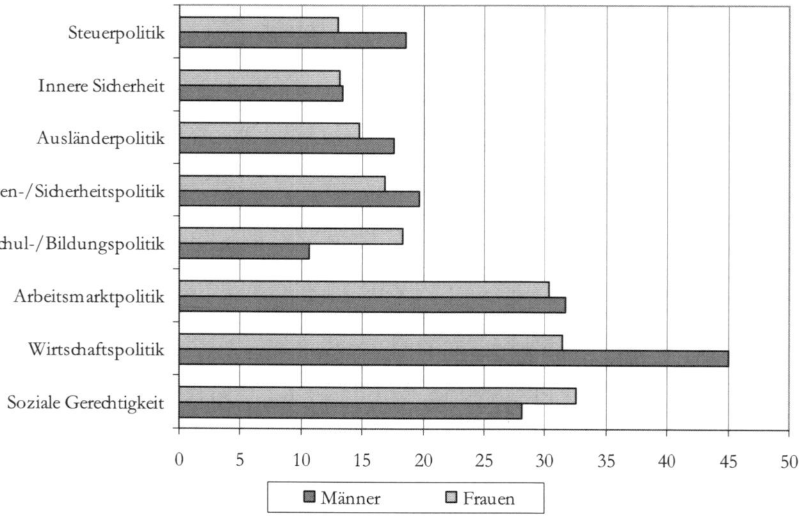

(Vgl. Heß-Meining, 2005, S.387, nach Daten von Infratest Dimap)

Die Distanz von Frauen zur institutionalisierten Politik spiegelt sich auch in ihrem gegenüber Männern geringeren Engagement in den Parteien, was wiederum Folgen haben muss für ihre Repräsentanz zum Beispiel in den Parlamenten, denn eine politische Karriere setzt in der Regel die aktive Mitarbeit in einer Partei voraus.

Abbildung 4: Wahlentscheidende Themen für Frauen und Männer 2005

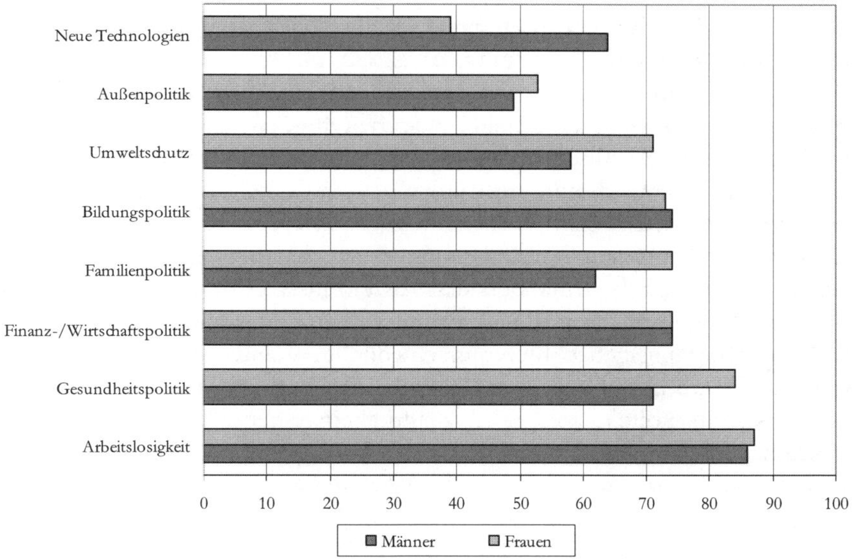

(Vgl. Forsa, 2005, S. 5)

Es gibt deutliche Unterschiede in der Bereitschaft, sich politisch in einer Partei zu engagieren. Die Frage "Haben Sie schon einmal in einer Partei mitgearbeitet?" beantworteten 15 Prozent der männlichen Befragten mit 'Ja', bei den Frauen waren es jedoch nur 8 Prozent. Ähnlich sieht es aus bei der Bereitschaft, ein politisches Amt zu übernehmen. Unter den 18- bis 34-jährigen bestätigen 38 Prozent der Männer, aber nur 17 Prozent der Frauen, dass sie bereit wären, ein politisches Amt auszuüben. In der nächst älteren Gruppe ist der Unterschied nicht mehr ganz so ausgeprägt; Männer im Alter zwischen 35 und 59 Jahren erklären sich zu 25 Prozent, Frauen zu 19 Prozent bereit, ein politisches Amt zu übernehmen. (Heß-Meining, 2005, S. 369, 385)

Der Anteil von Frauen in den Bundestagsparteien weist daher erhebliche Unterschiede auf. Spitzenreiter unter den Parteien ist Die Linke mit einem Frauenanteil von 45 Prozent, gefolgt von den Grünen mit 37 Prozent und der SPD mit 30 Prozent. Unter den Mitgliedern der CDU kommen Frauen auf einen Anteil von 25 Prozent und bei der FDP auf 23 Prozent. Schlusslicht ist die CSU mit 18 Prozent weiblichen Mitgliedern (alle Zahlen:

Dossier Parteien). Wie Frauen schließlich auf den Spitzenpositionen in den Parteien vertreten sind, steht in Abhängigkeit von deren Gleichstellungsbemühungen oder Quotierungen, so dass die Parteien mit fixen Quoten (Linke, Grüne, SPD) den höchsten Frauenanteil im Präsidium bzw. Parteivorstand aufweisen (vgl. Heß-Meining, 2005, S. 370).

Der Blick auf verschiedene Aspekte der politischen Beteiligung fördert also durchaus einige Unterschiede zwischen Frauen und Männern zutage: Während sich die Wahlbeteiligung angeglichen hat, ließ die Stimmabgabe bei den letzten beiden Bundestagswahlen – wie auch schon früher – geschlechtsspezifische Unterschiede erkennen. Diese werden nur bedingt in den Gesamtergebnissen sichtbar, sondern treten eher dann heraus, wenn man Teilgruppen nebeneinanderstellt: Als einflussreich erweist sich hier das Alter der Wählerinnen und Wähler; Wohnort und soziale Schicht haben weiteren Erklärungsgehalt für unterschiedliches Wahlverhalten (vgl. Neu & Molitor, 1999, S. 253). Bekannt ist zudem die Distanz von Frauen zur institutionalisierten Politik, die ihren Ausdruck in einem deutlich niedrigeren politischen Interesse und auch geringerem Engagement in den traditionellen Strukturen der Politik findet. Frauen legen thematisch bei ihrer Wahlentscheidung andere Schwerpunkte als Männer. Es könnte also durchaus Gründe für die Parteien geben, in differenzierter Weise um die Wählerinnen und Wählern zu werben. Nachfolgend wird untersucht, inwieweit die beiden großen Parteien mit ihren Kampagnen zu den Bundestagswahlen 2002 und 2005 Frauen besonders angesprochen haben.

Die Kampagnenstrategien von SPD und CDU/CSU zur Bundestagswahl 2002

Die Darstellung der Kampagnenstrategien von SPD und Union erfolgt getrennt für die Wahljahre 2002 und 2005, und zwar zunächst mit einer Erläuterung der Imagelinie mit Leitkampagne und Positionierung der Partei. Daran schließt sich die Beschreibung von Personen-, Themen-, Partei- und schließlich Negativkampagne an. Die Werbekampagnen werden separat dargestellt. Da die Parteien nur bei den so genannten 'paid media', also ihren Werbemedien, selbst in der Hand haben, wie sie gestaltet werden und welcher Argumentation sie folgen, konzentriert sich die Untersuchung auf die entsprechenden Materialien[3]. Es gilt dabei zu klären, ob die Parteien bei der Planung und Durchführung der Einzelkampagnen versucht haben, bei der Darstellung ihres politischen Personals, ihrer Themen, ihrer Partei und bei den Angriffen auf den politischen Gegner besonders Frauen anzusprechen.

Die SPD ging 2002 als Regierungspartei in den Wahlkampf, musste also eher auf Leistungsbilanz und weniger auf Angriff bedacht sein. Ihre Wahlkampagne unterteilte sich in vier Kommunikationsphasen (vgl. Kampa 02, 2002, S. 7): In der Startphase von Ende 2001 bis Ende April 2002 konzentrierte sich die Partei darauf, sich als Partei der Mitte zu positionieren, attackierte gleichzeitig die Union wegen der ungeklärten Kandidatenfrage und bemühte sich, als diese entschieden war, Edmund Stoiber "in die rechte Ecke" zu stellen. Im Mai bis zum Parteitag am 2. Juni lief eine Argumentationsphase, in der die SPD auf ihre positive Leistungsbilanz verwies und Garantieversprechen abgab. In der Mobilisierungsphase vom Juni bis Anfang August propagierte die Partei "Erneuerung und Zusammenhalt" und setzte auf Polarisierung zu Union und FDP. Der Fokus der Schlussphase ab 10. August lag bei Gerhard Schröder mit personalisierter Kanzler-, Unterstützer- und Schlusskampagne. Arbeitnehmer, Ostdeutsche und Frauen sollten besondere Zielgruppen darstellen (vgl. Korte, 2005, S. 100).

Hauptmotto der SPD-Kampagne war: "Ein moderner Kanzler für ein modernes Deutschland". Das unterstreicht nicht nur den starken Zuschnitt auf Schröder, sondern demonstriert auch bereits die Prominenz des Attributes modern im Wahlkampf 2002. Während Schröder zum "Kanzler der Mitte" proklamiert wurde, bemühte sich die SPD, Stoiber in die "rechte Ecke" zu drängen. Machnig nennt vier Grundaussagen, denen die SPD-Kampagne folgte: "[1] Gerhard Schröder ist ein moderner Kanzler mit dem Können und der Kraft, Deutschland durch schwierige Zeiten zu führen. [2] Die Bundesregierung hat den Reformstau der Kohl-Zeit erfolgreich aufgelöst und einen erfolgreichen Modernisierungsprozess eingeleitet. [3] Die SPD ist die Partei, die das Lebensgefühl der Menschen am besten repräsentiert und als einzige Partei die Brücke zwischen notwendigen Reformen und dem Bedürfnis nach sozialer Sicherheit schlägt. [4] Die Union steht mit ihrem Kanzlerkandidaten für überholte Werte und politische Konzepte, mit der sie bereits in der Vergangenheit gescheitert war". (Machnig, 2002, S. 4) Neben der Reihenfolge der Grundaussagen, die Gerhard Schröder an erster Stelle

[3] Da die Parteien zum Teil selbst nicht mehr über ihr gesamtes Wahlkampfmaterial verfügten, kann keine komplette Vollständigkeit reklamiert werden.

nennt, verdient die Betonung des Attributes modern Beachtung, das in der Wählerinnenansprache häufig Verwendung fand: Modern steht für Toleranz gegenüber einem breiten Spektrum weiblicher Lebensentwürfe und sollte auch eine Polarisierung zwischen Schröders moderner Einstellung und Stoibers überholtem Frauenbild bewirken. Dass an vierter Stelle auch die Negativkampagne Erwähnung findet, deutet auf ihren hohen Stellenwert innerhalb der Gesamtkampagne hin. Die SPD wies damit der Union und ihrem Kanzlerkandidaten überholte Werte zu, die besonders bei der zielgerichteten Ansprache von Frauen aufgegriffen wurden, um Stoiber ein antiquiertes Frauenbild anzuheften.

Die SPD legte für ihre Kampagne vier Hauptthemen fest: Arbeit, Bildung, Familie und Gesundheit. Zwei Themen, die später oft als wahlentscheidend bezeichnet wurden, nämlich die Überschwemmungen im Osten Deutschlands und der drohende Irak-Krieg, traten erst zum Ende des Wahlkampfes hinzu. Ein konkreter Bezug zur weiblichen Wählerschaft lässt sich nur beim Thema Familie/Kindererziehung ausmachen: "Aber Priorität hat die Investition in Betreuung, weil nur auf diese Weise soziale Ungleichheiten auszugleichen sind und nur auf diese Weise Frauen wirklich Familie und Beruf besser überein kriegen" ("Sie kommen gerade vom...", 2002). Unerlässlich sei dies auch aus wirtschaftlichen Gründen – die Unternehmen sollten nicht auf einen gut ausgebildeten Teil der Bevölkerung als Arbeitskräfte verzichten (vgl. Rede von Bundeskanzler..., 2002, S. 5). Schröder wiederholte dieses Statement beinahe formelhaft in diversen Interviews.

Mit Gerhard Schröders Kampfruf "Ich oder der", aber wegen auch seiner gegenüber der Partei erheblich höheren Popularitätswerte war die Personalisierung der SPD-Kampagne geradezu programmiert (vgl. Holtz-Bacha, 2006b, S. 14). Dabei ging es vorrangig um die Demonstration von Sach- und Handlungskompetenz. Der Einsatz von Doris-Schröder Köpf im Wahlkampf hingegen diente vor allem dazu, Schröders Nähe zur Lebenswelt der Wählerinnen vorzuführen und zu zeigen, dass er die Probleme, mit denen Frauen kämpfen, aus seinem unmittelbaren Umfeld kennt. Gleichzeitig sollte sie durch ihre Person (Karriere als Journalistin, bis zu ihrer Heirat mit Schröder alleinerziehende Mutter) sein Image als moderner Kanzler unterstreichen, der verschiedene Lebensentwürfe anerkennt und damit den lebenden Widerspruch zu Stoibers Frauenbild darstellt (vgl. auch Abbildung 5). Dass das Engagement von Schröder-Köpf wenigstens in der Partei recht gut ankam, zeigten die Schilder und Aufkleber mit der im Ruhrpott-Deutsch verfassten Aufschrift "Ich wähle Doris ihren Mann seine Partei", die in der nordrhein-westfälischen SPD auftauchten.

Abbildung 5: Vereinbarkeit von Kindern und Karriere (SPD 2002)

Das Wahlprogramm 2002 der SPD nannte Frauenpolitik nicht explizit, machte aber verschiedene Aussagen im Interesse von Frauen. Mit "eine moderne Familienpolitik oder ein Zurück zur Ausgrenzung von Frauen aus dem Erwerbsleben" zeigte die Partei den Wählerinnen und Wählern, welche Alternative sich ihnen bot. Bei den bisher erreichten Zielen verwies die SPD pauschal darauf, dass sie wesentliche Schritte zur Gleichstellung von Frauen und Männern in Beruf und Gesellschaft eingeleitet hätte. Als ihre zukünftigen Ziele in diesem Zusammenhang bezeichnete die SPD eine höhere Frauenerwerbstätigkeit sowie die Vereinbarkeit von Beruf und Familie sowie einen besseren Schutz von Frauen vor Gewalt in der Familie. Kapitel 13 des Wahlprogramms unter dem Titel "Gleichstellung der Geschlechter" zählte dazu unter anderem auf: Förderung eines breiteren Berufsspektrums für Frauen, besonders bei technischen Berufen und im IT-Bereich; Erhöhung des Frauenanteils bei wissenschaftlichen Personal in Hochschulen und Forschungseinrichtungen; Unternehmen veranlassen, bessere Berufschancen für Frauen zu bieten, und Frauen den Weg in Führungspositionen erleichtern; höhere Frauenerwerbsquote; größere Beachtung des Gender Mainstreaming-Konzepts; Fortsetzung des nationalen Aktionsplans zur Gewalt gegen Frauen. (Vgl. SPD-Parteivorstand, 2002)

Die Angriffskampagne spielte für die SPD eine wichtige Rolle. Bis zur Nominierung von Edmund Stoiber im Januar 2002 bemühte sich die SPD, die ungeklärte Kandidatenfrage der Union anzuprangern. Im zweiten Schritt der Angriffskampagne zielte die SPD darauf, Stoiber von der Mitte weg in der rechten Ecke zu positionieren, prophezeite aber auch schon, der Unionskandidat müsste "Kreide fressen" (vgl. Lessinger, Moke & Holtz-Bacha, 2003). Der dritte Aspekt der Angriffskampagne, der Stoibers Frauenbild aufs Korn nahm, wies einen starken Frauenbezug auf.

Die Unionsparteien bemühten sich nach der Entscheidung der Kandidatenfrage im Januar 2002 zugunsten von Stoiber, Geschlossenheit zu demonstrieren, wofür auch eine gemeinsame Wahlkampfzentrale und zum ersten Mal auch ein gemeinsames Wahlprogramm dienen sollten. Die Leitkampagne stand unter dem Motto "Kompetenz für Deutschland", wobei der Schwerpunkt auf der Wirtschafts- und Arbeitsmarktpolitik liegen sollte, zumal dem Kanzlerkandidaten in diesen Bereichen besondere Kompetenz zugeschrieben wurde. Die Kampagne lässt sich in drei Phasen unterteilen. Mit der Angriffskampagne ab Anfang 2002 "Versprochen – Gebrochen" prangerte die Partei die wirtschafts- und arbeitsmarktpolitische Bilanz der rot-grünen Regierung an. Während der Kompetenzkampagne "Man kann auch gut regieren" präsentierte die Union Anfang Mai ihr Regierungsprogramm. Die Stoiber-Kampagne "Anpacken für den Aufschwung" stellte vor allem die wirtschaftspolitische Kompetenz des Kanzlerkandidaten heraus. Als besondere Zielgruppen benannte die Union Senioren, Jungwähler und Ostdeutsche. Wählerinnen waren nicht explizit als Zielgruppe benannt, allerdings war die Union aufgrund des von der SPD propagierten Images von Stoiber als einem Politiker mit überholtem Frauenbild gezwungen, in der Medienkampagne darauf zu reagieren. (Vgl. CDU, 2002, S. 11–17; Korte, 2005, S. 101; Müller, 2003, S. 75)

Für ihren Themenwahlkampf legte sich die Union auf fünf Hauptthemen fest: Wirtschaftswachstum, neue Arbeitsplätze, weniger Vorschriften, neue Sicherheit und gesteuerte Zuwanderung (vgl. Meyer, 2002, S. 3–49). Im Gegensatz zum Kernthema Familie bei der SPD, das mittelbar einen Frauenbezug aufweist, ist bei den Themen der Union keine Strategie zur zielgerichteten Ansprache von Frauen zu finden. Allerdings lässt sich auch hier ein Einfluss der SPD-Kampagne auf die Union ablesen, denn in der Reaktion auf deren Herausforderung entwickelte sich der familien- und frauenpolitische Bereich zumindest zu einem Randthema der Union bei ihrer Medienkampagne. Wegen der Entscheidung für einen Kompetenzwahlkampf hatte sich die Union nicht auf eine Personalisierung festgelegt, diese gewann jedoch durch die von Schröder und der SPD proklamierte Personenkonkurrenz im Laufe des Wahlkampfes dennoch große Bedeutung. Zunächst bemühte sich Stoibers persönlicher Kampagnenberater Michael Spreng, Schwächen des Kandidaten wie sein manchmal unzureichendes Kommunikations- und Darstellungstalent in Stärken umzudeuten und ihn als "Kantig. Echt. Erfolgreich." zu beschreiben (Kampagnenbericht, 2002, S. 16). Diese Strategie wurde jedoch bald abgelöst von dem Bemühen, Stoibers Images weichzuspülen und damit zugleich gegen das Etikett "überholtes Frauenbild" anzukämpfen: Ehefrau, Töchter und Enkel brachten die private Seite des Kandidaten in die Kampagne. Da Karin Stoiber als Hausfrau jedoch nicht so sehr geeignet war, das moderne Image zu verkörpern, trat Stoiber mit seiner Tochter Constanze wie als Beweis dafür auf, das junge berufstätige Mütter seine volle Zustimmung genießen (vgl. Holtz-Bacha, 2003, S. 13, 16).

Im Gegensatz zu Schröder stellte Stoiber ein Kompetenzteam mit verschiedenen Fachpolitiker(inne)n auf, die nach einem Wahlsieg das Kabinett bilden sollten. Mit der Nominierung von Katharina Reiche als zukünftiger Familienministerin versuchten die Wahlstrategen, das moderne Frauenbild der Partei zu unterstreichen: "Das war, abgesehen davon, dass Stoiber sie als großes Talent schätzt, der massive Versuch gewissermaßen in einer Gewaltaktion dieses CDU/CSU-Frauenklischee aufzusprengen" (Spreng, 2003, S. 65). Allerdings führte heftige Kritik von Seiten der katholischen Kirche, der CSU und Teilen der Frauen-Union an der Nominierung der unverheirateten Mutter dazu, dass ihre Berufung eher als Show Act und nicht so sehr als eine tatsächliche Positionsveränderung gesehen wurde (Klinger, 2002; Spreng, 2003, S. 65).

Mit den Bemühungen, das von der SPD angeprangerte Frauenbild der Union und insbesondere des Kanzlerkandidaten zurechtzurücken, wies die Personenkampagne der CDU/CSU 2002 sehr wohl eine Frauenansprache auf. Ebenso wie die Personalisierung wurde ihr diese vom politischen Gegner geradezu aufgezwungen, ergab sich also erst in der Reaktion auf SPD und Schröder und war nicht das Ergebnis einer strategischen Planung.

Ebenso wie bei der SPD tauchte auch bei der CDU/CSU das Stichwort Frauenpolitik nicht im Wahlprogramm auf. Die Union thematisierte im übrigen vom Umfang her deutlich weniger frauenrelevante Aspekte. Sie betonte, dass sie unterschiedliche partnerschaftliche Lebensentwürfe, auch nicht-eheliche, zwischen Frauen und Männern anerkenne. Sie sprach sich dafür aus, die Vereinbarkeit von Familie und Beruf zu fördern, genauso sollte es aber anerkannt sein, wenn sich eine Frau zumindest zeitweise ganz für Haushalt und Kindererziehung entscheidet. Eine Seite des Programms war dem Thema Gleichberechtigung gewidmet: Die Partei nahm sich vor, "Benachteiligungen von Frauen in Arbeitswelt, Politik und Gesellschaft [zu] beseitigen" sowie die Chancen- und Lohngleichheit zu fördern, und wünschte sich mehr Frauen in Führungspositionen. Während der Familienzeit sollten Frauen vermehrt Zugang zu Qualifizierungsmaßnahmen erhalten und beim Wiedereinstieg ins Berufsleben größere Unterstützung erfahren. Die Union bekräftigte außerdem, das herkömmliche Rollenverständnis von Frauen und Männern überwinden zu wollen: Männer sollten sich mehr an der Familienarbeit beteiligen und insgesamt der Arbeitsbereich Familie und Haushalt höhere Anerkennung finden. Zudem kritisierte die Union die Rentenreform als frauenfeindlich und forderte sowohl die Berücksichtigung der Kindererziehung bei der Rente als auch eine Korrektur der von der rot-grünen Koalition reformierten Hinterbliebenenrente. (Vgl. CDU/CSU, 2002)

Die Befunde für die Kampagnen 2002 zusammenfassend, lässt sich feststellen, dass die SPD sowohl in der Personen- wie auch in der Angriffskampagne einen starken Frauenbezug aufwies. Die Union dagegen stellte bevorzugt ihre wirtschaftspolitischen Kompetenzen heraus und setzte auch bei ihrer Negativkampagne auf die Themen Wirtschaft und Arbeitsmarkt, wobei sie an Schröders Versprechen von 1998, die Arbeitslosenzahlen zu senken, erinnerte. Allerdings musste die Stoiber-Kampagne auf der Herausforderung der SPD und deren Attacken auf Stoibers vermeintlich rückständiges Frauenbild reagieren.

Die Kampagnenstrategien von SPD und CDU/CSU zur Bundestagswahl 2005

Die Leitkampagne der SPD 2005 stand unter dem Motto "Vertrauen in Deutschland". Zwar war es weiterhin das Ziel, die politische Mitte für sich zu reklamieren, dabei sollte jedoch "soziale Gerechtigkeit" in den Mittelpunkt rücken, um insbesondere den linken Wählerflügel nicht an die Linke zu verlieren. Thematisch setzte die Partei auf drei Hauptziele: eine starke

Wirtschaft mit Wohlstand für alle Bürger, einen starken Staat, der höchstmögliche Sicherheit bietet, sowie eine menschliche Gesellschaft, die sich durch Freiheit, Gerechtigkeit und Solidarität auszeichnet (SPD-Parteivorstand, 2005, S. 5). Die SPD verwies zudem auf die ersten Erfolge der rotgrünen Reformen und die Agenda 2010, die nach einem Wahlsieg fortgesetzt werden sollte. Im Gegensatz zum Wahlkampf 2002 besaßen diese Themen allerdings keinerlei Frauenbezug.

Wie schon 2002 war Gerhard Schröder auch 2005 erheblich populärer als seine Partei, so dass mit der Personenkampagne wiederum versucht werden musste, die Beliebtheit des Kanzlers für die SPD zu kapitalisieren. Zudem lag Schröder mit seiner Popularität deutlich vor seiner Herausforderin. Vor einer Zuspitzung auf einen Kandidatenwettstreit wie 2002 schreckten die Strategen der SPD allerdings zurück, da nicht abzusehen war, welche Auswirkungen ein damit verbundener impliziter Geschlechterkampf auf die Wählerinnen und Wähler haben würde (vgl. auch Holtz-Bacha, 2006a, S. 12–13). Auch mit der früher von Schröder so gern eingesetzten Privatisierungsstrategie konnte er 2005 nicht so frei agieren wie im Wahlkampf gegen Stoiber. Attacken auf ein überholtes Frauenbild der Union waren gegenüber einer weiblichen Spitzenkandidatin nicht mehr vorzubringen und wären womöglich gegen die SPD verwandt worden, die schließlich noch nie mit einer Kanzlerkandidatin angetreten war. Doris Schröder-Köpf war weniger präsent als noch drei Jahre zuvor, sie erregte allerdings Aufsehen mit ihrer Aussage, dass Merkel die Erfahrungen der meisten Frauen aufgrund ihrer Kinderlosigkeit nicht nachvollziehen könnte. Schröder-Köpf hatte damit versucht, Merkels "Frauenbonus" in Frage zu stellen, den diese allerdings nie für sich reklamiert hatte. Scharfe Kritik erfuhr die Kanzlergattin für diese Attacke von Alice Schwarzer (vgl. Ein Frauenbild aus dem 19. Jahrhundert, 2005), Politikerinnen und anderen Kommentatoren. Gerhard Schröders Versuch, im Fernsehduell die Aussage seiner Frau dadurch zu entschärfen, dass er sie gerade deshalb liebe, weil sie sage, was sie denke, erzielte nicht ganz die erwünschte Wirkung. In einem Interview mit der *Bunten* änderte Schröder-Köpf ihren Angriff in dem Sinne, dass sie selbst als alleinerziehende Mutter und Politikjournalistin die Zeit von Merkel als Frauenministerin Anfang der neunziger Jahre miterlebt habe: "Damals hatte Frau Merkel Verantwortung für eines der wichtigsten Zukunftsfelder und sie hat klar versagt." (Sie ist der größte Schatz..., 2005)

Das Wahlmanifest der SPD für 2005 unterschied sich bei den frauenpolitischen Inhalten nicht wesentlich von 2002. Das zwölfte Kapitel beschäftigte sich mit der Gleichstellung von Frauen und Männern in Gesellschaft und Beruf – ein Ziel, das die SPD als Querschnittsaufgabe bezeichnete. Gleichstellungspolitik sollte sich vor allem auf den Arbeitsmarkt beziehen, damit einher gingen Forderungen nach der Erhöhung der Frauenerwerbsquote, leichterem Zugang zu Führungspositionen, besseren Weiterbildungsangeboten und Geschlechtergerechtigkeit beim Arbeitslosengeld II. Zur Evaluation der Maßnahmen sollten Arbeitsmarktdaten geschlechtsspezifisch erstellt werden. Das 2002 angekündigte Gender-Kompetenz-Zentrum war zwischenzeitlich verwirklicht worden und sollte durch Einrichtung eines europäischen Genderinstituts und eine Gleichstellungsstelle auf Regierungsebene verstärkt werden. Genannt wurden schließlich noch die Pläne zur Bekämpfung von Gewalt gegen Frauen, für ein besseres Berichtswesen über die Gleichstellungsaktivitäten der Bundesregierung sowie die Stärkung der Rechte und die Gleichstellung ausländischer Frauen. (SPD, 2005, S. 43–49).

Die Union wählte für ihre Leitkampagne den Slogan "Deutschlands Chancen nutzen. Wachstum. Arbeit. Sicherheit." und folgte dem Grundgedanken, das Wählervertrauen durch Offenheit zu gewinnen und unbequeme Themen wir eine Mehrwertsteuererhöhung nicht auszusparen. Die Partei präsentierte sich mit einem wirtschaftsliberalen Kurs und begründete den dringenden Reformbedarf mit der schwierigen Wirtschaftslage. Nach dem angesichts zuvor optimistischerer Umfragewerte enttäuschenden Wahlergebnis am 18. September 2005 war das allerdings Gegenstand der Kritik: Einerseits habe es die Union versäumt, ihr Reformkonzept in einen größeren Zusammenhang mit einer ideologischen Perspektive zu stellen; andererseits sei es ihr nicht möglich gewesen, die Wählerschaft zu emotionalisieren (vgl. Löffler, 2005, S. 29). Mit ihrem Slogan "Sozial ist, was Arbeit schafft" gab sich die Union streng sachlich, was ihr das Verdikt einer "eiskalten Polarexpedition" (Spreng, 2006) einbrachte.

Die Themenkampagne der CDU/CSU war – im Gegensatz zur SPD, die wiederum stärker auf Personalisierung baute – das Herzstück ihres Wahlkampfkonzeptes. Alle Kernthemen der Union boten ebenfalls keinerlei Geschlechterbezug: In der Hauptsache ging es um Arbeitslosigkeit und Wirtschaftswachstum; zusätzlich rückte mit Paul Kirchhof die Steuerpolitik ins Rampenlicht. Mit der Kanzlerkandidatin wäre es naheliegend gewesen,

Frauen- und Gleichstellungspolitik zu thematisieren, um vor allem Frauen anzusprechen; dass sich Angela Merkel nicht für die Interessen der Frauen positionierte, trug ihr dann auch entsprechende Kritik ein (Warum sollten wir..., 2005). Da sich die Kanzlerkandidatin selbst einen Themenwahlkampf vorgenommen hatte, kamen eine Personalisierung der Kampagne und erst recht eine Privatisierung kaum in Frage, was seinen Teil zur später angeprangerten Kühle des Wahlkampfes beigetragen haben dürfte. Im Gegensatz zu Schröder, der sich ohne Ministerteam darstellte, setzte die Herausfordererpartei 2005 wiederum auf die Präsentation eines Kompetenzteams. Beachtenswert ist in Bezug auf die Frauenansprache die Nominierung von Ursula von der Leyen, die für das Familienministerium vorgesehen war. Sie verkörperte wie Katharina Reiche 2002 den Typus der erfolgreichen Frau, die Karriere und Kinder miteinander verbindet, aber verheiratet ist. Im Gegensatz zu Merkel fand gerade bei von der Leyen eine so starke Privatisierung statt, dass die Medien selbst die Homestories als abgenutzt kritisierten (vgl. Kautz, 2005).

Das Regierungsprogramm 2005–2009 der Union fiel deutlich kürzer aus als das des Wahljahres 2002 und enthielt kein Kapitel zur Frauen- und Gleichstellungspolitik. Frauenspezifische Forderungen gab es nur an drei Stellen: erstens forderte die Union sehr allgemein "familienfreundliche Unternehmensstrukturen" zur Gleichstellung von Frauen in der Berufswelt und zur besseren Vereinbarkeit von Beruf und Familie. Zweitens wollte sie zur Eindämmung des Menschenhandels zukünftig "Freier von Zwangsprostituierten bestrafen". Drittens wollte sie muslimische Frauen in Deutschland vor Zwangsheirat rechtlich schützen und deren Menschenrechte fördern. (CDU/CSU, 2005, S. 15, 34) Das völlige Fehlen von Frauenpolitik im Wahlprogramm steht im deutlichen Gegensatz zu den Aufwendungen der Partei in der Werbekampagne, denn gerade 2005 hatte die Union spezielles Printmaterial für Frauen konzipiert. Die Entscheidung für ein in Bezug auf die Geschlechter neutrales Programm ist auch deshalb erstaunlich, weil die Union 2005 Frauen mit einer besonderen Zielgruppenkampagne ansprechen wollte. In ihrer themenorientierten Angriffskampagne beschränkte sich die CDU/CSU darauf, das Scheitern von sieben Jahren rot-grüner Regierung und die Folgen für Deutschland anzuprangern. Sie lieferte damit der SPD Munition, die die Schwarzmalerei der Union und deren mangelndes "Vertrauen in Deutschland" monierte. Eine spezielle Ansprache der Wählerinnen gab es in der Angriffskampagne, abgesehen von der Attacke von Doris Schröder-Köpf auf Angela Merkel, nicht.

Zur zielgruppenorientierten Wählerinnenansprache der Union gehörte 2005 der "Zielgruppen-Baustein 'Frauen bis 45'", der der Umwerbung der weiblichen Mehrheit in der Wählerschaft dienen sollte. Der Leitfaden bestimmte acht Zielgruppen: Junge Familienfrauen; Frauen jeden Alters; Aussiedlerfrauen; junge Frauen in Erwerbstätigkeit und Ausbildung; weibliche Meinungselite, Familienfrauen, Lehrerinnen und weibliche Eliten; junge Familien; wahlberechtigte Migrantinnen. Den von der Union selbst aufgestellten Empfehlungen "Zielgruppen sorgfältig ermitteln" sowie "Nicht Größe – Zielgenauigkeit ist wichtig!" entsprach die Einteilung jedoch keineswegs (Vgl. CDU, 2005, S. 2, 4). Für jede dieser "Zielgruppen" machte der Leitfaden verschiedene Aktionsvorschläge. Dabei wurden Inhalte, Themen und Ziele sowie die Veranstaltungsform und der mögliche Veranstalter genannt. Dieser Leitfaden war nur ein Teil der Kommunikationskampagne für Frauen im Wahlkampf 2005. Der Geschäftsbericht der CDU-Bundesgeschäftsstelle nennt vier weitere Aktionen (vgl. CDU-Bundesgeschäftsstelle, 2006): Eine Veranstaltung "Frauen für Merkel" Ende August 2005, die von der Frauen Union initiiert war und "wesentlich dazu bei[trug], das frauenpolitische Profil der Kanzlerkandidatin zu schärfen". Außerdem gehörten dazu die Homepage "Frauen für den Wechsel" mit Hintergrundinformationen und Veranstaltungshinweisen, diverse zielgruppenorientierte Werbemaßnahmen einschließlich gezielter Pressearbeit mit Frauen- und Familienzeitschriften sowie ein besonderes Targeting durch Aufbau eines Adress- und Emailverteilers.

Insgesamt ist also für 2005 festzuhalten, dass der Frauenbezug bei der SPD gegenüber 2002 stark zurückgenommen wurde, was auch dadurch bedingt gewesen sein dürfte, dass Schröder gegen eine weibliche Herausforderin antreten musste. Obwohl die Union mit einer Kanzlerkandidatin antrat und das Interesse zumal der Medien an der "ersten Frau" groß war, ließ die Partei jedoch in ihrer Kampagne 2005 ebenfalls nur wenig Frauenbezug erkennen.

Die Werbekampagnen 2002

Für die Zielgruppenorientierung der Werbekampagnen bestehen drei Möglichkeiten: (1) Man spricht Frauen durch Themen an, für die sie sich besonders interessieren. Frauen- und Gleichstellungspolitik ist ganz offensichtlich ein Thema, das sich hauptsächlich an Frauen wendet. (2) Die Partei versucht, durch die Darstellung ihres Personals, der Spitzenkandidatin/des Spitzenkandidaten oder der Partei insgesamt ein 'frauenfreundliches' Image aufzubauen. (3) Im Rahmen des Negative Campaigning wird versucht, dem politischen Gegner ein bestimmtes Image anzuhängen, welches Frauen als Zielgruppe nicht anspricht. Für die nachfolgend präsentierte Untersuchung wurden Fernseh- und Kinospots, Plakate, Anzeigen und anderes Printmaterial herangezogen, sofern es die folgenden Kriterien erfüllte:

- Im Werbemittel geht es um Frauen- und Gleichstellungspolitik.
- Im Werbemittel geht es um ein Thema, das besonders Frauen interessiert und diese zudem durch eine bildliche Darstellung einer Frau besonders ansprechen soll. Das gilt vor allem für die Familienpolitik: Es folgt zwar häufig eine Vermischung von Frauen- mit Familienpolitik, die Darstellung des Themas Familie ist jedoch nur dann für die Analyse interessant, wenn ein konkreter Frauenbezug durch ein Bild oder ein Statement vorliegt.
- Ein Politiker wird mit einem Statement verbunden, das für Frauen relevant ist oder Bezug zur Lebenswelt von Wählerinnen hat.
- Das Werbemittel zeigt eine Frau als Bildschwerpunkt. Für 2005 gilt allerdings, dass ein Bild von Merkel nicht ausreicht, vielmehr ist eine Kombination mit einem frauenrelevanten Statement notwendig.

Fernsehspots

Der Fernsehspot der SPD, der Schröder in den Mittelpunkt stellte, erfüllte nicht die Kriterien dieser Untersuchung. Interessant in diesem Zusammenhang war dagegen der Kinospot der SPD, der nur indirekt für die eigene Partei warb, indem er das nach Meinung der SPD konservative, überholte Frauenbild von Stoiber angriff. Präsentiert wurde die Zukunft, wie Stoiber sie sich vorstellt – das wird allerdings erst am Schluss verraten. Der Spot war in schwarz-weiß mit leichtem Braunstrich gehalten, die Farbwahl korrespondiert mit dem Inhalt. Dargestellt wurden, nach einer kurzen Abfolge schnell geschnittener Sequenzen mit Musikuntermalung, drei alte Film- bzw. Werbesequenzen aus den fünfziger und sechziger Jahren. Es ging für Frauen dabei um drei Lebensinhalte: Putzen, Wäsche, Staub wischen. Die SPD wollte damit ein Schreckensbild zeichnen, dass nach Stoiber Frauen ihre Bestätigung aus einem sauber gewischten Fußboden und der damit verbundenen Anerkennung des Ehemanns beziehen, sobald dieser von der Arbeit nach Hause kommt. Die Hauptprobleme der so dargestellten 'Stoiber-Wunschfrauen' bestehen darin, nur noch eine Garnitur frischer Wäsche im Schrank zu haben oder den Hausstaub nicht in den Griff zu bekommen. Einen solcher Kanzler könnten die Wählerinnen verhindern, wenn sie sich für Schröder entscheiden.

Die CDU verwendete einen Spot, der in Langversion auf den öffentlich-rechtlichen Programmen und in Kurzfassung im kommerziellen Fernsehen gezeigt wurde. Der Spot bestand aus vier thematischen Teilen, die jeweils mit der Einblendung eines schriftlichen Statements beendet wurden. Diese Teile beschäftigten sich mit den Themen "Wachstum und Arbeit", "Kinderbetreuung und Familie", "Bildung" sowie "Stärkung des Mittelstands". Dabei waren Menschen in entsprechenden Alltagssituationen gezeigt, die Stoiber aus dem Off kommentierte. In der letzten Sequenz waren Stoiber und Merkel zu sehen. In den Teilen "Familie" und "Mittelstand" fanden sich Sequenzen, die Frauen im Alltag zum Hauptinhalt hatten. Die erste Sequenz zeigt ein Baby, das gestillt wird; dann fährt die Kamera zurück, um die Umgebung zu zeigen: Die Frau ist berufstätig und stillt das Kind in einem Büro. Diese Frau kann Beruf und Familie miteinander verbinden und sich damit selbst verwirklichen. In der zweiten Sequenz im Teil "Mittelstand" richten drei Frauen ihr neues Geschäft ein. Die erste Einblendung zeigt eine Frau im Vordergrund, die an einem Computer arbeitet. Im Hintergrund ist eine weitere Frau zu erkennen, die die Wände streicht. Die zweite Einblendung ermöglicht einen Blick von außen in den Laden. In dieser Einstellung ist hinter der Schaufensterscheibe eine Frau zu sehen, die von innen die Scheibe wischt. Den Auftritt einer traditionellen Familie, eines Ehemannes oder Vaters gibt es hier nicht; Frauen sind durchweg an ihrem Arbeitsplatz zu sehen. Sie sollen das moderne Rollenverständnis der CDU und deren Akzeptanz unterschiedlicher Lebensentwürfe demonstrieren.

Der Kinospot der Union mit dem Titel "Deutschland wechselt" richtete sich vor allem an ein junges Publikum und war entsprechend gestaltet, mit schnellen Bildschnitten und eher jungen Menschen im Bild. Meist sind zwei oder mehr Personen zu sehen, die in irgendeiner Weise einen Wechsel vornehmen: Sie wechseln die Kleidung, die Straßenseite, die Wandfarbe, das Auto oder das Trikot. Der Spot zeigt 28 solcher Wechsel, am Ende wird ein Bild von Gerhard Schröder durch eines von Edmund Stoiber ausgetauscht, dazu die Texteinblendung "Wechseln Sie mit!". Auffallend ist auch hier die Art und Weise, wie und in welchen Situationen Frauen gezeigt bzw. nicht gezeigt werden: Eine Frau streicht ihr Zimmer neu; vier Frauen wechseln spielerisch die Straßenseite; zwei Frauen wechseln die Fahrerrolle bei einer Autofahrt; eine sehr selbstbewusst wirkende Frau klappt lässig ihre Sonnenbrille herunter; drei Frauen beim Sonnenbaden rollen synchron von der Bauch- in die Rückenlage; und schließlich gibt eine Frau, die lasziv an einem Lolli leckt, diesen an ihren Partner weiter, der sprichwörtlich in ihrem Schatten steht. Typische "Frauenarbeit" wird dagegen von einem Mann verrichtet: Ein Vater wechselt Windeln, und im Hintergrund ist aufgehängte Wäsche zu sehen. Das männliche Publikum wird bei diesen Darstellungen weiblicher Unabhängigkeit allerdings auch nicht vergessen: Die Frauen sind ausnehmend hübsch und in der Regel knapp bekleidet. Insgesamt ist der Spot geeignet, gute Laune zu vermitteln und zu zeigen, dass ein Wechsel eine alltägliche, sorgenfreie Angelegenheit ist, die Spaß macht. Schöne Bilder – kein politischer Inhalt: Frauen bzw. das Publikum werden hier nicht durch Themen, sondern ausschließlich durch die Darstellung moderner Menschen und Rollenbilder angesprochen.

Plakate

Die SPD verwendete im Wahlkampf 2002 insgesamt 49 Plakate, davon erfüllen sieben die Auswahlkriterien und gehen in die Untersuchung ein. Die Systematisierung erfolgt entsprechend den in einer Analyse der Plakate identifizierten Serien (vgl. Lessinger, Moke & Holtz-Bacha, 2003, S. 232–233). Das erste Plakat gehört zur atmosphärischen Kandidaten-Serie, die Gerhard Schröder bei der Arbeit zeigt. Auf dem hier relevanten Plakat sieht Schröder zusammen mit seiner Frau Unterlagen durch; aus der Aufnahme erschließt sich nicht unmittelbar die Rollenzuteilung, unklar bleibt auch der Inhalt der

Papiere. Der Slogan lautet: "Wie wichtig es ist, dass Frauen Kinder und Karriere vereinbaren können, höre ich jeden Tag. Zu Hause." (vgl. Abbildung 5) Die Kombination von Slogan und Bild lässt eine beratende Rolle von Doris Schröder-Köpf bei frauenrelevanten Themen assoziieren, erinnert aber auch an deren persönliche Biographie als lange Zeit alleinerziehende Mutter. Das Plakat greift damit auch den Gedanken der Personenkampagne auf, die Schröder als modernen Kanzler präsentierte.

Das zweite und dritte Plakat entstammt der Alltagsthemen-Serie, die in dynamisch wirkenden Photographien Szenen aus dem Alltagsleben darstellt und damit die Identifikation der Wählerinnen mit der Partei und ihrem Programm stiften sollen. Beide Plakate sprechen gezielt Frauen an: Der Claim "Klar ist Mutter ein Beruf. Dank unserer Ganztagsbetreuung aber nicht ihr einziger." knüpft an die SPD-Forderung nach Vereinbarkeit von Familie und Karriere aus der Themenkampagne an. Das Motiv zeigt dazu eine junge Frau, die ein Kleinkind auf dem Arm hält; ihr abgewandter Blick verdeutlicht dabei, dass sie nicht ihre volle Konzentration auf den Nachwuchs richtet, sondern noch andere Ziele im Auge hat. Das dritte Plakat zeigt zwei Frauen in Nahaufnahme, kombiniert mit dem Claim "Frauen sind gleichberechtigt. Das ist die Politik der Mitte." Dieses Statement bezieht sich auf die Gleichstellungspolitik. Das unterschiedliche Alter der Frauen soll zeigen, dass die SPD Gleichstellung für Frauen jeder Altersgruppe verfolgen will. Plakat vier und fünf zählen zur weißen Angriffs-Serie, für die auf einer weißen Fläche überwiegend freigestellte Abbildungen von Gegenständen und Text mit Personendarstellungen positioniert sind. Beide Plakate thematisieren Stoibers vermeintlich rückständiges Frauenbild, das Kernthema der Negativkampagne war. Die Besonderheit der beiden Plakate liegt in der Ironie der vordergründig positiven Textaussagen. "Mit den Jahren hat sich auch Stoibers Frauenbild weiterentwickelt." scheint Anerkennung auszudrücken, ist jedoch kombiniert mit zwei Photographien, die zeigen, dass die Weiterentwicklung allein in der Anschaffung einer neuen Waschmaschine bestand. Das fünfte Plakat folgt demselben Stil: "Manchmal ist in der Union sogar Frau Merkels Rat gefragt." Grundsätzlich zielt das Plakat auf die Konkurrenzsituation zwischen Stoiber und Merkel und den von der SPD unterstellten fehlenden Rückhalt von Merkel innerhalb ihrer Partei. Dieses Plakat hat seine Berechtigung innerhalb der Untersuchung: Wenn Merkel keine Frau wäre, würde das Motiv von Stoiber, der Entscheidungshilfe bei der Krawattenwahl benötigt, nicht funktionieren. Das Sujet zielt direkt auf die

Geschlechter und die zugehörigen Rollenvorstellungen der beiden Spitzenpolitiker ab. Auch das sechste Plakat zählt zur weißen Angriffs-Serie. Es wirkt durch einen starken schwarz-weißen Kontrast sowie durch sehr unterschiedliche Schriftgrößen. Das Statement "Küche. (Edmund Stoiber zum Thema 'Zukunft der Frau'.)" ist laut SPD ein Zitat (vgl. Kampa 02, 2002, S. 14). Das siebte Plakat ist der farbigen Angriffs-Serie zuzuordnen und ist ein reines Textplakat, das vom Schwarz-Weiß-Kontrast lebt. Es erklärt anhand von vier Statements, warum Stoiber der falsche Mann für Deutschland ist. Die letzte Aussage bezieht sich konkret auf Frauen:

> "Stoiber will Frauen am Herd sehen. Stoiber tut nichts für die Ganztagsbetreuung der Kinder. Als bayerischer Ministerpräsident ist er stolz auf seine Position am Tabellenende in Deutschland. Damit schadet er auch den jungen Müttern. Diese Generation junger Frauen will Familie und Beruf vereinbaren können. Mit Recht. Und unsere Gesellschaft braucht die berufliche Kreativität der Frauen."

Die CDU trat im Wahlkampf 2002 mit 32 Plakatmotiven an, dazu kamen acht weitere der CSU. Allerdings entsprach nur eines aus der Alltagsthemen-Serie den für diese Untersuchung aufgestellten Kriterien. Es zeigt eine junge Frau, die den Betrachter selbstbewusst anblickt. Der Claim betont die Unabhängigkeit der Frau und unterstützt die Aussage des Bildmotivs: "Wenn mein Freund so viele Versprechen brechen würde wie der Kanzler, würde ich ihn rauswerfen." Das Plakat verfolgt damit zwei Kampagnenstrategien: Es soll vermitteln, dass Stoibers Frauenbild nicht so konservativ ist wie von der SPD behauptet. Zweitens greift es den Angriffsgedanken der Negativkampagne auf, den Kanzler als Politiker darzustellen, der seine Versprechen mehrmals gebrochen hat (Abbildung 6).

Die Befunde der Plakatanalyse für 2002 zusammenfassend, ist wiederum festzustellen, dass die SPD wesentlich stärker als die Union versuchte, Wählerinnen anzusprechen. Das ist auf die bei der Kampagnenplanung getroffene Entscheidung zurückzuführen, immer wieder auf Stoibers überholte Werte hinzuweisen und stellt die logische Fortführung dieser Kernstrategie in der Werbekampagne dar. Die Union blieb bei ihrer Grundausrichtung, einen Kompetenzwahlkampf mit dem Fokus auf Arbeitsmarkt- und Wirtschaftspolitik zu führen.

Abbildung 6: Versprochen – gebrochen (CDU 2002)

Anzeigen

Mit einer Anzeige "Sind sie eine moderne Frau?" sprach die SPD 2002 insbesondere Wählerinnen an. Die Anzeige ist in der Art eines Persönlichkeitstests gestaltet; bei der Durchsicht der Fragen, Antwortvorgaben und der Testauflösung wird schnell klar, dass eine moderne Frau sich keinesfalls für die jeweils erste Antwortmöglichkeit entscheiden sollte. Diese korrespondiert laut SPD mit Stoibers konservativem Frauenbild. Gratuliert wird der Leserin, die kein A angekreuzt hat, denn sie glaubt es nicht nur, sondern ist wirklich modern. Eine solche Frau kann folgerichtig nur SPD wählen, die für ein "modernes Deutschland" steht.

Die Union übernahm das oben beschriebene Plakat ("Wenn mein Freund...") als Anzeige, blieb also auch bei Anzeigen sparsam mit der gezielten Ansprache von Frauen.

Sonstige Print-Werbemittel

Für den Wahlkampf 2002 setzte die SPD verschiedene Faltblätter ein, von denen aber keines auf die Ansprache von Frauen setzte. Unter den sonstigen Print-Werbemitteln der Union sind dagegen zwei Ansichtskarten relevant für diese Untersuchung. Auf der ersten Postkarte sind acht schwarzweiße Portraits von Frauen unterschiedlichen Alters zu sehen. Alle blicken den Betrachter ernst oder skeptisch an. Darunter steht der Slogan "Schröder-Rente: Schlechte Karten für Deutschlands Frauen." Die zweite Karte greift wieder das Motiv der selbstbewussten jungen Frau auf, die im Rahmen der Angriffskampagne "Versprochen – gebrochen" auf das nach Meinung der Union unehrliche Verhalten von Kanzler Schröder eingeht und so seine Glaubwürdigkeit in Zweifel ziehen will.

Die Werbekampagnen 2005

Im Wahlkampf 2005 blieben die beiden großen Parteien sparsam bei der Produktion von Fernseh- und Kinospots (vgl. Holtz-Bacha & Lessinger, 2006b). Eine gezielte Ansprache von Frauen durch Text oder Bild gibt es dabei nicht. Gleiches gilt für die Plakate beider Parteien, die ebenfalls auf die Zielgruppenansprache verzichten. Lediglich die Anzeigenkampagnen bieten Material, das für diese Untersuchung heranzuziehen ist. Die Frauenzeitschrift *Emma* beschäftigte sich in einer Ausgabe, die in die Wahlkampfzeit fiel, intensiv mit Parteien, Programmen und Politiker(inne)n. Dies nutzten SPD, CDU und Grüne, um die zumeist weibliche Leserschaft der *Emma* mit zielgruppenorientierten Anzeigen anzusprechen. Die SPD schaltete eine doppelseitige Anzeige. Die linke Seite mit der Überschrift "Angela Merkel macht keine gute Frauenpolitik" erläutert erstens, dass Merkel in ihren bisherigen Ämtern keine erfolgreiche Frauenpolitik betrieben hat. Zweitens stellt diese "Negativseite" dar, dass Merkel für das CDU-Wahlprogramm verantwortlich ist und dieses eine für Frauen nachteilige Politik beinhaltet. Die SPD kritisiert, dass Frauen bzw. Gleichstellung in diesem Programm praktisch keine Rolle spielen und dass die Familienpolitik der Union für Frauen einen großen Rückschritt bedeutet. Die rechte Anzeigenseite präsentiert die positive Bilanz der SPD: "Gerhard Schröder und die SPD machen die bessere Frauenpolitik." Diese betont unter anderem die Durchsetzung des Gender-Mainstreaming-Konzeptes sowie die Gesetze zur Elternzeit, das vorgelegte Konzept zur Bekämpfung von Gewalt gegen Frauen und die für Frauen vorteilhafte Rentenreform. Im Bereich Familienpolitik, den die Partei als besonders wichtig für Frauen ansieht, erläutert sie verschiedene zukünftige Konzepte (z. B. Ausbau der Ganztagsschulen und der Tagesbetreuung von Kleinkindern).

Auch die CDU war in der genannten Ausgabe der *Emma* vertreten:

> "So schaltete die CDU in *EMMA* (Nr. 5/2005, S. 61) eine vierfarbige ganzseitige Anzeige, wobei sie allein die Persönlichkeit ihrer Kandidatin für sich sprechen ließ. So war dort das Porträt einer freundlich lächelnden Angela Merkel zu sehen in Verbindung mit dem relativ kleinen Schriftzug 'Deutschlands Chancen nutzen'. Auf einen Hinweis auf die Partei durch das Parteilogo verzichtete das Motiv völlig." (Lieske, 2006, S. 138)

Die Anzeige zeigt "nur" Angela Merkel, und auch das Statement lässt nicht auf eine frauenspezifische Ansprache schließen. Die Zielgruppenorientierung ergibt sich allein aus dem Werbeträger. Als Frauenmagazin wendet sich *Emma* speziell an Frauen. Die Zurückhaltung der CDU bei Slogan und Logo ließe sich daher als ein guter Einfall werten: Statt lauten Versprechen macht die Bild-Anzeige darauf aufmerksam, dass eine Frau endlich die Chance auf eine wirkliche Führungsposition im politischen System Deutschlands hat, was gerade *Emma*-Leserinnen anerkennen und unterstützen sollten.

Auffallend waren im Wahlkampf der CDU 2005 die Testimonial-Anzeigen, in denen Persönlichkeiten des öffentlichen Lebens durch ihre Prominenz um Zustimmung für die Partei oder die Kandidatin warben. Insgesamt gab es sechs solcher Anzeigen, in denen sich Prominente als Sympathisanten und Anhänger der CDU und Merkels ausgaben (vgl. Lieske, 2006, S. 138). Auswahl und Kombination der Prominenten wiesen jeweils einen Zielgruppenbezug zum Werbeträger auf. Den deutlichsten Frauenbezug hatte eine ganzseitige Anzeige im Klatschmagazin *Gala*, wo ausschließlich prominente Frauen mit Statements zur CDU abgebildet waren.

Unter den sonstigen Print-Werbemitteln gab es von der CDU einen sechsseitigen farbigen Leporello, der speziell der Ansprache von Frauen diente. Dieser trägt den Titel "Frauen besser fördern" und erläutert die Konzepte der CDU zur Frauenpolitik. Eine Bilanz zur rot-grünen Frauenpolitik stellt fest, dass es kaum Verbesserungen gegeben hätte. In deutlich prägnanteren Texten und mit Bildern präsentiert die CDU dann ihre Ziele: Sie will

Frauen im Beruf fördern, den Wiedereinstieg ins Arbeitsleben erleichtern, gleichen Lohn für gleichwertige Arbeit durchsetzen und die Arbeitswelt frauen- und familienfreundlicher gestalten. Außerdem will sich die Partei für eine bessere Kinderbetreuung, eine gerechtere Rente und steuerliche Entlastungen für Familien einsetzen und erkennt Handlungsbedarf bei der Frauengesundheitspolitik, beim Schutz vor Zwangsprostitution, sexueller Ausbeutung von Opfern des Menschenhandels und beim Schutz der Menschenrechte von muslimischen Frauen in Deutschland.

Fazit

Die Untersuchung der Kampagnen 2002 und 2005 von SPD und Union zeigt, dass die Parteien wenig tun, um Frauen gezielt anzusprechen, obwohl Frauen eine wichtige und interessante Wählerklientel darstellen. Die Negativkampagne 2002 der SPD, die sich vor allem gegen den Kanzlerkandidaten aus der CSU richtete und Stoibers Frauenbild aufs Korn nahm, sollte zwar vorrangig Frauen erreichen, folgte nicht etwa einem Zielgruppenkonzept, sondern war bedingt durch die spezielle Kandidatenkonstellation. In Edmund Stoiber bot sich ein Kanzlerkandidat, dem gegenüber Gerhard Schröder, unterstützt durch seine Frau, seine Modernität leicht beweisen konnte – auch wenn er Frauenpolitik zu Beginn seiner Amtszeit 1998 noch als Gedöns abgetan hatte. Die Lage stellte sich 2005 anders dar, die Strategie bot sich für die SPD gegenüber einer Kanzlerkandidatin nicht an. Nun wäre allerdings zu erwarten gewesen, dass die CDU versuchen würde, aus der Kandidatin bei der weiblichen Wählerschaft Kapital zu schlagen. Obwohl die Union einem Zielgruppenkonzept folgte, wies die Kampagne jedoch insgesamt nur wenig Frauenbezug auf. Offenbar schien die spezifische Ansprache von Frauen aber weder Angela Merkel, noch der Union opportun und dürfte der konservativen Partei und ihrer Wählerschaft geschuldet gewesen sein, hat aber womöglich die Chance gekostet, Frauen über die Parteigrenzen hinweg anzuziehen und für die Stimmabgabe für die Union wegen der weiblichen Kandidatin zu gewinnen.

Die Ansprache bestimmter Zielgruppen in Wahlkämpfen empfiehlt sich den Parteien angesichts der gesellschaftlichen Modernisierung. Ob Frauen dafür eine geeignete Zielgruppe darstellen oder die Ansprache von bestimmten Gruppen von Frauen bzw. bestimmten Gruppen von Frauen und Männern besser themenspezifisch erfolgen sollte, muss das Marketing beantworten (vgl. dazu auch Bieber, 2005). Es ist außerdem zu klären, inwieweit sich die verschiedenen Medien bzw. durch diese transportierte Werbemittel überhaupt zur Ansprache von einzelnen Zielgruppen eignen. Dass gerade den großen Parteien zum Beispiel die Werbung im öffentlich-rechtlichen Fernsehen nicht (mehr) so attraktiv zu sein scheint, könnte an ihrer mangelnden Eignung für eine zielgruppengerechte Ansprache liegen. Daher ist damit zu rechnen, dass es nicht nur Veränderungen bei den Kampagnenstrategien geben wird, sondern auch zu Verschiebungen bei den bevorzugten Kampagnenkanälen und der Verteilung der Werbebudgets der Parteien kommt.

Frauen für die Politik zu gewinnen, ist indessen eine Aufgabe, die über Wahlkämpfe hinausgeht. Dabei spielt die Vermittlung von Politik durch die Medien eine Rolle, aber ebenso die Integration von Frauen in die Parteien und ihre Beteiligung an der Parteiführung, um einerseits Identifikationsfiguren und Vorbilder zu bieten und andererseits Wählerinnen zu demonstrieren, dass Frauen an Entscheidungen teilhaben. Einige Parteien versuchen, dem mit einer Quotierung nachzuhelfen; andere erkennen hier ebenfalls ihren Handlungsbedarf und bemühen sich – wie nun die CSU unter Günther Beckstein – zu bieten, "was Frauen wünschen".

Literatur

Bieber, I. E. (2005). *Die Macht ist weiblich. Frauen als Zielgruppe in Wahlkämpfen?* Münster: LIT.

Bundeswahlleiter. (2005). *Wahl zum 16. Deutschen Bundestag am 18. September 2005. Ergebnisse und Vergleichszahlen früherer Bundestags-, Europa- und Landtagswahlen sowie Strukturdaten für die Bundestagswahlkreise. Heft 1.* Wiesbaden: Statistisches Bundesamt. Abgerufen am 30. Januar 2007 von http://www.bundeswahlleiter.de/bundestagswahl2005/downloads/Heft1_2005_Gesamt.pdf

CDU. (Hrsg.) (2002). *Kampagnenbericht 2002.* Berlin: CDU.

CDU/CSU. (2002). *Leistung und Sicherheit. Zeit für Taten. Regierungsprogramm 2002–2006.* Abgerufen am 12. März 2007 von http://www.regierungsprogramm.cdu.de/download/regierungsprogramm-05-09-cducsu.pdf

CDU. (2005). *Zielgruppen-Baustein "Frauen bis 45".* Berlin: CDU.

CDU-Bundesgeschäftsstelle. (2006). *Auszüge aus dem Geschäftsbericht der CDU-Bundesgeschäftsstelle zum Parteitag 2006 in Dresden.* Berlin: CDU.

Dossier Parteien. (o. J.). *Bundeszentrale für politische Bildung.* Abgerufen am 18. November 2007 von http://www.bpb.de/themen/YX2B5Z,0,0,Parteien_in_Deutschland.html

Ein Frauenbild aus dem 19. Jahrhundert. (2005, 2. September). *Berliner Zeitung online.* Abgerufen am 19. März 2007 von http://www.berlinonline.de/berliner-zeitung/ar-chiv/.bin/dump.fcgi/2005/0902/politik/0038/index.html

Forsa. (2005). *Geschlecht und Wahlentscheidung. Repräsentativbefragung. Tabellenband* (im Auftrag der WDR-Medienforschung). Berlin: Forsa.

Hartenstein, W., & Müller-Hilmer, R. (2002). Die Bundestagswahl 2002: Neue Themen – neue Allianzen. *Aus Politik und Zeitgeschichte,* (B49–50), 18-26.

Heß-Meining, U. (2005). Politische Partizipation und bürgerschaftliches Engagement. In W. Cornelißen (Hrsg.) im Auftrag des Bundesministeriums für Familie, Senioren, Frauen und Jugend, *Gender Datenreport* (S. 358–405). Abgerufen am 30. Januar 2007 von http://www.bmfsfj.de/Publikationen/genderreport/01-Redaktion/PDF-Anlagen/gesamtdokument,property=pdf,bereich=genderreport,rwb=true.pdf

Holtz-Bacha, C. (2003). Bundestagswahlkampf 2002: Ich oder der. In C. Holtz-Bacha (Hrsg.), *Die Massenmedien im Wahlkampf. Die Bundestagswahl 2002* (S. 9–28). Wiesbaden: Westdeutscher Verlag.

Holtz-Bacha, C. (2006a). Bundestagswahl 2005 – Die Überraschungswahl. In C. Holtz-Bacha (Hrsg.), *Die Massenmedien im Wahlkampf. Die Bundestagswahl 2005* (S. 5–31). Wiesbaden: VS Verlag für Sozialwissenschaften.

Holtz-Bacha, C. (2006b). Personalisiert und emotional: Strategien des modernen Wahlkampfs. *Aus Politik und Zeitgeschichte,* (7), 11–19.

Holtz-Bacha, C. (2007). Professionalisation of politics in Germany. In R. Negrine, P. Mancini, C. Holtz-Bacha & S. Papathanassopoulos (Hrsg.), *The professionalisation of political communication in Germany* (S. 63–79). Bristol: Intellect.

Holtz-Bacha, C., & Lessinger, E.-M. (2006). Wie die Lustlosigkeit konterkariert wurde: Fernsehwahlwerbung 2005. In C. Holtz-Bacha (Hrsg.), *Die Massenmedien im Wahlkampf. Die Bundestagswahl 2005* (S. 164–182). Wiesbaden: VS Verlag für Sozialwissenschaften.

Kampa 02. (2002). *Dokumentation. Die Kampagne zur Bundestagswahl 2002.* Berlin: SPD.

Kautz, H. (2005, 22. August). Die Profi-Mutti macht die doppelte Schmidt. *Ärzte Zeitung online.* Abgerufen am 19. März 2007 von http://www.aerztezeitung.de/docs/2005/08/22/146a0601.asp

Keil, A. (2007). *Wahlkampf für Frauen. Die Strategien zielgerichteter Wähleransprache von SPD und CDU/CSU zu den Bundestagswahlen im Jahr 2002 und 2005.* Nürnberg: Unveröffentlichte Diplomarbeit an der Wirtschafts- und Sozialwissenschaftlichen Fakultät der Friedrich-Alexander-Universität Erlangen-Nürnberg.

Klinger, N. (2002, 12. August). Mutters Courage. Der Tagesspiegel online. Abgerufen am 12. März 2007 von http://www.tagesspiegel.de/dritte-seite/archiv/12.08.2002/163613.asp

Korte, K.-R. (2005). *Wahlen in der Bundesrepublik Deutschland.* Bonn: Bundeszentrale für politische Bildung.

Lessinger, E.-M., Moke, M., & Holtz-Bacha, C. (2003). "Edmund, Essen ist fertig". Plakatwahlkampf 2002 – Motive und Strategien. In C. Holtz-Bacha (Hrsg.), *Die Massenmedien im Wahlkampf. Die Bundestagswahl 2002* (S. 216–242). Wiesbaden: Westdeutscher Verlag.

Löffler, B. (2005). Wahlkampf nur auf einem Bein. Hat die Union den Sieg verschenkt? *Die Politische Meinung*, (431), 29–33.

Machnig, M. (2002). Für ein modernes Deutschland – Die Kampagne 2002. Vorwort. In Kampa 02 (Hrsg.), *Dokumentation. Die Kampagne zur Bundestagswahl 2002* (S. 4–5). Berlin: SPD.

Meyer, L. (2002). Grußwort und Rückblick. In CDU (Hrsg.), *Kampagnenbericht 2002* (S. 3–5). Berlin: CDU.

Müller, J.-D. (2003). Marathonlauf ins Fotofinish. Strategie und Praxis der CDU im Bundestagswahlkampf 2002. *Forschungsjournal Neue Soziale Bewegungen*, 16, 74–49.

Namislo, D., Schorn, K., & Schwartzenberg, M. von (2006). Wählerverhalten bei der Bundestagswahl 2005 nach Geschlecht und Alter. Ergebnisse der Repräsentativen Wahlstatistik. Statistisches Bundesamt (Hrsg.), *Wirtschaft und Statistik*, 3, 220–237. Abgerufen am 30. Januar 2007 von http://www.bundeswahlleiter.de/bundestagswahl2005/downloads /aufsatzwaehlerverhaltenbeiderbw2005.pdf

Neu; V., & Molitor, U. (1999). Wahlverhalten von Frauen. Kaum anders als das der Männer. *Zeitschrift für Parlamentsfragen*, 30, 252–267.

Roth, D., & Jung, M. (2002). Ablösung der Regierung vertagt: Eine Analyse der Bundestagswahl 2002. *Aus Politik und Zeitgeschichte*, (B49-50), 3–17.

Schäffer, A. (2007, 21. Oktober). Beckstein weiß, was Frauen wünschen. *Frankfurter Allgemeine Sonntagszeitung*, S. 4.

Rede von Bundeskanzler Schröder zum Wahlkampfauftakt. (2002, 5. August). Abgerufen am 21. Februar 2007 von http://www.fb9dv.uni-duisburg.de/wis/WIS2/SPD/rede_ schroeder_zum_wahlkampfauftakt.pdf

Sie ist der größte Schatz..., (2005, 8. September). *Bunte*, S. 40–44.

Sie kommen gerade vom... (2002, 11. September). *N24*. Abgerufen am 21. Februar 2007 von http://www.fb9dv.uni-duisburg.de/wis/WIS2/SPD/Interview_N24_11.09.02.htm

SPD. (2005). *Vertrauen in Deutschland. Das Wahlmanifest der SPD*. Abgerufen am 12. März 2007 von http://kampagne.spd.de/040705_Wahlmanifest.pdf

SPD-Parteivorstand. (2002). *Erneuerung und Zusammenhalt: Regierungsprogramm 2002–2006.* Berlin: SPD. Elektronische Version abgerufen am 21. Februar 2007 von http://library.fes.de/library/html/voll-prog-spec01.html

SPD-Parteivorstand. (Hrsg.) (2005). *Die Kampagne zur Bundestagswahl 2005*. Berlin: SPD.

Spreng, M. (2003). Kompetenz und keine Konkurrenz. Die Wahlkampfstrategie der Union 2002 im Lichte der Praxis. *Forschungsjournal Neue Soziale Bewegungen*, 16, 62–67.

Spreng, M. (2006, 20. Januar). Die eiskalte Expedition der Union. Gründe für das grandiose Scheitern der Wahlkampfstrategie von CDU/CSU. Eine Analyse. *Frankfurter Rundschau online*. Abgerufen am 23.1.2006 von www.fr-aktuell.de/ressorts/nachrichten _und_politik/dokumentation/?cnt=790679

Warum sollten wir Sie wählen... (2005, September/Oktober). *Emma*, S. 40–43.

Werner, T. C. (2003). Wählerverhalten bei der Bundestagswahl 2002 nach Geschlecht und Alter. Ergebnisse der repräsentativen Wahlstatistik. Statistisches Bundesamt (Hrsg.), *Wirtschaft und Statistik*, 3, 171–188. Abgerufen am 30. Januar 2007 von http://www.braunschweig.de/rat_verwaltung/verwaltung/ref0120/wahlen/btw/waehlerverhalten.pdf

Autorinnen und Autoren

Bauer, Christina (Jg. 1979), Diplom-Sozialwirtin, Studium der Sozialwissenschaften an der Friedrich-Alexander-Universität Erlangen-Nürnberg und der University of Ulster, Coleraine, Nordirland (UK) mit den fachlichen Schwerpunkten Kommunikationswissenschaft und Soziologie, Sozial- und Arbeitsmarktpolitik sowie Betriebswirtschaftslehre und Statistik. Diplomarbeit zum Thema "Frauen im Fernsehwahlkampf 2005 – Eine Analyse der Darstellung von Frauen in Wahlbeiträgen der Hauptnachrichtensendungen von ARD, ZDF, RTL und Sat.1" am Lehrstuhl für Kommunikationswissenschaft. Seit April 2007 Wissenschaftliche Mitarbeiterin bei der StatArts GmbH in Nürnberg.

Gerber, Elisabet, Argentinierin, Diplomstudium Kommunikationstechnologien, Master in Meinungsanalysen, Graduiertenstudium in Kommunikation und Entwicklung. Zur Zeit wissenschaftliche Mitarbeiterin der Friedrich-Ebert-Stiftung in Chile. Zahlreiche Veröffentlichungen zur politischen Kommunikation.

Holtz-Bacha, Christina (Jg. 1953), Dr. phil., Studium der Publizistik, Politikwissenschaft und Soziologie in Münster und Bonn. Promotion 1978 in Münster und Habilitation 1989 in Hannover. 1979 bis 1981 Pressereferentin an einem Meinungsforschungsinstitut. 1981 bis 1991 Wissenschaftliche Mitarbeiterin und Akademische Rätin am Institut für Kommunikationswissenschaft der Universität München. 1986 Gastdozentin an der University of Minnesota in Minneapolis/USA. 1991 bis 1995 Professorin an der Ruhr-Universität Bochum und 1995 bis 2004 an der Johannes Gutenberg-Universität Mainz. 1999 Fellow am Shorenstein Center/John F. Kennedy School of Government, Harvard University in Cambridge/USA. Seit 2004 Inhaberin des Lehrstuhls für Kommunikationswissenschaft an der Friedrich-Alexander-Universität Erlangen-Nürnberg. Seit 1989 Mitherausgeberin der *Publizistik*. Forschungsschwerpunkte: Politische Kommunikation, Mediensystem, Medienpolitik.

Keil, Annette (Jg. 1979), Dipl.-Volkswirtin. Grundstudium der Medienwirtschaft an der TU Ilmenau, Hauptstudium der Volkswirtschaftslehre an der Friedrich-Alexander-Universität Erlangen-Nürnberg. Studienschwerpunkt: Kommunikationswissenschaft. Seit April 2007 tätig als Manager Communications für das European Technology Center der Ingres Corp.

Kinnebrock, Susanne (Jg. 1966), Studium der Kommunikationswissenschaft, Politischen Wissenschaft, Amerikanischen Kulturgeschichte und Geschichtswissenschaft an der LMU München und der Universitá degli Studi di Torino in Italien. Von 1993 bis 2007 wissenschaftliche Mitarbeiterin, Assistentin und Habilitationsstipendiatin an den kommunikationswissenschaftlichen Instituten der Universitäten München (LMU) und Erfurt. Lehrbeauftragte der Hamburg Media School (2006) und Lektorin an der Universität Salzburg (2007). Seit Oktober 2007 Vertragsprofessorin für Publizistik- und Kommunikationswissenschaft an der Universität Wien. Forschungsschwerpunkte: Kommunikationsgeschichte, kommunikationswissenschaftliche Gender Studies, Kommunikator- und Journalismusforschung, Narrativitätskonstruktion und -rezeption, Lernen mit Online-Medien. Seit 2006 Co-Sprecherin der Fachgruppe Kommunikationsgeschichte der Deutschen Gesellschaft für Publizistik- und Kommunikationswissenschaft (DGPuK), zudem Initiatorin des "Nachwuchsforums Kommunikationsgeschichte" (2007).

Knieper Thomas (Jg. 1961), Doppelstudium der Hauptfächer Statistik und Kommunikationswissenschaft sowie der Nebenfächer Informatik, Mathematik, Psychologie, Soziologie und Wissenschaftstheorie. Abschluss als Diplom-Statistiker 1989. Promotion in Kommunikationswissenschaft 1995. Habilitation 2001. Venia Legendi an der LMU München für "Kommunikationswissenschaft mit dem Schwerpunkt Visuelle Kommunikation". Seit Dezember 2006 Verwaltung einer Professur für Medienwissenschaften an der TU Braunschweig. Im Oktober 2007 Ruf auf die derzeit verwaltete Professur. Von Oktober 1999 bis Juni 2001 stellvertretender Sprecher der Fachgruppe "Medienpädagogik" innerhalb der Deutschen Gesellschaft für Publizistik- und Kommunikationswissenschaft (DGPuK). In 2000 Initiator und Begründer (gemeinsam mit Prof. Dr. Marion G. Müller) der DGPuK-Fachgruppe "Visuelle Kommunikation". Von November 2000 bis November 2004 deren Sprecher.

Koch, Thomas M.A. (Jg. 1980), Studium der Medien- und Kommunikationswissenschaft, Psychologie und Rechtswissenschaft an der Friedrich-Schiller-Universität Jena. Seit April 2006 wissenschaftlicher Mitarbeiter am Lehrstuhl für Kommunikationswissenschaft an der Friedrich-Alexander-Universität Erlangen-Nürnberg. Forschungs- und Lehrschwerpunkte: Rezeptions- und Wirkungsforschung, Medienökonomie, Darstellung von Politiker(inne)n in den Medien.

Leidenberger, Jacob (Jg. 1980), Diplom-Sozialwirt, Studium der Sozialwissenschaften mit den fachlichen Schwerpunkten Kommunikationswissenschaft und Auslandswissenschaft (Romanischsprachige Kulturen) an der Friedrich-Alexander-Universität Erlangen-Nürnberg; abgeschlossen 2008. Diplomarbeit zum Thema "Jeanne d'Arc vs. Napoleon? Die Darstellung der Präsidentschaftskandidatin Ségolène Royal in französischen Printmedien". Seit 2005 wissenschaftliche Hilfskraft am Lehrstuhl für Kommunikationswissenschaft der Universität Erlangen-Nürnberg. Mitarbeit an verschiedenen Forschungsprojekten des Lehrstuhls.

Moring, Tom, Dr. rer. pol. (1990), Professor für Kommunikationswissenschaft und Journalistik an der Swedish School of Social Science der Universität Helsinki. Forschungsschwerpunkte und zahlreiche nationale und internationale Veröffentlichungen im Bereich der politischen Eliten, Wahlen, Wahlkampagnen und der Medien. Zur Zeit leitet er den finnischen Part des international vergleichenden Forschungsprojekts unter dem Titel "Political Communication Culture in European Democracies – A Comparative Study of the Linkage between Political Elites and the Media", finanziert von der Finnischen Academie (im Rahmen des European Science Foundation scheme European Collaborative Research Projects in the Social Sciences).

Rodríguez, Malvina Eugenia (Jg. 1974), M.A., Studium der Kommunikationswissenschaft (Diplom) und der Internationalen Beziehungen (Magister) an der Universidad Nacional de Córdoba in Argentinien. 2000 bis 2004 wissenschaftliche Mitarbeiterin am Sozialwissenschaftlichen Institut der Universidad Nacional de Villa María (Argentinien). 2001 Fellow am Institute for Policy Studies der Johns Hopkins University of Baltimore in Maryland, USA. Seit April 2004 Stipendiatin der Konrad Adenauer Stiftung. Beginn der Promotion im WS 2004 am Institut für Publizistik der Johannes Gutenberg-Universität Mainz. Seit April 2005 Doktorandin und seit Oktober 2007 Lehrbeauftragte am Lehrstuhl für Kommunikationswissenschaft der Friedrich-Alexander-Universität Erlangen-Nürnberg. Forschungsschwerpunkte: politische und internationale Kommunikation, Medien und Kommunikation in Lateinamerika.